에도 유교와 근대의 '지'

에도 유교와 근대의 '지'

초판 1쇄 발행 2010년 7월 31일

저　자 | 나카무라 슌사쿠
옮긴이 | 김선희
펴낸이 | 윤관백
펴낸곳 | 

편　집 | 이경남 · 장인자 · 김민희 · 하초롱
표　지 | 김지학 · 김현진
영　업 | 이주하

인　쇄 | 한성인쇄
제　본 | 광신제책

등록 | 제5-77호(1998.11.4)
주소 | 서울시 마포구 마포동 324-1 곶마루 B/D 1층
전화 | 02)718-6252 / 6257　팩스 | 02)718-6253
E-mail | sunin72@chol.com
Homepage | www.suninbook.com

정가 13,000원
ISBN 978-89-5933-372-1 93150

· 잘못된 책은 바꿔 드립니다.

에도 유교와 근대의 '지'

나카무라 슌사쿠 지음 · 김선희 옮김

선인

한국어판 서문

본서는 에도 후기부터 근대 초기까지 일본 유학사상 전개를 '국민국가'론의 시점으로 다시금 살펴보고자 한 것이다. 나는 현대 우리들의 '지(知)'의 기원을 '국민국가' 창출에 즈음한 '지'의 재편공간에 상정하고, 그것을 유학'지' 재편의 문제로 생각하려 했다. 17~18세기 동아시아세계의 공통언어였던 것은 유교, 그 가운데서도 주자학의 용어였고 원리였다. 본체론적(本體論的) 사고원리에 기반하여 사변적이고 추상적으로 세계를 해석하려는 주자학의 언설은, 주자학에 저항하여 새로운 사상체계를 구축하려했던 고학파(古學派)나 유교로부터 벗어날 것을 주장한 모토오리 노리나가(本居宣長) 등의 '국학'도 포함하여 일본 근세사상형성에 큰 영향력을 갖는다. 19세기 '서양의 충격'으로 동아시아세계는 주자학적 언설에 음으로 양으로 기반을 둔 그때까지의 사고틀에서 벗어나길 요구받는다. 거기서 발생한 사상적 사건을 동아시아에서의 '근대지'의 성립, 유학적 교양의 재편문제로서 파악하고, 현대 동아시아의 지적 세계의 문제로까지 이어지는 과제를 발굴하고자 시도한 것이다. 본서의 특징은 첫째, '국민국가'론의 시좌에서 유학사상사를 이야기하고자 한 점, 둘째, 사상사를 이념사 혹은 이념을 둘러싼 투쟁의 역사로서가 아니라, 사회 내 유학적 '지'가 어떻게 확산되고 정착해 갔는가라는 점에서 독서론과 지식사회학의 시점을 도입하여 사상사를 이야기하려고 한 점이다. 이러한 기획의도가 얼마나 성취되었는지는 당연히 독자의 판단에 달려있다.

본서가 일본에서 간행된 것은 2002년이었고 간행 후 이미 8년이 지났다. 그 사이 동아시아에서도 새로운 사상조류가 끊임없이 일어났지만 '국민국가'론이 제기한 문제들은 여전히 유의미하다. 오히려 글로벌리즘의 압도적인 침투와 그 대항언설로서 등장한 새로운 지역주의 언설이나, 내셔널리즘, 에스노 내셔널리즘의 언설이 횡행하기에, '국민국가'론이 제기한 '근대지'를 다시 묻는 것은 더더욱 긴급하고 절실한 지적과제가 되었다.

오늘날 일본에서는 대체로 고전연구자들 내부에서만 화제가 되기 쉬운 유교지만, 동아시아 주변을 둘러보면 실은 그렇지 않음을 쉽게 알 수 있다. 유학 또한 서고의 고전으로서만이 아니라 세계화의 진행과 급속히 변화하는 세계경제의 조류 속에서 가쁜 숨을 내쉬고 있다. 그것은 일찍이 1980년대의 유교문화권론의 유행과 실효(失効)가 경제부흥을 계기로 '아시아적 가치'의 주장과 연동했던 것을 상기하면 확인할 수 있다. 그 당시에 왜 '유교문화권'이나 '한자문화권'이 유의미한 기호로 등장하였는지, 그리고 왜 한순간에 빛을 잃었는지, 그 자체가 현대 동아시아세계의 과제가 무엇인지 보여주는 사상사적 검토과제의 하나이다. 그리고 예전의 유교문화권론 등의 논의가 완전히 생기를 잃어버린 오늘날, 또다시 유교가 정치적 · 경제적 상황과 연동하여 모습을 드러낼지도 모른다. 3년 전 방일한 중국의 원자바오(溫家寶) 총리가 1박 2일의 짧은 일정 가운데 유일하게 방문한 대학이 리쓰메이칸(立命館)대학이었다. 그 대학이 일본에서 처음으로 '공자학원'을 개설했기 때문이었다. '공자학원'은 현재 중국이 국가적 전략으로서 세계에서 전개하고 있는 중국어 · 중국문화 교육기구의 통일 명칭인데, 21세기 초두 사회주의국가 중국의 세계전략 지표로 다름 아닌 '공자'가 등장한 것이다. 원자바오 총리의 리쓰메이칸대학 방문의 배경에는 그런 정치적 의도가 있다.

중국의 주간지 『싼렌성훠조우칸(三聯生活周刊)』이 3년 전 "공자 가로되: 난화이진(南懷瑾)에서 위단(于丹)에 이르는 경로(子日, 従南懷瑾至于丹的通俗路徑)"란 제목으로 특집호를 엮었다(2007.1.8호). "2천년 이상 된 『논어』의 해석사는 학자와 민간에 의한 두 가지 해석이 존재했다"며 한대 정현(鄭玄)의 주에서 송대 주희(朱熹)주, 전목(銭穆)에 이르는 근대까지의 『논어』 주석사를 개관한 뒤, 이렇듯 다양한 해석이 연면히 지속되어 온 것은 『논어』에 "중국문화의 어떤 심혼이 있었기"(리쩌허우[李澤厚]) 때문이라고 결론 내린다. 특히 『논어』가 "민간의 윤리습속"을 반영하는 저술이었기에 지금도 사회에서 생명을 유지한다고 제언한다. 「특집」에서는 그런 『논어』 수용 측면과, 또 다른 베스트셀러인 계몽서 『논어별재(論語別裁)』(타이완, 난화이진)와 베이징사범대학 교수 위단의 『『논어』심득(心得)』을 소개하여 인상을 남기고자 했다. 「특집」 게재 시에 이미 105만 부가 인쇄되어 시중에 유통되었다는 위단의 『『논어』심득』을 나도 베이징공항 매점에서 구입해 읽어 보았다. "『논어』의 핵심은 결국 사람들이 어떻게 스스로 정서적 안정감을 얻을 수 있는지에 대한 가르침이다"라는 띠지의 선전문구가 보여주듯, 그야말로 물질화 · 대중화한 중국현대사회를 사는데 필요한 일종의 공구서(工具書)로서 『논어』를 해석하려는 것이었다. 바로 그렇기 때문에 잘 팔리는 것 같다.

때마침 일본 중장년층 대상의 잡지 『사라이(サライ)』(2007.2.1호)에서 "모든 인생의 진리가 여기에서 결정"이라는 제목으로 "지금이야말로 『논어』를"이란 특집을 엮었다. 그야말로 바다를 건너 『논어』가 일종의 '대중소비재'로 재등장한 것이다. 일본에서 외식프랜차이즈 창업주가 쓴 『활용! 『논어』(使う!『論語』)』(와타나베 미키[渡邉美樹], 2007)란 문고본이 출판되고, 고교교사가 쓴 『고등학생이 감동한 『논어』(高校生が感動した, 『論語』)』(사쿠 야스시[佐久協], 2006)라는 신서본이 현재 11쇄를 거듭하는 현상에 대해 "최근 『논어』가 유행하고 공자열기가 뜨겁다(近来, 『論語』很火, 孔子很熱)"고 중국의 리링(李零)은 평가하였다(「공자부호학색인(孔子符号学索引)」, 『두수(読書)』 2007.3). 리링은 같은 논문에서 "공자는

결코 성인이 아닌 평범한 사람이다"라며, 공자를 오늘날 재평가하는 것은 '보통사람'의 삶의 방식을 보여준 데 있다고 한다. 그는 "『논어』를 읽을 때는 마음을 평온하게 하고, 정치나 도덕, 종교로부터 벗어나야 한다. 왜냐하면 우리는 하나의 진실된 공자를 알고 싶기 때문이며, 특히 '예악이 무너진' 지금 공자를 이해하기 위해서이다"라고 결론 내린다.

그런데 위와 같은 중국의 최근 논의를 보면 역사적 사실로서의 "타도 공자점(打倒孔家店)"이나 가까운 현실에서의 "비림비공(批林批孔)", 그리고 1980년대 민주화 운동 때의 공자재평가와 그 결말을 알고 있는 우리로서는 이처럼 급속한 『논어』관 변화에 놀라지 않을 수 없다. "공구(孔丘)의 '인(仁)'은 노예가 귀족을 주인으로 하는 세계관이다. (……) '인'을 '다른 사람을 사랑한다'고 해석한 것부터 그것이 계급사회 안에서 '다른 사람을 사랑한다'는 것에 지나지 않는다"(양룽궈[楊榮國], 『간명 중국철학사[簡明中國哲學史]』, 1973)는 '학문적 논의'가 횡행한 시대를 기억하는 이들에게는 오늘날의 중국에서 부는 '공자열'·'논어열'은 "지나가는 모든 것이 이와 같다(逝者如斯夫)"는 감회를 안겨준다. 그러나 곰곰이 생각하면 사실 문제는 변하지 않은 것인지도 모른다. 앞에서 인용한 리링의 논문 중에 "내가 이해한 바로는 질서가 도덕보다 중요하다. 문화대혁명 당시처럼 도덕이 없다 해도 질서가 무너지지는 않지만, 질서가 없으면 도덕도 없어진다"고 서술한 부분을 보면, 그의 공자 재평가가 그야말로 현대중국이 직면한 '화해사회(和諧社會)' 건설과제에 호응하고 있음을 쉽게 상상할 수 있다. 즉, 각 시대마다 문제의식에 대응하여 『논어』 해석이 생생하게 생명을 유지해 왔던 점에 있어서는, 문제가 일관되어 왔다고 할 수 있다.

다른 한편 "유교는 엄밀하게 말하면 종교가 아니라 행동체계에 표현된, 인간의 적절한 사회적 질서에 대한 가르침이다. 유교는 개인의 가족과의 연결을 사회로, 국가로 확대하여 사람들이 사회에서 적절하게 처세하도록 훈계한다. 유교의 근본교의는 연장자를 공경하고 가족과 공동체, 국가에 충실할 것을 가르치는 것이며 유교는 개인적 이익보다 사회 전체의 이익을 중시한다.

유교는 근대(modern) 동아시아 문화에 거대한 영향을 끼쳐왔으며, 동아시아의 경제발전을 설명하는 한 요소이다." 이것은 2003년 3월 개관한 싱가포르 아시아문명박물관(Asian Civilizations Museum) 1층 로비에 놓인 공자상의 설명문이다. 아시아문명박물관(현재 더 거대한 신관이 있다)의 안내책자에는 권두에 "아시아문화재생!(ACM Where Asian Culture Come Alive)!"이라고 크게 쓰여 있는데, 위의 공자상 설명문은 바로 동서의 접점으로서 현대 싱가포르를 유교정신에 가탁하여 자리매김하는 것이다(덧붙이자면 구관 제1실에서 상영되는 비디오 프로그램은 동과 서의 문화 접합점으로서 도시 싱가포르가 이야기되고, 그것이 비취[翡翠]의 영상으로 비유된다. 게다가 이 비취에 공자의 다섯 가지 덕이 담겨있다는 '인상적'인 것도 있다). 여기에 드높이 고양되는 유교는 결코 역사상 실존한 내용이 아니다. 이미 '표상'이 되어 근대국민국가의 존재양태(그리고 서양을 향한 싱가포르의 자기증명)로서 언급되는 것이다.

그 점은 종교성을 벗고 사람과 공동체(국가)의 연결을, 유교정신을 구심으로 하여 추구하는 설명 방식에서도 명확하다. 현실의 싱가포르가 결코 유교국가가 아님에도 불구하고 일찍이 리콴유 수상(현, 고문상[顧問相])이 유교정신에 가탁하여 '아시아적 가치'를 주창했던 것은 유명하다.

말할 것도 없이 '사회 전체의 학문'으로서의 유교, 정치 · 경제 · 제도 · 윤리도덕 · 교육 등 '모든 것과 연관되는' 교의로서 유교가 갖는 사회시스템으로서의 생명은 아시아 어디에서나(중국이나, 한국, 타이완에서도) 더 이상 존재하지 않는다. 그럼에도 오늘날에도 의연히 이어지는 '국민국가'형성 공간에서, 또 세기 말부터 오늘날에 이르는 세계화의 폭주 한가운데서, 개개의 자기증명(때로는 지역주의, 내셔널리즘으로 출현하는)이 요구될 때, 유교는 새로운 의장(意匠) 아래 다양한 모습으로 거론된다. 그런 것은 비단 중국이나 싱가포르뿐이 아니다. "유교는 중국에 기원을 두지만 동아시아 각국의 문화적 공동유산이다. 우리가 동아시아 각국에서 유학이 발전한 것을 널리 바라보고, 동아시아 각국의 유학의 차이와 공통성을 일반에게 널리 보이고, 동아유학이 내포한 특질을 성찰할 수 있다면, 신세기의 '문명간의 대화'에서 유가정신을 충분히 활용하여 동아시아 문명과 세계문명의 융합의 기초를 다질 수 있을 것"(후왕준제[黃俊傑], 『동아유학의 새로운 시야[東亜儒學的新視野]』, 「자서」, 2001)이라는 타이완대학 후왕 교수의 발언 역시 '타이완'이라는 한 근대민주주의사회의 존재증명을 '서양과의 문명대화'라는 문맥에서 이야기하는 것이다. 여기에 사용되는 '동아유학'이라는 낯선 표현은, 본가＝중국에 일원적으로 회수되지 않는 '동아(타이완, 한국, 일본 등의) 유학'이라는 뜻이 포함된 것이다. 이 역시 극히 현대적 과제 안에서 출현한 유교표상이었다고 할 수 있다.

이렇게 보면 '유교'가 혹은 '유교의 지'가 오늘날 세계화와 내셔널리즘이 상극하는 동아시아 세계에서 일정하게 유효한 지표로 재활용되고 있음을 알 수 있다. 유교는 지금도 살아있는 것이다. 그렇다면 일본은 어떤가? 한국은 또 어떠한가? 또 그것은 19세기 어떠한 지적경험 위에 존재하는 것일까? 호기심이 가시질 않는다. 우리에게 내재하고 현재에도 직접 이어지는 '근대의 지' 성립문제를, 유학사상의 근대적 재편 장면에서 다시 묻기를 통하여 동아시아에서 우리들의 지적대화의 출발점으로 삼고 싶다. 한국에서, 중국에서, 일본에서 (그야말로 동상이몽의 표상으로서) 이른 바 '동아시아 공동체'가 이야기된 지 오래다. 그것은 화톳불과 같이 꺼졌나 싶으면 다시 불이 지펴진다. 우리들은 그런 몽상을 이야기하기 전에, 동아시아 각 지역에서 대조적인 '근대지' 형성을 진지하게 비교 검토해야 할 것이다. 본서가 그러한 문제제기를 위한 디딤돌이 된다면 그 이상 바랄 것이 없겠다.

본서의 한국어판 간행은 외우(畏友) 최재목 교수, 박홍규 교수에게 힘입은 바 크다. 철학자이자 시인인 최재목 교수와 만남을 가질 때마다 항상 새로운 에너지를 얻고 있으며, 박홍규 교수의 학문에 대한 독실한 자세와 쾌활한 유머에서 배우는 바가 많다. 두 분 교수에게 이제까지의 후의에 대한 인사도 겸해서 진심으로 감사드린다. 그리고 결코 이해하기 쉽지 않은 문장을 친절하고 자상하게 번역해 주신 김선희 박사에게 감사드리고 싶다. 김 박사의 세심하고 통찰력 있는 번역 없이는 한국어판 간행은 불가능했을 것이다. 번역에 도움을 주신 가나즈 히데미 교수에게도 감사드린다. 마지막으로 이렇게 별로 팔릴 것 같지 않은 책을 출판해 주신 선인출판사 윤관백 사장께도 깊은 인사를 드린다. 여러분, 모두 모두 정말로 감사합니다.

2010년 6월

나카무라 슌사쿠

차례

Contents

서문

1. '근대지(近代知)'와 '국민국가'

내가 한동안 연구주제로 삼았던 것은 일본에서 '국민국가(nation-state)'의 발현과 그 안에서 '유학지(儒學知)'의 변용·재구성의 양상을 밝히는 것이었다(여기서 특별히 '유학지'라고 일컫는 것은 교설로서의 유교의 내용에 그치지 않고, 그 변용·재구성을 발생시키는 사회내적 '지[知]'의 질, 자체를 고찰의 대상으로 하기 위해 설정한 용어이다. 또 '유교', '유학'은 개개의 일본어 문맥상, 관용적인 형태로 적절히 쓰는 것이지 특별하게 의미를 부여하여 구분한 것은 아니다).

이 문제에 특히 관심을 갖게 된 것은, 우리에게 '사물이 보이는 방식'을 규정하는 '근대지(近代知)' 자체가 '국민국가'의 성립에 깊게 관련한다는 것을 최근 십수 년 이래로 통감하게 된 까닭이다. 우리의 '근대'를 구성하는 모든 지적제도가 19세기 이후의 신조물 '국민(nation)'의 자기인식·타자인식에 근본적으로 깊게 연관된 것을 새삼 깨닫게 되었기 때문이다.

오늘날처럼 역사적 창조물로서의 '국가'나 '국민'개념의 내실을 반문하게 된 때는 없었다. 좋든 싫든 세계체제의 전반적인 재편에 직면하게 된 가운데, 여전히 근대에 '창조'된 '전통'의 강제력이나 인식의 틀에서 재생산되는 내부의 의식과, 경제나 정보의 압도적인 탈국경화(脫國境化)의 진행으로 상징되는 다문화화, 문화복합화의 틈바구니에서 우리는 명확한 전망을 얻지 못한 채, 양자간의 균열을 제대로 메우지 못하고 있다. 그리고 그 균열에서 분출하듯 세계각지에서 새로운 내셔널리즘(ethno-nationalism)이 대두하고 있으며, 우리 개개인의 내부에서도 내셔널리즘, '국민의식'을 어떻게 제어할 것인가가 중요한 문제로 대두되고 있다. 이러한 현상을 되돌아볼 때, 오늘날에도 우리의 의식을 속박하는 근대의 모든 언설의 '창조=상상'성을 드러내고, 그 구속성을 어떻게 완화시켜갈 것인가를 고민하는 것, 그리고 자신을 둘러싼 지적제도의 모습을 명확하게 하는 것은 사상사연구에 요구되는 중요한 문제이다. '국민국가'론은 그런 절실한 사상과제로서 출현한 것이다.

물론 우리를 둘러싼 '전통'이나 지적제도, 그리고 '국가'가 '창조된' 것임을 규명하는 것만으로 내부의 '근대'성이 저절로 해소된다는 생각은 애당초 없었으며, '국민국가'가 금방이라도 사라지리라는 무책임한 환상을 품고 있는 것도 아니다. 단지 그것을 계속해서 대상화하려는 노력이, 지금처럼 사상사연구에 요구되는 때는 없지 않나 생각한다. 베네딕트 앤더슨 등의 논의가 유입되면서 일본에서도 부각된 '국민국가'론이 현재 일종의 전환점에 직면하게 된 것은 분명하다. '창조'라는 용어의 유행이나 '픽션으로서의 국가'라는 발언으로 문제의 난관을 회피해 왔다는 것은 일면 사실일 것이다. 그렇지만 이렇게 단조롭게 때로는 안이하게 진행되어 온 논의를 비판적으로, 생산적으로 뛰어넘으려는 새로운 논의가 내부로부터 터져 나오고 있는 것도 사실이다.[1)]'국

1) 민중이 '국민'으로 변하는 과정은 위로부터의 '국민'화, 즉 '교화=수동의 형태만으로, '국민'이 되었다고는 생각할 수 없다'라는 시점에서, 민중이 이른 바 '안으로부터'의 '국민'화를 이룬 것, "사람들은 자신의 주장의 정당성이나 자신의 존재가치의 근거를 현전하는 정부와는 다른 '국가'에 위임하는 것으로 '우리 일본국민'의 실감을 획득하고 증폭시킨"(229~230쪽) 것을 비판적으로 읽어내는 牧原憲夫, 『客分と国民の間－近代民衆の政治意識』(吉川弘文館, 1998)이나, "구전적인 이야기의 유통이 근대 국민적 심성의 형성에 끼친 역할"(14쪽)을 전국적 라디오 방송을 통한 '浪花節'의 유통('소리의 공동체')에서 찾아 근대일본에 있어서의 '이에(家)'의 도덕이나 '국민국

민국가'론은 우리들의 '근대'에 대한 반성이, '근대지' 또는 근대적 학문 자체를 향한 비판적 시각과 결합하여 출현한 극히 방법론적인 문제구성이다. 그러한 논의의 중요성이 점점 커진다고 생각하기에 지금은 그 위에 한걸음 더 깊게 들어갈 필요가 있다고 말할 수 있다. 본서도 미약하나마 그러한 시대적 요청에 좀 더 적극적으로 참여하고자 하는 문제의식에서 나온 것이다.

2. 동아시아 사상사 속의 일본근대

애초부터 일본과 아시아에서의 내셔널리즘은 '서양으로부터의 충격'에 대한 반응으로서 발생하였다. 그야말로 서양에서 이식된, 그러나 서양에 대항하는 틀로서(그리고 제국일본에 대한 저항으로서) 형성된 것이다. '국민국가'나 '국민'이라는 신개념 역시 서양에서 이식된 것으로, 나아가서는 무술정변에 무너진 양계초가 일본망명에서 귀국한 뒤에 '국민'의식의 형성을 제창한 예에서도 볼 수 있듯이, 일본을 하나의 매개로 한 형태로도 전파되었다. 그런 까닭에 동아시아에서의 내셔널리즘, '국민국가' 형성 운동은 유행의 시간차는 있었지만 공통의 틀 속에서 전개되었다. 그렇지만 본래의 독자성을 과거로 거슬러 올라가서 이야기하는 내셔널리즘 언설의 성격상, 한 · 중 · 일 삼국의 내셔널리즘은 상당히 다른 모습으로 표출되었다. 오늘날 내셔널리즘이나 근대국민상을 비판적으로 검토할 때에도, 자주 그 개별의 역사성, 사정 및 개개의 특수주의 자체만 중심적으로 비판되었고, 공통된 문제구성의 측면에서는 충분하게 논의되지 않은 것이 현실이다. 그렇기에 사상사 연구에서 그러한 개별성, 특수성에 환원되지 않는 시야의 전환이 절실히 요구된다.

그런데 이제 다시금 '동아시아 사상사'를 논할 수 있다고 한다면 그것은 어

가'의 '충효'의식의 양성과정을 밝힌 浜藤裕己, 『「声」の国民国家 · 日本』(NHKブックス, 2000) 등을 들 수 있다.

떠한 형태로 가능할 것인가. 예전에 활발했던 '아시아론'적 주제에 흡수되는 것이나, 상호간의 관계사적인 분석, 또는 개개의 지역, 역사의 유형화를 결론으로 이끌어 내는 것이 아닌 형태로는 어떻게 성립할 수 있을까. 문제를 이렇게 설정할 때 19세기 동아시아의 사상세계가 '국민국가'론을 거친 오늘날의 '근대'비판의 시각에서 새롭게 주제화될 수 있는 가능성을 찾아낼 수 있다. 즉, 19세기 동아시아 지식인 사회 개개의 지적경험을 '국민'화와 '지'의 재편이라는 공통의 문제구성에서 비평해 나갈 수 있는 것이다.

일찍이 나는 근년의 '유교문화권'론 · '한자문화권'론에 대한 비판적 분석에서 "(……) 그러나 이번 일련의 '논쟁'을 근대 아시아 '국민국가'상을 재검토하는 큰 흐름 가운데 필연적으로 발생한 하나의 에피소드('헛소동')로 규정할 수 있다면, 그러한 '이야기'도 파생시키는 '근대'의 언설의 문제로서 즉, 다른 제 언설과 연관되고 얽히면서(interdiscouse 혹은 intertextuality) 산출되어, 근대의 제도('근대의 문법')에 관여했던 내용과 과정을 밝히는 형태로, 유교언설의 검토가 새롭게 시야에 들어올 것이다"라고 말한 적이 있다. 그때 공통적인 문제의 틀로 대두할 것이라 내가 상정한 것이 앞서 말한 동아시아의 19세기와 '국민국가', '국민'화의 문제였다.

내가 이를 상정했던 이유는 '국민국가', '국민'화는 동아시아가 '외부로부터'의 긴급한 과제로서 공유했던 문제임과 동시에, 그에 대한 반응의 과정이 현대로 이어지는 동아시아의 제 문제에 반영되기 때문이며, 또한 '국민'화라는 과제는 아시아에 있어서 지금도 생생한 현실적 과제가 되는 까닭이다. '근대지'를 대상화할 때, '국민'화에 동반하는 '지'가 재편되는 모습의 해명은 불가피하며, 거기에는 동아시아에 공통된 '언어'였던 '유학지' 재편의 문제가, 그리고 근대 이후 반복되어 재생되는 '표상'으로서의 유교의 문제가 본질적인 부분으로서 나타나게 될 것이다.

개개의 역사적 장면에서 사회에 '문제'로서 인지된 것은 무엇이었는가라는 '문제구성' 그 자체의 성립과정을 검토주제로 하는 컬처럴 스터디즈(cultural studies)의 방법이 사상사 연구에 개입할 수 있는 가능성도 비로소 생각할 수 있다. 컬처럴 스터디즈 관점의 문제제기로 새롭게 창간된 『Inter-Asia Cultural Studies』 제1호가 특집으로 "Problematizing 'Asia' "("아시아'를 문제화함')를 다루고, 권두에 문학연구자 쑨거(孫歌)의 논문 「아시아란 무엇인가」를 실은 것도 그런 새로운 문제로서 '아시아'론의 가능성과 연관되는 것이다. 동 학술지를 주도하는 타이완의 학자 전광싱(陣光興)은 저널의 표제에 대해 "아시아를 하나의 주체개념으로 생각하는 언설에 대항하기 위하여", 애당초 지적운동이 오랜 세월 부재했던 동아시아의 지적 공간에 "비판적 지성의 상호교류의 장"을 세우기 위하여 일부러 그렇게 제목을 붙였다고 한다.[2] 쑨거의 권두논문은 그야말로 그러한 기획의도를 대변하는 것이다. 소위 '아시아론'이 아니라 근대 '아시아'에 공유되는 문제구성을 발견하고 그로부터 시작하고자 하는 '아시아'론의 입장인 것이다.[3]

본서가 다루는 대상은 주로 19세기 일본의 매우 한정된 지적 경험의 문제에 지나지 않지만, 문제에 대한 시각은 상술한 지점에서 출발하고 있다,

근현대 동아시아 세계에서 '지식인'이 유교를 어떻게 재편하면서 자립을 이루었는가, 그리고 19세기부터 20세기에 걸쳐('지식인'을 주된 담당자로 하여 성립한) '국민'상의 끊임없는 구축(재구축)에 '유교' 표상이 어떻게 동원되고, 거기에 어떠한 새로운 의미를 파생시켰는가라는 문제를 '스스로' 반성하는 과제로서 에도 후기부터 근대 초기의 장면을 해독하는 것에서 논의를 시작하고자 한다.

근대 일본의 '국민국가' 형성에 있어서 '유교'는 과연 무엇이었을까.

---

2) 『週刊読書人』, 2000년 9월 8일자.

3) 이러한 사상사연구의 새로운 흐름은 '아시아'를 주어진 실체로서가 아니라, '아시아라는 공간'을 "현실과 이념이 충돌하고, 국익과 위신이 교차하고, 정치적・사회적인 실천에 의해 작용하여 스스로가 성원이기도 한 지역사회를 구성해 가야하는 대상으로 나타난"(22쪽) 것, 근대 이후 끊임없이 생성되어 온 것으로서, '사상연쇄'라는 문제를 중심축으로 논의하는 山室信一의 『思想問題としてのアジア―基軸・連鎖・投企』(岩波書店, 2001)의 문제설정과도 공통점이 있을 것이다.

1

지금 '유교'를 논하는 것

1. '아시아론'으로서의 유교론

싱가포르에 살고 있는 작가 링팡(潘翎)여사의 『화인(華人)의 역사』는 '화교'에서 '화인'으로 변해가는 재외 중국인의 의식변화와 그 주변의 여러 사실을 역사적 서술 안에서 이야기하고 있으며, 자료로서도 가치가 높다. 그 가운데서도 「제13장 문화 및 국가의 아이덴티티」는 인공국가 싱가포르의 '국민'형성의 관점에서 우리에게 흥미로운 재료를 제공한다.[1] 저자는 그 옛날의 남양대학(南洋大學) 탄압 등 중국어 사용에 부정적인데, 중국문화로부터 이탈을 추진한 리콴유(李光耀) 전 수상이 근년에 세계의 주목을 받은 정치적·문화적 발언이나 행동 가운데서도 '유교문화'를 제창하는 것에 대해 "그가 유교를 제창하리라고 누가 상상할 수나 있었을까"라고 빈정댄다. 그리고 "이 수수께끼는 그의 개인사를 깊숙이 들여다 볼 때 밝혀진다"라며 리콴유의 아이덴티티형성의 역사를 싱가포르 '국민'의 그것과 포개놓고 대조하면서 상세한 분석을 시

---

1) リン・パン(潘翎),『華人の歴史』, 片桐和子訳, みすず書房, 1995.

도하고 있다. 인용이 좀 길어지지만, 그가 왜 '유교'를 말하기 시작했는지를 우리들이 어떻게 일반적인 문제구도 속에 놓고 생각할 수 있을까라는 점에서 고찰의 실마리가 될 수 있을 것 같아서 그 일부를 소개한다.

> 이 남자를 한마디로 말하는 것은 어려운 일이지만 저널리스트 T. S. 조지에 따르면, 리콴유는 중국인으로서의 기반에서 멀리 떨어진 불안한 사람이며, 자신이 어디에도 귀속하지 못하기 때문에 그 결여감을 메우기 위하여 자신의 모습을 투영하여 싱가포르를 새롭게 만들었다고 한다.[2)]
>
> 리콴유는 1986년 대학에서 학생들에게 '중국인이 유교를 잃어버리는 날이 온다면'이란 강의를 하였다. "중도를 추구하려는 유교적 경향을 잃어버리면 우리는 그저 그런 제3세계 국가가 되어버린다." 강의를 듣던 학생들은 자신들이 유교적 자질의 소유자라고는 생각조차 해보지 않았을 것이다. 그들 대부분은 영어로 교육을 받고 있고 중국어는 기껏해야 떠듬거릴 정도로 밖에 못한다. 결국 중국인을 선조로 한다는 것과 문화적으로 유교를 신봉하고 있다는 것은 전혀 별개의 문제다. 정부가 정의한 아이덴티티가 혼란스러운 것은 반드시 일치할 필요가 없는 두 개의 다른 것이 겹치기 때문이다. 요컨대 민족과 문화이다. 국립 싱가포르대학의 사회학강사였던 존 클레머가 말한 것처럼 "중국인을 선조로 하는 사람들은 그 민족이기 때문에 중국문화를 '소유하고 있다'고 간주된다. 바꿔 말하면 문화와 인종이 서로 정의 내린다고 믿기 때문이다."
>
> 그렇다면 도대체 싱가포르에서 '중국'문화란 정확히 무엇인지를 물어야 한다. 이에 대한 클레머의 대답은 이렇다. "수많은 전통의 편린이 혼합된 것으로, 그 대부분은 동남아시아로 이식됨에 따라 완전히 변형돼 버렸다. 어떤 것은 중국적이라기보다 말레이적이라고 하는 편이 낫고, 이미 중국본토에서는 자취를 감춰버린 것이 대부분이다. 이런 모든 것이 중국문화란 '이러해야 한다'라는 꽤나 애매한 관념상의 모델에 의해 하나로 정리되고 있다." '수많은 전통의 편린'에는 유교적 가치도 포함될지도 모르겠다. 그러나 싱가포르에서 이러한 가치관은 도교나 불교의 미신 등 서민의 종교나, 진짜 유자라면 잔뜩 움츠러들만한, 유교와는 먼 민간신앙과 뒤죽박죽이 되고 있다. 따라서 싱가포르

2) 위의 책, 332쪽.

> 중국인의 유교적 아이덴티티란 날조된, 속임수라고까지 말할 수 있는 것이다. 게다가 역설적이지만 이를 추진하려하는 사람들은 중국의 문화유산으로부터 가장 먼 사람들—영어교육을 받은 사람들—이다.[3]

같은 책에서도 언급되듯이 리콴유를 포함하여 다수의 지식인이 보이는 아시아 내부로부터 유교를 재평가하려는 움직임은, 분명히 "타이완, 한국, 홍콩 그리고 싱가포르에서의 자본주의경제의 성장을 유교문화의 몇몇 개념, 즉 계층의 상하관계나 사회관계의 협조를 들어 설명하려는 이론과 연동한"[4] 것이었으며 1980년대 중반부터 소위 '유교문화권—한자문화권' 논쟁의 흐름에서, 보다 정확하게 말하자면 냉전체제붕괴 후의 새로운 그리고 위험한 문명론적 언설유행의 과정에서 발생한 것으로 파악하지 않으면 안 된다(후술).

다만 오늘날 아시아 내부로부터 서양을 향한 대항언설로서 새로운 '아시아론'이 회자될 때, 도교도, 불교도 이념으로서의 새로운 이데올로기도 아니라 왜 '문화적 전통'으로서 '유교'였는지는 우리들의 '지(知)'의 존재양식의 문제로서 되짚어도 좋을 것이다. 링팡여사도 지적하는 것처럼, 리콴유는 주의 깊게 '중국'과 분리시켜 전통의 '동양적' 가치로서 '유교'를 제창하는 것이지, 역사적 실체로서의 유교문화의 개별상에 의거하여 말하는 것은 아니다. 그것은 처음부터 비서양적 가치로서 대항언설처럼 구성된 일종의 환상으로서의 유교사회 이미지인 것이다. 리콴유를 포함한 근년의 유교 재평가의 논의에는 분명히 서양적 '근대'에 대한 또 하나의 가능성이라고 하는 테마가 잠재되었다. 말하자면 새로운 '아시아론'의 과제로서 유교론이 출현한 것이다. 서양에 선도된 '근대', 그리고 '근대'를 구성하는 '국민국가'상의 재검토라는 세계적 흐름 속에서 공동체로의 귀속의식이나 '국민', '국가'상 형성의 역사를 회고하는 장면에서, 또는 지금도 행해지는 '국민국가'를 구축(싱가포르 등)하는 장면에

---

3) 위의 책, 319~320쪽.

4) 위의 책, 320쪽.

서, 그러한 제과제와 전통세계의 유교적 요소의 관련이 우리들 자신의 '근대'를 구성해 온 '지' 자체의 질을 재조명하는 형태로 새롭게 시야에 들어온 것이다.

『중국근세의 종교윤리와 상인정신』의 저자로 알려진 위잉스(余英時)도 일련의 '유교 문화권' 논자와는 거리를 두면서도 다음과 같은 전제하에 유교의 현대적 가치를 주장한다.

> 냉전이 종결된 세계에서 우리는 민족문화의 힘이 각지에서 대두되고 현대 유럽의 강력한 문화로도 민족문화의 차이를 소멸시킬 수는 없다는 사실을 알았다. 이전에는 눈앞에서 확인할 수 없었던 일이다. 만약 중국문화가 현재의 변화 때문에 완전히 소멸하지 않는다면 중국문화의 주도적 정신의 하나인 유학 역시 완전히 소멸하는 일은 있을 수 없다.[5)]

물론 위잉스도 유교를 무비판적으로 옹호하고 있는 것은 아니다. 유교가 "더이상 인생의 질서를 완전히 지배・정서(整序)할 수는 없다"라고 전통적 유교교학의 '내성외왕(內聖外王)'적 지향이 현대에서 무효함을 확인한 위에 다시금 '일용상행'의 학문으로서의 가능성을 언급하는 것이다.

> '일용상행'이라는 관점에서 보면 유학의 전통 안에는 여전히 발굴되어야 할 정신적 자원이 내포되어 있다고 생각한다. 나는 앞서 현대유학을 '유혼(游魂)'이라 했는데 '혼'이란 요컨대 '정신'이며, 전통적인 제도화에서 이탈한 뒤 유학의 정신은 도리어 자유롭게 새로운 생명을 얻을 수 있을 것이다. '유혼'은 어쩌면 현대유학의 운명인지도 모른다. 도덕이나 지식의 시원(始源)이 다원화하는 오늘날에 물론 유가는 정신적 가치의 영역을 독점할 수는 없다. 그러나 중국인이 만약 현대에서 자기 아이덴티티의 재구축을 바란다면 함부로 유학을 저주하거나 유학의 존재를 완전히 무시할 수는 없을 것이다.[6)]

---

5) 余英時,「現代儒学の回顧と展望－明清期の思想基調の転換からみた儒学の現代的発展」,『中国－社会と文化』, 1995.

그의 '유혼'으로서의 유교라는 새로운 자리매김은, 뒤에 언급할 프랑스인 반델 메르슈의 "유교가 완전하게 죽었기 때문에 그 유산이 새로운 사유양식 안에 재투자될 수 있다"는 식의 발언(『아시아문화권의 시대』)과 서로 통하는 관점을 드러내는데, 내 관심을 더 끄는 것은 위잉스가 '일용상행하는 유학'의 선구로 청말의 '민주', '민권'을 받아들였던 유가들을 긍정적으로 거론하면서, 그런 관점으로 명청유학에서 현대로의 전개를 밝히고자 하는 점이다. 그 점에서 위잉스의 논의도 이제까지 서술해 온 것처럼 극히 현대적인 문제의식에서 전개된 것으로 볼 수 있다. 그리고 그러한 '유교'론에 있어서 새로운 아시아의 자기주장, 새로운(자기충족적) '아시아론'의 전개에 대해 어떻게 비판적으로 대처하고, 어떠한 생산적 관점을 개척해 나갈 수 있을까가 지금 우리들에게 문제가 되는 것이다.

앞서도 언급했던 '유교문화론' 논쟁을 사상사적으로 총괄하는데서 시작해 보자.

2. 현대중국과 유교

예전에 일본의 신문기사에 "'공자브랜드'로 고향을 부자로"라는 중국발 보고가 게재된 적이 있다.[7] 공자의 고향 산동성(山東省) 곡부시(曲阜市)에서 공자브랜드의 술, 맥주, 간장 등이 연이어 생산되어 판매호조라는 것이 기사의 내용인데 "예전에는 봉건주의의 유물로 비판받아 공자의 동상이나 묘가 파괴되었지만, 애국주의의 전통사상을 대표하는 것으로 복권시킨 정치권의 바람과 시장경제의 파도를 탔다"며 '공자브랜드'의 상품은 백여 가지 이상이라고 기

---

6) 위의 논문.

7) 『朝日新聞』 1995년 6월 15일자 조간.

사는 전하고 있다. 필자가 1994년에 '공자탄생 2545년 기념제'를 견학하러 곡부를 방문했을 때에도 매우 화려하고 상업주의적이기까지 한 쇼에 놀랐었다. 동시에 경제발전과 공자를 관련시키는 개회사나 숙소에 줄지어 게시된 '공자문화절 축가'와 '곡부시 대외무역촉진'이란 표어에서 현대중국에서 차지하는 공자나 유교의 위치를 엿볼 수 있었다. 물론 현대중국에서 공자가 전적으로 상업주의적 측면에서만 평가되는 것은 아니다. 송명유학의 전문연구에서 현대유가에 대한 연구까지, 예전과 같은 정치적 해석이 전면에 부각되지 않는, 구속받지 않는 관점의 전문연구가 대량으로 쏟아져 나오는 것도 사실이다.

원래 근현대 중국의 학술연구는 정치와 밀접하게 연관되어 전개되었고, 유교연구 역시 예외는 아니었다. "중국에서 학술연구는 현실 정치운동을 위하여 봉사해야하는 것으로써 존재해 왔다. 공자라는 역사적 인물은 실제 정치의 시간과 공간에 살아있는 것으로서 현실 권력투쟁의 도구로 이용되었던"[8](가와타 데이치[河田悌一]) 것이다. 19세기 말 변법자강운동의 유교비판 이후 5·4 문화혁명의 '타도공자점(打倒孔子店)', 문화대혁명기의 '비림비공(批林批孔)', 그리고 민주화운동기의 공자재평가 등등 유교·공자는 그때그때의 정치상황을 반영하고, 예컨데 각 시기마다 '인(仁)'의 개념이 달리 정의되었던 데에서 엿볼 수 있듯이 "공자는 오히려 지금 그 시대와 사회의 모습을 나타내는 하나의 바로미터로 살아있는"[9] 것은 명백하다. 그런 점에서 보면 끊임없이 그 의의가 새롭게 정의되고 거기에서 동시기 사회적으로 중요한 제요건을 빌어 논의된다는 의미에서, 유교는 중국에서 여전히 생명을 잃지 않았다고 말할 수 있을 것이다. 공자탄생 2545년 기념이라고 써 넣은 거책『공자문화대전』(중국서점)에는 공자를 "중화민족의 선두"에서 중국을 이상주의적으로 진보로 이끈 인물이라 평가하고, "중화문화의 핵심", "중화전통 인문정신의 정수", "중국민족의 혼"을 주조한 "공자야말로 중화민족의 척추"라고 서술되지만(앞의 책 서문),

8) 河田悌一,『中国近代思想と現代』, 研文出版, 1987, 217쪽.

9) 위의 책, 219쪽.

이러한 현상도 앞서 언급한 경제활동과 동거한 공자열기와 마찬가지로 근년의 중화 '민족'의식의 고양이나, 경제발전에 뒷받침된 내셔널리즘적 감정의 발로라 이해해야할 것이다.[10)]

그런데 이러한 근년의 유교에 대한 관심의 고양은 중국 내부의 현상만은 아니었다. 오히려 중국 외부의 세계, 특히 중국 외연부의 동아시아 지역에서 현저했다. 그런 일련의 흐름에 이끌리듯이 나타난 것이 중국의 경우이다. 다시 한번 말하자면 당초 유교를 재평가하는 목소리는 아시아 외부에서 먼저 나왔고, 그런 목소리에는 서양의 내부 요인에 기반한 일종의 오리엔탈리즘적인 유교이해가 묻어있었다. 그것이 동서냉전체제붕괴 후의 사상적 상황이나 새로운 문명론적 언설의 유통과, 경제가 발전한 동아시아 내부의 자기주장과 공명하듯이 일정한 언설이 구성되고 거기에서 많은 문제가 파생된 것이었다. 그 점에서 근년의 유교문화권을 둘러싼 언설의 혼란은 정보화와 시기 부적절한 '문명론'의 교착에서 유래하는 극히 현대적 사회상황을 반영한 것으로 파악할 수 있다. 그렇게 과제를 설정해야지만, 다시 말하면 근대 '국민국가'의 제과제가 '논쟁'의 과정에서 드러낸 측면을 검토하는 것만이 사상사에서 가치가 있다.

3. 문제의 소재

1980년대 말에 시작된 냉전체제의 극적인 붕괴와 세계체제를 새롭게 모색

10) 근년 중국에 있어서의 '유교문화' 재평가는 제1장에서 다루는 '유교문화권' 논쟁과는 위상이 조금 다르며, 근대중국 출발 이후의 정치적인 유교비판, 평가의 사이클과 함께 생각하지 않으면 안 된다. 그러한 점에 대해서는 丸山松幸, 「現代における儒教」, 『岩波講座現代中国4 歴史と近代化』, 岩波書店, 1989 수록 ; 佐藤慎一, 「『儒教と二十一世紀と』についての覚え書き」, 大阪大学中国哲学研究室編輯, 『中国研究集刊』, 日本中国学会45回大会特別号, 1994에 간명하게 정리되어 있다.

하는 과정에서, 이전에는 만능인 것처럼 신봉하고 이용한 지배이데올로기 등, 소위 '커다란 이야기'는 생기를 잃어갔다. 그때 정보, 지식, 상품의 세계적 동시화라는 멈추지 않는 급류에 저항하여, 문화를 세계의 불안정 요인이나 마찰의 원인으로 거론하게 된 것은 역설적이면서도 얄궂은 것이다. 생활양식의 세계적 동시화가 진행될수록 내셔널리즘(그리고 에스노 내셔널리즘)적 정서의 배출구로서, 문화의 고유성이 좋은 구실로 눈앞에 나타난 것이다. 새삼스레 문화나 문명을 끌어내지만 그것은 결국 기존의 '국가'나 경제권의 이해(利害) 주장을 위장하고 강화한다. 이러한 반동적 움직임은, 강력한 이데올로기의 소멸 후 새로운 논지를 세우는 데 기축을 찾아내기 어려운 오늘날의 지식인의 언설에서도 종종 발견할 수 있다. 근년의 화제가 된 S. 헌팅턴의 '문명의 충돌?'(1993)을 둘러싼 논의가 들끓은 것도 그 예에 해당할 것이다.[11] 그러한 움직임에 연동하듯이 아시아 내부에서 '아시아적 가치'를 말하기 시작한 것이다.

1980년대부터 1990년대 중반에 걸쳐 서구 및 동아시아를 중심으로 '유교문화권'이란 용어를 중심 개념으로 전개하는 논의가 많았다. 그중 일부는 지금도 내셔널리스틱한 포장을 두른 채 회자되지만, 논제로서의 생명은 이미 끝났다고 해도 좋다. 특히 일본에서 '유교문화권'－'한자문화권' 논쟁은 완전히 종식됐다. 그 특징은 동아시아 공통의 의제인 것처럼 논의되었다는 점, 또 이제까지의 사상적 · 철학적 유교연구가 그랬듯이, 고전사상내용이나 경전해석의 문제로서가 아니라 다른 경제적 · 정치적 요소와 연관되어 논의가 진행되었다는 점이다. 바로 그 때문에 그러한 논의를 성립시킨 사회적 · 경제적 요건의 변화에 따라 일본에서 '유교문화권' 논쟁이 급속하게 사그라든 것은

11) 일본에서 헌팅턴 논문(「文明の衝突?」, 『中央公論』 1993년 9월 수록)에 대한 반론, 비판으로 山崎正和, 『近代の擁護』, PHP研究所, 1994 ; 蓮實重彦 · 山内昌之編, 『文明の衝突か, 共存か』, 東京大学出版会, 1995 ; 野田宣雄, 『文明衝突時代の政治と宗教』, PHP研究所, 1995 등이 대표적이다.

당연하며, 나 역시 주위의 요건과 분리된 논쟁 내용 자체의 '시비'에 대해서는 관심이 없다. 내가 문제 삼는 것은 그러한 일련의 논의가 어떠한 조건 아래 성립했는가, 상이한 배경을 가진 상이한 지역으로부터의 발언이 서로 관련하면서 어떠한 모양으로 전개되고, 결국 무엇을 생산해 냈는지 또는 무엇을 생산하지 못했는지의 문제이다. '유교'라고 하는, 굳이 말하자면 이제까지 극히 전문가들의 화제였던 지적 정보가, 어떤 식으로 일반세계를 향해 발신되고 다양한 정보가 교차하면서 사회적 영향을 가지게 되었는가. 마치 개개의 논자가 공유하듯이 사용된 '유교사회'라는 용어로 도대체 무엇을 주고받았는가(적어도 유교가 철학적 교리의 문제로서보다는 사회학적 관심 아래서 논의되어 온 것은 확실하다). 거기에 각각 어떠한 사정이 있었으며, 마치 빛이 어지럽게 반사되는 것처럼 혼란스럽고 헤매는 사태가 되었는가. 그러한 사회현상과 그것을 연출하는 오늘날의 '국민국가'－내셔널리즘의 행방에 관심이 있는 것이지, 되풀이하여 말하지만 '유교문화권' 논쟁의 내용 자체의 타당성을 다시 검토하거나 평론하는 것에는 관심이 없다.

4. '유교문화권' 논쟁의 경위와 파탄

앞에서도 말했지만, '유교문화권' 논쟁의 특징은 서구의 '발견?'과 서구의 역사연구의 재평가에 이끌리듯이, 그에 호응하는 형태로 아시아 내부에서 논의가 시작된 점이다.

초기의 대표적 발언으로는 김일곤의 『유교문화권의 질서와 경제』(1984)와 프랑스인 반델 메르슈의 『아시아문화권의 시대』(1986)[12]를 들 수 있다. "한자

12) 金日坤, 『儒教文化圈の秩序と経済』, 名古屋大学出版会, 1984 ; 『東アジアの経済発展と儒教文化』, 大修館書店, 1992 ; L. ヴァンデルメールシュ, 『アジア文化圈の時代』, 福鎌忠恕訳, 大修館書店, 1987.

문화사회를 구성했던 것은 불교가 아니라 유교이다. 때문에 자문해야 될 것은 바로 유교에 관한 것이다"고 주장하는 반델 메르슈는 유교의 진수를 '가족', '의례(예)', '고급관료제도' 세 가지로 들면서, 역사적으로는 "이 모두는 죽었다. 그것은 사실이다"라고 한다. 그러나 결정적으로 유교가 죽었기 때문에 그 유산이 사회발전의 요청과 모순되지 않고 새로운 사유양식에 재투자될 수 있었다. 그를 위해서 이 유산은 어딘가에서 운용이 가능한 유동자산이면 충분했다. 바로 그랬다. 유교의 모든 정신은 놀랍게도 영안실에 보존되어 있었다. 영안실은 바로 한자의 체계이다. 그리고 "한자의 의미론적 구성은 유교의 구성 그 자체이다"[13]라며 특히 일본의 경제발전을, 막스 베버의 이론을 뒤집어 '유교판'으로 적용하여 설명하고자 했다. 여기에는 유교를 한자문화와 동일시하는 문제와 그에 담긴 저자의 믿음이 엿보이는데, "유교는 한번 죽었기 때문에 오늘날의 요청을 가탁할 수 있는 '유산'으로서 유효성이 생겼다"는 지적은 확실히 새로운 시점이었다.

논의의 세부내용은 생략하고 사상사적으로는 그의 논의를 E.사이드가 정의한 의미의 오리엔탈리즘의 새로운 틀=환시(幻視)로 이해할 수 있다. 반델 메르슈는 일찍이 인터뷰에서 서구의 사회가 개인주의, 법률만능주의로 뿔뿔이 갈라지고 있는 지금 동아시아 유교문화권의 사회관행으로서의 '예'의 중요성이 재평가된다고 했다.[14] 그야말로 서구지식인의 내적요청에 응하여 새롭게 출현한 '아시아의 일관성'(오리엔탈리즘)이었던 것이다. 그 후 주지하는 대로 '유교문화권'이라고 한데 묶어 버리는 표현으로 동아시아 지역의 경제성장을 논의하는 흐름이 생겼다.

일본의 유력한 논자였던 나카지마 미네오(中嶋嶺雄)는 일찍이(1987) 유보조건을 내건 다음 "후발 비서구 문명권의 발전 과정으로서 '유교문화권' 모델이 있지 않을까라는 논의가 일어났다", "후발 비서구 사회의 장래발전을 생각할

---

13) 반델 메르슈, 위의 책, 184쪽.

14) 『朝日新聞』 1987년 9월 17일자 조간.

때 이전의 다양한 모델에 의한 근대화론이 '유교문화권'의 국가만의 각별한 성공에 의해 커다란 도전을 받고 있다"라며, "대략 근대화이론에 의한 몇몇 모델이나 이론이 붕괴되거나 한계에 도달해버린 때에 '유교문화권'의 새로운 도전이 시작되었다"[15]라고 했다. 그를 중심으로 많은 '유교문화권－한자문화권'논쟁이 전개되었던 것이 기억에 새롭다.

그러나 그 뒤 6년 만에 그는 동아시아의 경제발전을 유교, 한자문화권으로 설명하는 것에는 무리가 있다고 하여 다시금 '일정한 기준'을 설정하여 논할 필요를 인정하게 되었다(『세 개의 중국』, 1993). 그 과정에서 유교문화권, 한자문화권이 어느 지역, 국가를 포괄하는지 불분명했다는 점과 유교의 본토 중국과 북한은 어떠한가 등등의 지적도 있었지만, 동시에 한국, 타이완, 싱가포르 그리고 일본 각각의 지역에서 유교문화가 결코 같은 모양이 아님이 새롭게 확인되었다. 그 가운데서도 가장 큰 문제는 '유교문화권', '한자문화권'이라는 '표식'이 과연 문명론적인 일반 모델일 수 있을까라는 점이였을 것이다.

단 이런 지적은 논쟁의 초기부터 있었고 타이궈훼이(載國煇)도 말했듯이[16] 이런 논의들은 오히려 "사후(事後) 제갈량의 고견"(자명한 결과에 편승했다는 견해＝역자)으로 보는 게 타당했다. 왜냐하면 '유교문화권'이라는 이른바 문화유형론적인 '구분'이 일반논리로, 일정한 조건하에 적용가능한 일반적 모델이 될 수 있는가라는, 근저의 논의를 불문에 붙인 채 현실의 경제상황에 적용되는 측면만을 논하는 경향이 현저했기 때문이다. 애초부터 서구세계의 근본에 기독교를 잠정 설정하여 대비시킬 때, 아시아는 정말로 '유교'로 일원적으로 설명할 수 있을까. 어떠한 유교 교의나 정신에 경제발전을 인과관계로 설명할 근거가 있는가. 유교도 한자도 결코 한 가지는 아니지 않을까. 이러한 의문이 처음부터 따라다녔음에도 불구하고, 막스 베버의 『프로테스탄티즘의 윤리와 정신』의 아시아판으로 아시아 지역의 사회적 환경이 합목적적으로 해석된

15) 中嶋嶺雄, 「いまなぜ「儒教文化圈」か」, 『中央公論』 1987년 8월.

16) 載國輝, 「「儒教文化圈」論の一考察」, 『世界』 1986년 12월.

것이다. 그리고 유교문화는 늘 이차원적 요인으로서 근대화와 자본주의 경제 발전이 얼마나 '효율적으로' 성취되었는가라는, 말하자면 '토대'로서의 성능이라는 문맥에서 거론된 것이다. 이처럼 '유교문화권'론이 일관되어 이차원적 요인이나 발전의 효율성 문제로서 논의되었다는 것은 그 문제구성상의 한계와, 그것이 언젠가는 '문화론적' 이야깃거리로 전락할 것을 예상케 했다. 그 결과 대부분의 논의가 각각의 아시아 사회의 조직적 성격(일본의 경우는 집단주의나 가족주의적 경영 등, 닳도록 사용된 화제)이나 교육에의 투자, 자기연마의 정신 등에 집중되었지만, 그러한 평가의 뒷면에 있는 권위주의적 정치시스템이나 관료제도의 경직화의 문제 또는 이른바 '개발독재' 등은 반성되지 않았다. 그야말로 근대의 입구에서 어느 나라나 경험했을 유교도덕=봉건비판에 대해서는 역사적으로 충분히 검토되지 않았다. 관민의 부정부패횡행에 대해 '중국의 유교문화, 부패성장'[17]이라는 언설이 한편에 존재하면서도 그런 측면과 교차 없이 근대화를 촉진시킨 유교문화와 함께 일컬어진 것이다. 그 적합성을 논하기 전에 "유교문화의 유산이 근대화를 더디게 하고 동아시아 제국을 서구보다 훨씬 뒤처지게 했다는, 1940년대부터 1950년대에 행해진 근거가 미약한 다수의 논의를 우리는 기억하지 않으면"[18] 안 되었다(에즈라 · F · 버겔).

어찌되었든 간에 처음부터 명백한 한계가 있었음에도 '유교문화권'이 문화공동체의 일반 모델처럼 간주되고 동아시아 지역에 유통된 것은 각 지역에 그것을 필요로 하는 개별적인 사정이 있었기 때문이다. 이 정보유통의 경위에 대해서는 H. D. 하루투니언의 「아메리카의 일본 · 일본의 일본」[19]의 도식을 참고할 수 있다. 그는 전후 미국에서 일본의 근대화를 설명하려는 놀랄 만큼 많은 연구가 "미국이 일본을 만드는 용어"를 확립시키고, 그것이 거꾸로

17) 『日本経済新聞』 1993년 9월 15일자 조간.

18) エズラ · F · ウォーゲル, 『アジア四小龍』, 中央公論社, 1991, 119쪽.

19) H · D · ハルトゥニアン, 「アメリカの日本 · 日本の日本」, 姜尚中訳, 『みすず』 제370호, 1992.

"일본이 미국의 이미지를 만드는 방법을 제시했을 뿐 아니라, 나아가 일본이 일본의 이미지를 만드는 수단 역시 제공하게 되었다"는 것을 논증하고 있다. 요컨대 전후 미국이 일본을 이해하기 위한 특정 코드가 그에 입각한 사회분석 방법을 배운 일본이 거꾸로 미국을 이해하는 틀을 구성했을 뿐 아니라, 일본이 일본을 이해하기 위한 코드도 되었다("일본이 일본의 이미지를 만드는 수단")는 것이다. 그야말로 서양발신의 '유교문화권' 환상은 일본에서도 기분 좋은 형태의 대서양(對西洋)의 '아시아내부의 심상적인 일본'을 확인하는 코드(예를 들면, 마하티르 · 이시하라 신타로, 『'노'라고 말할 수 있는 아시아』, 1994)가 되었고, 동시에 개별적 일본을 확인하는 코드(일본문화론)가 되기도 했던 것이다. 물론 이러한 '유교문화권'론이 내포했던 '일본의 일본'이란 구도는 다른 동아시아 지역에서도 해당될 수 있었다. 말하자면 외주의, 게다가 일본발신이 아닌 편리한 '보편적' 개념이었기 때문에 거기에 개개의 자기상을 투영시켜 마치 동아시아가 공유하는 '범주'인 것처럼 형상화할 수 있었고, 바로 그 때문에 논의가 진행되는 가운데 개별의 사정과 차이가 일찍부터 드러났고 일반적 개념으로서의 애매함이 명백하게 되었다.

그러나 그 과정에서 생산적인 측면이 없지는 않았다. '유교문화권 – 한자문화권' 논쟁이란 일종의 '헛소동'이 촉매가 되어 파생된 논점은 분명히 있었다. 첫째는 유교에 대한 관점의 다양화. 즉 이제까지의 교의나 학설의 역사적 해독으로서만이 아니라 해당 사회의 현실에서 살았던, 살아 있는 '가르침'으로서 교설의 외연부도 포함해서 고찰하려는 관점, 습관적 행동이나 사회사적 자료를 근거로 문화구조로서 유교를 논하고자 하는 시점이 형성되었다.[20] 또

20) 1980년대부터 1990년대에 걸쳐 '유교'에 관한 논의가 고양되고 혼란한 가운데 다양한 내실에 대하여 총괄적으로 정리한 것으로 溝口雄三, 「中国儒教の10のアスペクト」, 『思想』 제792호, 1990이 있다. '禮治시스템'이라는 사회적 관점에서 유교사를 구상하려던 것이 있고(溝口編, 『中国という視座』, 平凡社, 1995 후술), 한편 습속을 포함하여 종교적 측면에서 유교사를 재구축하려고 한 것으로는 加地伸行, 『沈黙の宗教 – 儒教』, 筑摩書房, 1994이 있다. 이러한 근년의 유교연구의 신경향을 명쾌

하나는, 이러한 과정을 거쳐 아시아 각지의 내부에서 자기 확인이 상호 공론화되기 시작했다는 것, '아시아 내부에서 아시아를 논하기' 시작한 점이다. 근대의 보편적 과제의 재확인과 개개의 자기 확인의 대립 사이에서 동아시아에 있어서 '유교'란 무엇이었는가라는 문제가 개개의 근대형성과 관련된 논제로서 논의될 가능성이 생긴 것이다.

5. 아시아 내부의 자기인식

말할 것도 없이 아시아는 '한 몸'일 수 없다. 오카쿠라 덴신(岡倉天心)이나 쑨원(孫文)의 경우처럼 '일체'를 외치는 언설이 근대 이후 끊이지 않았을 뿐, 아시아의 실정은 EU를 구성한 서구의 국가가 공유하는 정도의 문화적 일체감과도 거리가 멀다. 미조구치 유조(溝口雄三)는 일찍이 '유교문화권'론을 평하기를 "일본, 중국, 타이완, 한국, 홍콩 등 동아시아에서 중요한 공통점 하나는 우여곡절을 겪으면서도 각각의 긴 역사를 통해 고유의 사회적 · 문화적 전통을 보유하고 있다는 점이다"[21]라며 '아시아의 공통성'에 대하여 역설적인 제의를 했다. 그러나 실제 아시아라고 하거나 동아시아, 또는 북동아시아 등등 그때그때 구분하여 사용하면서도, 실은 '아시아'라고 공통된 용어로 부르는데 적극적으로 설명할 용의가 있지는 않았다. 근현대 일본의 '아시아 일체'를 주창하는 논의가 항상 오만한 공상과 허위를 동반해온 것은 이미 알려진 대로다. 최근 자주 눈에 띄는 '탈구입아(脫歐入亞)'라는 표어도 메이지 이후 일종의 '치유'의 언설로서 되풀이하여 재생되는 위험한 '입아'론의 하나에 지나지 않

하게 설명한 것으로 小島毅, 「中国儒教史の新たな研究視覚について」, 『思想』 제805호, 1991이 있다.

21) 溝口雄三, 「儒教と資本主義－東アジア知識人会議での報告」, 『東アジア地域の経済発展とその文化的背景』, 第一法規出版, 1989, 130쪽.

을 것이다.[22] 논의의 배후에 있는 공통된 주역은 '서양=근대'이며, '아시아' 라는 표어는 항상 대항적 언설형성을 위한 수단이었다. '유교문화권' 논쟁의 흐름과 연관되어 출현한 '아시아 내부의 아시아론' 역시 마찬가지의 제약, 어디까지나 대 '서양'의 대항적 언설에 지나지 않는다는 제약에서 벗어나기 어렵다. 단 이제까지와 다른 점이 있다면 이를 계기로 아시아 각 지역의 지식인들이 '아시아란 무엇인가'라는 문제를 일반적인 논의로 삼기 시작했다는 것이다. 다양한 지역, 국가에서 '아시아란 무엇인가'라는 자기 확인이 냉정한 일반적 논제로서 공통화제가 되었던 예가(전시 중에 일본에 의한 국책적, 독선적인 것과는 달리)그다지 없었던 것이다. 또 하나 더 중요한 것은 대 '서양'의 자기 확인이 '국민국가'의 요동과 냉전 후 내셔널리즘의 문제와 연관되어 있었다는 것이다.

전자의 예를 들자면, 『Foreign Affairs』지를 무대로 한 리콴유(「문화는 숙명이다」)와 김대중(「문화는 과연 숙명인가」)의 논쟁(1994)을 아시아 내부에서 지식인들이 동일한 장에서 공유된 보편적 과제를 논하기 시작한 단서로 볼 수 있을 것이다.[23] 리콴유는 인터뷰에서 "소위 '아시아 모델'이라는 것이 존재한다고는 생각하지 않는다. 그러나 아시아 사회가 서구사회와 다른 것은 사실이다. 사회, 정치를 둘러싼 서구의 개념과 동아시아의 개념의 기본적인 차이는, 동(양) 사회에서는 개인이 가족의 연장선상에 존재한다고 생각한다는 점이다" "개인은(가족으로부터) 독립하여 분리된 존재가 아니라 한편으로는 가족도 친척의 일부, 친구 그룹, 더 큰 사회의 일부분으로 존재 한다"며, "수신 · 제가 · 치국 · 평천하"야말로 "우리 문명의 기본개념이다. 정권은 시간이 지나면 바뀌지만, 이 기본개념은 변하지 않는다"며 유교를 옹호한다. 뒤이어 반론을 제기한 김

---

22) 근대일본의 아시아 환상에 대해서는 많은 연구가 있는데, 근년의 '입아'론의 문제성에 관해서는 山崎正和, 「「脱亜入洋」のすすめ」, 『論座』 1995년 7월 등이 언급하고 있다.

23) 竹下興喜監訳, 『アジア成功への課題』(『フォーリン・アフェアーズ』, アンソロジー), 中央公論社, 1995년 수록.

대중은 리콴유를 민주주의를 부정적으로 생각하는 "아시아의 권위주의적 지도자들"의 대표로 파악하고, 아시아도 문화도 끊임없이 변화하고 있으며 "이미 아시아는 민주화를 향해 힘차게 전진하고 있고, 서구제국의 수준을 넘어선 민주주의를 구축하는데 필요한 과정의 한가운데 있다"라며 아시아의 민주화야말로 보편적인 테마라고 서술한다. 그러나 동시에 아시아 민주화의 근거는 한국의 동학 등 전통적 사상에 내재한다고 하는 점에서 사실은 리콴유와 지향을 같이하고 있다("유교, 불교, 동학의 가르침만큼 민주주의의 기본이념을 제공하는 것은 없으며 서구와 마찬가지로 아시아 또한 심원한 민주주의 철학을 갖추고 있다", 김대중).

아오키 다모쓰(青木保)도 지적하듯이 두 사람의 논의가 반드시 대립하는 것은 아니다. 둘 다 애매한 '아시아관'을 기본으로 한 '서양'에 대한 대항언설이었다는 것은 분명하며, 그러한 한 논의의 내용이 낡은 유형의 재탕인 것은 확실하다. 또 "'인권, 민주화', '종교와 표현의 자유에 대한 억압'을 정치적으로 해결하는 것과, '아시아적 가치'는 반드시 직접 연결할 수 있는 것은 아니며", "이러한 문제에 관한 정치적 언설에 '문화'를 거론하는 것"[24](아오키)은 분명 위험할 뿐이다. 다만 아시아 내부에서 각기 다른 지역 사람들이 아시아의 자기 확인을 일반적인 논제로서 대화하는 것 자체가 이제까지 별로 예가 없던 새로운 경험임에는 틀림없으며, '유교문화권' 논쟁이 하나의 촉매제가 되어 그러한 논의의 장이 발생한 것 역시 사실일 것이다. 그리고 거기에서 비로소 진정한 의미의 문제가 발생했다고도 할 수 있다. 즉 아시아 내부에서 아시아를 논하는 것이 결국 '아시아론'을 해체시키고 정말로 논의해야 할 공통의 문제 구성을 드러낸 것이다. 지금까지 대부분의 경우 아시아 내부의 아시아론은 불투명한 아시아상의 쓸모없는 교환으로 끝나거나, 시종 개별적 차이를 확인하는데 그쳤다. 그렇다고는 해도 논의의 과정에서 뒤섞인 '민주란 무엇인가', '우리에게 국민국가란 무엇이었는가' 등, 이제까지 자명한 것으로 간과해 온

---

24) 青木保, 「「アジア異質論」にどう答えるか」, 『アジア・ジレンマ』, 中央公論社, 1999.

테마가 논의와 밀접하게 연관된 절실한 문제로 떠오른 것은, '국가'나 '국민'의 문제에 지금 또다시 직면한 우리가 새롭게 논의를 전개하는데 좋은 계기가 될 수 있는 것이다. 리콴유의 발언을 곱씹어 보면 싱가포르가 현실의 유교국가라기보다는 그렇게 되어야 한다고 하는 측면이 강하며, 다민족, 다종교로 이루어진 인공국가인 싱가포르에서 "(싱가포르)화인의 사회 귀속의식" 형성이나 '내셔날 아이덴티티' 창출이 긴급한 과제임을 알고 있다. 한편에서는 강력하게 '중국색'을 불식하면서도 다른 한편으로 '국민'상의 기본 축으로 유교문화를 소리 높여 제창하는, 리콴유 나름의 필연성은 이해할 수 있다.[25] 결국 문제는 근-현대 동아시아에 있어서 '국민국가' 창출의 실정과 전통적 교양, 또는 유교와의 관련이라는 과제로 전개될 수밖에 없다. 애초부터 불분명한 윤곽의 창조물이었던 '국가(국민국가)'나 '국민'이 지금 오히려 그것을 은폐하던 장치, 즉 이데올로기의 권위상실과 함께 명백하게 되었기 때문이다. 하물며 아시아의 몇몇 지역에서는 현재에도 여전히 '국민국가' 형성의 운동이 진행 중이며 끊임없이 '국민'상이 재구축되고 있기 때문이다.

비약적인 경제발전 아래 직접선거가 실시되고, 한창 민주화 운동이 고양되고 있는 타이완에서 프란시스 후쿠야마는 1995년 '유교와 민주주의'라는 주제로 강연을 했다.[26] 강연 기록을 보면 후쿠야마는 다수의 논의를 참고하면서 "과연 유교와 서양식의 민주주의는 근본적으로 서로 용납되지 않는 것일까"라고 묻고, "실제로는 이 둘 사이에 그다지 모순이 많지 않은" 것이 아닐까라고 가정한다. 그는 전통적 유교를 반민주주의적, 비민주주의적이라고 단언하는 헌팅턴이나 유교적 입장에서 서구적 민주주의에 이의를 제기하는 리콴유나 모두 문제를 너무 과장하고 있다며, 유교와 민주주의가 본래 친화적이

---

25) 大田勇, 『国語を使わない国ーシンガポールの言語環境』(古今書院, 1994)은 언어 정책을 둘러싼 현재 싱가포르의 '국민국가' 형성의 사정을 전하고 있다. 링팡, 앞의 책 참조.

26) F・フランシス, 「儒教と民主主義」(宮脇正孝訳), 『正論』 1995년 7월.

라는 논증을 꾀하였다. 그러나 논증의 내용은 이제까지도 여러 번 반복된 교육제도, 가족주의의 재해석의 범위를 벗어나지 않으며, 특별히 새롭지도 설득적이지도 않다. 여하튼 후쿠야마의 논의가 애매한 이유는 그 자신도 결국, 유교라는 광범위한 개념에 버금가게 다양한 민주주의 개념을 혼용하는데서 비롯된다. 때문에 갖가지 요소에 따라 개개의 적합성이 일관성 없이 제시되는 느낌이다. 그러나 이는 후쿠야마만의 책임이 아니다. 오늘날 '서양' 대 '아시아'의 도식에서, 정치적인 논의를 할 때 '민주화'나 '인권'이란 말만큼 공통된 이해가 없는 것도 없다. 즉 "민주주의의 '내포(內包)'가 불분명하고 의미가 명료하지 않을 때, 민주주의의 '외연(外延)'이 부상하는 상황"[27](가지와라 가게아키[梶原景昭])이라고 말할 수 있을 런지도 모른다. 물론 나 역시 그러한 개념을 명쾌하게 교정할 준비가 된 것은 아니며, 또한 개념규정 자체가 그다지 중요하다고 생각하지도 않는다. 그보다는 그러한 문제구성이 왜, 그리고 어떻게 성립했는가를 고찰하는 것, 거기에서 어떠한 생산적인 관점을 끌어낼지를 중요하게 생각한다. 근대에 창출되어 공유된 개념들의 자명성이 흔들리게 되어 그 내실을 재검토해야 하는 시점인 것이다. 그리고 현대 동아시아 국가에서 각각 '국민국가' 양태를 재확인하거나, '국민'으로서의 자기증명을 필요로 할 때, 왜 '유교'를 말했는가, 그때 이미지화된 '유교'란 정말로 역사적으로 체험해 온 유교와 합치되는가, 아니면 새로운 환상에 지나지 않는가를 먼저 살펴봐야 할 것이다.

근대 이후 유교에 관한 연구는 놀랄 만큼 축적되었는데, 그것과 오늘날 정치적 혹은 문화론적 언설로서 등장한 유교 이미지 사이에는 커다란 차이와 단절이 있는 것 같다.[28] 그렇지만 모두 '유교'라는 표상을 빌어 행해진 근대

27) 梶原景昭, 「民主主義と文化は親和的であり得るか」, 『アエラムック8 人類学がわかる』, 朝日新聞社, 1995.

28) '논쟁'에 관한 일련의 논의에서 상당량의 출판물이나 회의보고서에는 발언자의 기반에 따라 크게 두 가지의 논점이 동시에 존재해 왔다. 사상사 연구자의 경우, 역사적 과거로 거슬러 올라가면서 논지를 세웠지만, 고증이 현실의 요청과 안이하게 결

이후 우리의 집합적 자기상으로서의 성격이 강하다. 그것들을 구태여 또 하나의 '이야기'의 연속선상에 수렴시켜 설명하는 것이 아니라, 언설의 생성장면을 하나하나 검증함으로써 동아시아에서 '국민'이라는 현 존재의 모습이 비로소 문제시 되는 것이다. 예를 들면 근대 '국민국가' 형성에 즈음하여 그것을 담당했던 지식인들의 '교양' 내부에서 유교가 어떠한 의미변용과 코드의 변환을 거쳐 '국민'형상화에 이바지했는가라는 과제를 개별적으로 검토하는 것과 같은 작업이 될 것이다. 지금까지 논해온 것처럼 유교에 관한 일련의 '논쟁'을 근대 아시아 '국민국가'상을 둘러싼 재검토라는 큰 흐름에서 필연적으로 발생한 하나의 에피소드로 자리매김할 수 있다면, 그러한 '이야기' 역시 파생시키는 '근대' 언설의 문제로서, 즉 다른 제언설과 연관되어 얽히면서, 근대의 지의 제도(근대의 문법)에 관여해 간 것으로서 그 내실이나 상관의 과정을 밝히는 형태의 유교언설의 재검토가 새롭게 시야에 들어올 것이다. 본장 첫머리에서 말한 것처럼 '유교문화권' 논쟁 자체는 결국 어느 지역에서나 종언을 맞이할 것이며, 일본에서는 이미 과거의 이야기가 되었지만 거기에 드러난 문제 축은 이후에도 형태를 바꾸어서 전개될 것임에 틀림없다.

이상과 같은 시야에서 동아시아 사상사 안에서 일본 근대화를 생각할 경우 도대체 어떻게 접근할 수 있을까. 다음 절에서는 미조구치 유조 등의 저서, 『중국이라는 시좌』(1995)[29]를 하나의 실마리로 그 주제를 참조하면서 문제에 접근하고 싶다. 이 책도 현대의 일반적 과제를 전제로 위잉스(余英時) 등의 논의와 마찬가지로 송대 이후 명청부터 현대까지를 사정거리에 두고 '유교'의 의미를 다시 한 번 묻는 것이며, 또한 분석의 시각이나 대상으로의 접근 방식에서 일본사상사 연구에 많은 과제를 던지기 때문이다.

합하는 것은 당연히 피해야 한다. 본장에 서술하는 대로, 이번의 문제는 극히 현대적인 과제 사상/문화를 끌어들이면서 논의된 것이며, 근대 동아시아에서의 '근대' 발생의 양태 분석과 함께 해명되어야 한다.

29) 溝口雄三編, 『中国という視座』, 平凡社, 1995(동국대 동양사연구실 역, 『중국의 예치시스템: 주희에서 등소평까지』, 청계, 2001).

6. 유교사를 향한 시좌

미조구치 유조·이토 다카유키(伊東貴之)·무라타 유지로(田村雄二郞)의 공저 『중국이라는 시좌』는 크게 제1부 '중국 근세의 사상세계'(미조구치), 제2부 '중국 근세 사상사에서의 동일성과 차이성'(이토), 제3부 '중국 근대혁명과 유교사회의 반전'(무라타)으로 나뉘어 있는데, 근세에서 근대에 걸친 중국사상세계를 일관되게 '예치(禮治)시스템'이라는 키워드를 축으로 논한 것이다. '예치시스템'이란 말이 보여주듯 이 책이 지향하는 바는 '중국에서 유교가 어떻게 존재하고 기능했는가라는 사회사적 접근'[30]이며, 지금까지의 많은 유교연구와는 달리 교의의 해석사나 학설사에서 분명하게 한발 떨어져 나오려고 한다. 이러한 시도는 근년의 이른 바 문화구조로서의 '유교'에 초점을 맞추려는 입장과 공통되는 것이며, 또한 '유교란 무엇이었을까'라는 커다란 문제제기를 한 것으로서, 가지 노부유키(加地伸行)의 『유교란 무엇인가』, 『침묵의 종교－유교』와 뚜렷하게 대비를 이룬다.[31] 가지 노부유키는 유교 본래의 '예교성과 종교성의 이중구조'가 '경학시대'에 둘로 나뉘면서 한편의 '종교성'이 '가족의 예교성'과 일체가 되어 현재에 이른다고 주장했다. 이에 대하여 미조구치 등이 말하는 '예치시스템'이란, 송대 그리고 명청대 이후의 '주자학－양명학이 예교로서 민간에 침투하고 특히 종법사회의 성립을 가져왔다, 종법사회의 완성이 그 안에 종법사회를 붕괴시키는 반역의 힘을 키웠다'[32]는 관점에서, 즉 송명학이 원래부터 습속형성적인 계기를 내포하는 규범의 학문이며, 거기에서 공동성에 새로운 의미를 부여해 갔다는 관점에서 '유교사'(민간에의 '예교' 침투사)를 재구성 하고자 하는 것이다. 유교사회＝공동체의 형성을 어떤 축에서

---

30) 위의 책, 300쪽.

31) 加地伸行, 『儒教とは何か』, 中央公論社, 1990 ; 『沈黙の宗教－儒教』(앞의 책, 1994).

32) 溝口雄三編, 앞의 책, 1995.

생각할 것인가에 따라 양자는 대조적인 방향에서 논하는 것처럼 보이는데, 두말할 것도 없이 현대와의 접점에서 '유교'를 재구성하려고 하는 점, 그리고 습속, 생활습관이라는 장면(문화구조)에서 '경학'의 내용 역시 재해석하려는 점에서 양자는 공통된 문제의식을 가졌다고 할 수 있을 것이다.

본서(『중국이라는 시좌』)의 내용은 여러 갈래에 걸쳐 광범하고도 상세한 논의가 전개되는데, 제1부 첫머리에 제시되는 미조구치의 문제제기가 전체의 방향성을 나타내고 있는 것은 틀림이 없다. 미조구치는 지금까지의 유교연구 성과를 총괄한 위에 '중국이라는 세계 전체'를 '역사적 실태'에 입각하여 외부의, 특히 서양의 개념을 빌지 않는 형태로 사상사로서 구축해야한다고 주장한다.

> 즉 중국의 역사 가치를 부정적으로 보든 긍정적으로 보든 그 가치기준을 '개(個)'나 '내면'이나 '자유' 등, 일반적으로 유럽의 역사가치나 일본의 역사가치의 지표라고 여겨졌던 관념, 굳이 말하자면 중국으로서는 외재적인 가치관념에 의해 중국의 역사를 재는 것에서, 분명하게 구별 짓는 세대로서 우리들이 여러 논자들(쓰다 소우키치(津田左右吉), 마루야마 마사오(丸山真男), 니시 준조(西順蔵), 시마다 겐지(島田虔次), 아라키 겐고(荒木見悟)를 가리킨다=필자주)의 시좌를 계승하게 되었다.
>
> 물론 '개'라든지 '내면', '자유' 등의 역사적 가치에는 보편성이 있고 이를 곧바로 외래적이라고 해서는 안 되지만, 우리가 보기에 이 보편성은 당연히 각 민족의 문화나 역사의 개별성에 기반해서만 성립하는 것이므로, 먼저 보편성보다는 그 개별성에 착목하지 않으면 안 된다고 생각하는 것이다.
>
> 따라서 우선 중국적인 개, 내면, 자유의 양태를 알아야 하는데, 그 이상으로 중요한 것은 원래 중국문화에 개, 내면, 자유는 유럽문화나 일본문화에서 그것들이 차지하는 만큼 비중이 있는 것인가라는, 중국문화의 구조식 자체의 민족적 독자성이다.
>
> 개, 내면, 자유가 '근대'나 '변혁'의 중요한 구성요인인가 또한 음미하지 않으면 안 된다.
>
> 혹은 애초부터 중국의 문화세계에 있어 무엇이 '근대'이고 변혁이라고 할

> 수 있는가, 그것이 중국에 있어서의 '근대'나 '변혁'이라고 할 때, 그렇다면 그 것을 그 사람에게 '근대', '변혁'이라고 인지시키는 구성요소는 무엇인가 역시 묻지 않으면 안 된다.
>
> 이러한 문제의식에 있어서 우리는 상술한 선학들과 분명히 구별된다. 이 문제의식은 우리들의 시대가 우리에게 각인한 것이다.[33]

여기에서 저자가 '선학들'과 명확하게 구분된다고 인식하고 있는 것은 근대적 제개념의 성립을 포함해서 '중국'이라면 '중국'이라는 역사적 개체의 '개별'적 발생 · 전개에 시선을 향해서만 그 진실한 모습이 분명하게 된다는 입장이다. 역사적으로 갖는 문화적 개별성, '중국문화의 구조식 자체의 민족적 독자성'을, 사회적 요소를 더해가면서 내재적으로 찾고자 하는 데에 이 책의 의의가 있을 것이다. 예를 들면 본서 제1장은 주자학에서 양명학으로의 연속성이 '예교화'로의 내재적 전개로 파악되고, 그것이 사회사적 고찰로 뒷받침된다는 내용이다. 제1부 '중국근세의 사상세계'에서는 이제까지의 수많은 분절 시각(미조구치 씨의 비평을 빌리자면 '천-인'시각, '외-내'시각 '틀-중심'시각 등등으로 이루어지는 중국사상사의 이해)의 타당성을 하나하나 비평하고, 주자학에서 양명학으로의 연속성을 '예교화'라는 일관된 내재적 전개 속에서 다시 파악한다. 본서에서는 주자학의 '리'를 일방적으로 억압적이라 파악하는 시점의 부당성이 논증되고, 양명학을 하나의 도달점으로서 하여 거기로부터 과거로 거슬러 오르는 사상사관이 비판된다. 그리고 주자학에서 양명학에 이르는 '예교화'의 내재적 발전이 사회사적으로 고증되고, 그러한 사상사에 의해서만이 청대에서 근대 중국으로의 전개 또한 꿰뚫을 수 있다고 주장한다. 나는 그런 논증을 상세히 비평할 능력은 없지만, 흥미로운 것은 본서의 표제에도 있는 '중국이라는 시좌'라는 사상사에 대한 관점의 방식이다. 그것은 제일차적으로는, '중국'이라는 사상 실체를 그 내부로부터 고유성에 의거해 말하고자 하는 미조구치 씨의

33) 위의 책, 25~26쪽.

방법을 가리키는데, 앞에서도 언급한 과거의 사상사 비판에서도 분명하듯이 거기에는 전후 일본의 '사상사' 전반에 대한 그의 날선 비평이 전제되어 있는 것에 우리는 주목해야 할 것이다. 이 점에서도 본서는 일본사상사 연구자를 향하여 근대 일본의 우리들이 '중국사상'이나 에도 유교를 논하는 것은 도대체 무엇을 의미하는 것인가라는 중요한 질문을 던지는 것이다.

7. 현대적 과제에 입각한 '유교'론이란 무엇인가

'중국이라는 시좌'가 제시하는 것은 무엇인가. 미조구치는 일찍이 『방법으로서의 중국』이라는 계몽에 가득 찬 자극적인 논집을 썼고, 또한 본서(『중국이라는 시좌』)와 같은 시기에 『중국의 공과 사』를 출판하였다(1995).[34] 그 저작들을 참조하면서 미조구치 씨의 방법론－'중국', 단적으로 말하면 '유교' 연구의 접근방식－을 고찰하겠다.

이 저작들의 테마가 P. A. 코엔이 『지의 제국주의－오리엔탈리즘과 중국상(中國像)』[35]에서 '서양의 충격－중국의 반응', '전통과 근대'라는 전통적인 패러다임으로부터의 전환을 주장하는 것과 공통성이 많은 것은 분명한데, 한편 '방법으로서의…' 혹은 '시좌'라는 용어에서 상기되는 것은 전후 다케우치 요시미(竹内好)의 논의이다. 주지하는 대로 다케우치는 시종일관 근대 일본과 근대 중국의 대비를 깊게 사색한 인물인데, 그에게도 '방법으로서의 아시아'라는 제목의 강연필기(1961)가 남아있다.[36] 그는 1960년대 초 일본의 지적 환경 안에서 다음과 같이 말하고 있다.

---

34) 溝口雄三, 『方法としての中国』, 東大出版会, 1989 ; 『中国の公と私』, 研文出版, 1995.

35) P・A コーエン, 『知の帝国主義－オリエンタリズムと中国像』(佐藤慎一訳), 平凡社, 1988.

36) 竹内好, 「方法としてのアジア」, 『日本とアジア』, ちくま学芸文庫, 1993 수록.

> (……) 서양이 동양을 침략한다, 그에 대한 저항이 일어난다라는 관계로 세계가 균질하게 된다고 것이 요즘 유행하는 토인비 등의 생각이지만, 여기에도 역시나 서양적인 한계가 있다. 현대 아시아인이 생각하는 것은 그런 게 아니라, 서구적인 뛰어난 문화가치를 보다 큰 규모로 실현하기 위해서 서양을 다시 한 번 동양으로 에워싼다, 거꾸로 서양을 이쪽에서 변혁한다. 이 문화적 반격, 혹은 가치상의 반격에 의해 보편성을 창출해 낸다. 동양의 힘이 서양이 생산해 낸 보편적 가치를 한층 높이기 위해 서양을 변혁한다. 이것이 지금 동 대 서의 문제점이 되고 있다. 이는 정치상의 문제임과 동시에 문화상의 문제이기도 하다. 일본인 역시 그러한 구상을 갖지 않으면 안 된다.
>
> 그 반격의 때에 자기 안에 독자적인 것이 없으면 안 된다. 그것이 무엇이냐고 하면 그런 것이 실체로서 존재한다고는 생각하지 않는다. 그러나 방법으로서는 요컨대 주체형성의 과정으로서는 있을 수 있지 않는가라고 생각했기 때문에 '방법으로서의 아시아'라는 제목을 붙인 것이지만, 나 역시 그것을 명확하게 규정할 수 없다.[37]

'일본인'이라는 주어를 바꾸어 놓으면, 오늘날의 리콴유나 마하티르의 발언이라 해도 통할 만큼, 일면 '아시아론'적 성격을 갖는 발언이지만, 여기에는 근대 일본의 아시아주의적 언설의 결함을 자신의 문제로서 안으로부터 엄격하게 척결해 온 중국 연구자 다케우치 요시미의 전후세계를 향한 제언이 매력적으로, 그러나 난삽함을 동반한 문학적 표현으로 제시되어 있다고 할 수 있다. 다케우치의 소위 '기호로서의 중국', '일본인의 투영으로서의 중국'상[38]과 공존하는 '방법으로서의 아시아'론, 그리고 그 내용의 '난해함'에 대하여, 미조구치는 어떠한 입장을 취하고 있을까. 그 역시 당연히 다케우치의 발언을 사정거리에 둔 비평을 했다('중국 · 도통 · 세계', 『중국의 공과 사』 수록). 미조구치는 다케우치 등의 논의를 "이들에게 중국은 자기를 부정하기 위한 원점으로서 끊임없이 반대편에 상이 맺히는 자기의식의 세계이기라도 한 것일까"라고

---

37) 위의 책, 469~470쪽.

38) 猪木武徳 · 北岡伸一 · 坂本多加雄, 「座談会 · 日本人は世界をどう見てきたのか」, 『中央公論』 1995년 11월.

평하며 다음과 같이 말한다.

> 결국 앞서 말한 '중국'의 난해한 점은 하나는 전술한 대로 절대적인 유럽의 주박에서 완전히 자유롭지 못한 데서 비롯된 굴절된 관점이지만, 다른 하나는 그것이 일본의 원죄의식 속에서 전절(轉折)하게 되어 그 굴절이 더 한층 뒤섞이게 되는 데서 비롯되었다고 할 수 있다. 요컨대 '중국'이 난해한 것은 중국 자체가 너무 굴절되어서라기보다는 중국을 파악하는 쪽의 의식이 굴절되어, 착란해서라고 말할 수는 없을까.[39]

'서양근대'의 주박의식과 전후 일본인으로서의 '원죄의식'이 필요 이상으로 '중국상'을 난해하게 한다고 미조구치는 말한다. 발언의 주지는 명확하다. 그리고 그러한 입장에 대하여, 그는 '방법으로서의 중국'에 있어서 서양에도 일본에도 속박되지 않는 '목적이 중국을 넘어선 중국학', 즉 '중국'을 구성요소로 하는 것과 마찬가지로 서양도 동렬의 구성요소로 하는 듯한, 다원적 세계전개의 장면에서 본 '중국'연구의 방법을 말하고자 한다. '자유'라고 하든, '국가'라고 하던 "이제까지 보편원리라 여겨져 온 것을, 일단은 개별화하고 상대화하는" 것부터 시작하여 "상대화된 다원적인 원리 위에 한층 더 고차원의 세계상을 창출하자"라는 형태로 논의되어야 한다고 주장한다.[40] 여기에서 암묵의 전제가 되는 '고차원의 세계상'이란 원래 지향성으로서만 나타낼 수 있을 테지만, 미조구치의 논의의 중심은 그 다음을 말하는 것이 아니라, "중국의 전근대－근대 과정을 중국에 입각하여 볼 때, 거기에는 유럽과는 상대적으로 독자적이고 중국적인 전개 과정을 간파할 수 있"[41]으며, 일본의 경우와도 상당히 다른, 제각기 '내재적인' 전개의 과정이라는 점이다. '굴절'되어 보이는 것은 이쪽의 시점의 문제인 것이지, 그 각각은 원래 내재적 전개로서는 '굴절'

39) 溝口雄三編, 앞의 책, 1995, 140쪽.

40) 溝口雄三編, 앞의 책, 1989, 131~140쪽.

41) 溝口雄三編, 앞의 책, 1995, 132쪽.

하고 있는 것은 아니라는 것이리라. 그리고 그의 이러한 중국이해의 시점은 '중국'을 일관성에 있어서 발견하는 '예치 시스템'이라는 '시좌'에 연속된다고 말할 수 있다.

내가 느끼는 다케우치의 논리의 난삽함과는 또 다른 '난해함'은, 그러한 논증의 그 다음에 있다. 그렇게 발견되고 확인되고 정착되어야 할 통일적 '해석'이 중국에 본래적인 문화적 자기동일성인 것처럼 성취될 때(그렇게 논술될 때), 그것은 외관상, 예를 들면 근대 내셔널리즘의 '국민문화'를 이야기하는 언설이 일반적으로 갖는, '스스로 설정하는 자기'를 과거로부터 재발견하고자 행해지는 '기원'의 '이야기'와 닮은 측면이 있는 것은 아닐까하는 점이다.[42] 푸코의 '계보학'이 분명하게 밝힌 것은 문화적 '기원'을 탐구하는 일이 무엇인가를 찾아내는(재발견하는=오인하는)데 있어서 다른 사물을 은폐하는 것이며, 또 "정확히 자기와 대등한 이미지의 '그 자체'를 다른 장소에서 '재발견'하자"라는, 사실은 거꾸로 된 순환된 논의라는 것이다. 미조구치의 논의에 따라 말하자면, 송학적 세계에 있어서 정위된 '중국적인 것'('중국문화의 구조식 자체의 민족적 독자성')이 거꾸로 그 이외의 역사적 장면을 규정하기 시작하거나, 그러한 '중국적인 것'과 명쾌하게 대비되는 형태로 거꾸로 '일본적인 것'이 정위되는 문제이다. 예를 들어 '공 · 사'에 관하여,

> 그렇지만 그 사회, 혹은 정치관계상의 공 · 사에 왜, 어떻게 도의상의 관념이 침투했는가, 거꾸로 일본의 오야케(公)와 와타쿠시(私)에는 왜 그것이 포함되지 않는가라는 점은 공동체－국가라는 추이만으로는 곧바로 설명할 수 없다.[43]

라고 하여 그 다음 '일본적 사유'에 대한 '중국적 사유'가 정위되는 물음에는

---

42) 졸고, 「「起源」の「語り」とナショナリズム－柳田國男 · 岡倉天心」, 斉藤稔教授退官記念論文集編集委員会編, 『諸芸術の共生』, 渓水社, 1995 수록, 참조.

43) 溝口雄三編, 앞의 책, 1995, 44쪽.

그러한 변별에 기반한 '왜', '어떻게 하여'라는 물음 그 자체에 이미 해답이 전제되어 있을 것이다.

혹은 "문제는 법규와 관련된 일본의 '공공(公共)'과 리(理)와 관련된 중국의 '공공', '공동(共同)'의 차이이다",[44] "오히려 중국에서는 백성이 내발적이고 자생적인 존재로서 역사적으로 팽창하였음은 확실하다"[45]고 인정하는 대목에서는, 예를 들면 '자생적'이란 어떻게 말할 수 있는지, 망설이게 된다. 그런 나의 망설임은 실은 미조구치의 사상사가 상대세계에서의 내재적이고 독자의 계통발생을 더듬어 끌어당기려는 것의 또 다른 측면, 즉 본래적인 것과 그렇지 않은 것을 끊임없이 인정함으로써 구성되는 사상사에 대한 위화감에서 유래하는 것이다. 중국, 일본 혹은 동아시아라는 지역 안에서 새로운 사상사를 구성할 때, 또 긴 역사를 가진 유교라는 사상표현에 입각하여 역사를 고찰하려고 할 때, 이 문제를 해결하면서 동시에 일반적 '방법으로서' 전개할 수 있는 길을 우리들은 찾지 않으면 안 될 것이다.

모든 문화는 항상 그때그때의 이물(異物)을 연루시키면서, 문화가 복합하면서 전개되며, 그 전개를 '내재 – 계통'적 발생의 스토리로 정서(整序)해 가는 것이라고 생각한다. 또 사상의 '내재(고유)'의 문제는 그러한 끊임없는 문화변용의 장면에서 그때그때마다 '내재화'의 '이야기 – 실체화'라고 문제를 설정할 때만 논의할 가치가 있다고 생각한다. 19~20세기 동아시아에 있어서 유교와 '근대'의 문제를 일본의 경우에서 생각할 때도 이러한 관점에서 다양한 '지'의 교차와 유학지(儒學知)의 변용을 외부로부터 보는 시점이 중요하며, 그곳을 출발점으로 삼고 싶기 때문이다. 확실히 미조구치가 말한 대로, 지금이야말로 '목적이 중국을 넘어선 중국학', '목적이 일본을 넘어선 일본학'이 기대되며, 그러기 위해서는 어떠한 관점을 구축해야 하는지를 다시금 묻지 않으면 안 된다. 그때 '이제까지 보편의 원리로 여겨져 온 것'(미조구치)을 의심하고, 그 자

44) 위의 책, 72쪽.

45) 위의 책, 77쪽.

명성을 내부로부터 해명하여 새로운 시계(視界)를 열기 위해서는, 개개의 문화적 개별성의 유래를 탐색하는 것이 아니라, 근대에 구성된 '보편'의, 자명성의 근거 그 자체를, 역사적 형성의 장면에 입각하여 되묻는 식의 문제구성을 사상언설의 외부로부터 투입하는 것이야 말로 요구되는 것은 아닐까.

오늘날 일본 사상사 연구자에게 '유교'를 논하는 것은 도대체 무엇을 말하는 것인가. 새로운 '아시아론'적 화제에 문제를 해소시키는 것이 아니라, 또 '중국' 대 '일본'이라고 하는 왕복운동에 수렴시키는 것이 아닌 형태로, 그러한 제주제가 왜 근대에 발생해 왔는가, 바로 그 자체를 문제로 삼는 형태로 사상사 연구가 이루어져야 하는 것이다.

2

'지식인' 론의 시계(視界)

1. 에도 사상사를 향한 시좌

에도기의 사상은 항상 근대와 불가분의 관계로 파악되어 왔다. 이는 메이지 이전을 암흑세계로 보는 입장이나, 근대를 준비한 모태로 평가하는 1970년대 이후의 입장이나 변함이 없다. 에도기의 사상세계를 어떻게 평가하든지 그것은 늘 일본 근대의 출발점이라는 측면에서 되돌아보는 대상이 되었다. 전후 일본사상사연구의 이정표가 되기도 한 마루야마 마사오(丸山真男)의 『일본 정치사상사 연구』는 공(公)·사(私)의 분열, 오규 소라이(荻生徂徠)의 사상을 전환점으로 정치와 도덕의 분리라는 측면에서 주자학적 세계상에서 근대적 사유로의 탈피를 (가능했을지도 모르는 '근대'의 맹아로서) 구상한 것인데, 이 역시 극히 근대주의적인 에도 사상론임은 불변의 사실이다. 이렇게 일본 근대의 태생으로서, 혹은 존재했었을 지도 모르는 근대상의 반영으로서 에도 사상세계를 파악하는 관점은 오늘날에도 여전히 강력하다. 그러나 사상사 연구의 생산성에서 보자면 이미 그 의의를 잃었다고 말할 수 있다. 근대 · 전근대(반근대)라는 논점이 아니라 그런 단선적인 분석시각을 산출한 우리의 '근대지(近代

知)'란 대체 어떠한 지적 제도였는가라는 점에서 '근대' 자체가 주제화되고, 게다가 그것을 안으로부터 구성한 것으로서 근대의 학문 전반이(그 지적 편제가) 비판적 분석대상이 되었기 때문이다.

오늘날 '근대지'라는 그림 자체에 대한 회의와 함께 일본사상사연구가 한층 곤란하게 된 이유는 근대를 구성한 지적 제도에 대한 반성에서 유래하는 논의, 즉 '일본사상사'라는 학문 영역자체의 성립을 둘러싼 비판적 논의 때문이다. 메이지기에 『일본 양명학파의 철학』을 비롯한 3부작으로 에도사상사를 구성한 이노우에 데쓰지로(井上哲次郎)에서 전후의 마루야마 사상사학에 이르기까지 고유의 학문영역으로서 '일본사상사학'이 '국어학'이나 '국문학' 혹은 '국사학'과 같은 다른 근대적 학문과 마찬가지로, '국민국가'로서의 근대 일본의 성립과 궤를 같이하여 이루어진 것, 그리고 그것들이 안으로부터 '국민'을 이야기함으로써 사회 내 '학(學)'으로서 정통성을 획득해 갔다는 사실이 신랄하게 지적되었다.[1] 그것은 근년의 '국민국가'론의 심화와 병행하여 더욱 중요한 논점으로서 우리들에게 인식되었다. 이렇게 하여 '일본사상사'라는 문제구성, '학문'이 근대 일본에서 차지하는 역사적・이데올로기적 의미를 안으로부터 해체하면서, 지금 어떻게 새로운 '사상사' 기술이 가능한가, 또 '에도'를 어떻게 이야기할 수 있는가를 다시금 절실하게 묻게 된 것이다.[2]

이러한 상황에서 두 편의 대조적인 에도 사상사 연구가 있다. 와타나베 히로시(渡辺浩)의 『동아시아의 왕권과 사상』(1997), 고야스 노부쿠니(子安宣邦)의 『에도사상사 강의』(1998)이다. 흥미롭게도 양자 모두 근년의 사상사 연구 성과를 정리하면서도 극히 대조적인 성격을 띤다. 두 편 모두 '근대'의 지향에

---

1) 西川長夫・松宮秀雄治編, 『幕末・明治期の国民国家形成と文化変容』, 新曜社, 1995 ; ハルオ・シラネ・鈴木登美編, 『創造された古典』, 新曜社, 1999 외 참조.

2) 子安宣邦, 「近代日本の「儒教」の表象」, 『江戸の思想』 제7호, ぺりかん社, 1995 ; 桂島宣弘, 「一国思想史学の成立」, 西川長夫・渡辺公三編, 『世紀転換期の国際秩序と国民文化の形成』, 柏書房, 1999 ; 澤井啓一, 「「日本」という閉止城－近現代日本における「日本儒学」研究」, 『「記号」としての儒学』, 光芒社, 2000 외 참조.

의해 구성된 '에도 사상'을 해체하려는 의도를 명확히 하면서도 결과적으로는 상이한 관점에서 논의를 전개하는데, 각각 특징적인 서문으로 시작한다.

와타나베 히로시는 『동아시아의 왕권과 사상』의 「서문－몇몇의 일본사 용어에 대하여」[3]에서 역사적 서술시 '바쿠후(幕府)', '조테이(朝廷)', '덴노(天皇)', '한(藩)' 등 이제까지 우리에게 친숙했던 용어를 폐기할 것을 제안한다. 와타나베의 주장은 이렇다. 예를 들어 '바쿠후'라는 표현이 일반적이 된 것은 후기 미토학(水戸學)이 사용한 데서 유래하는데, 에도시대 말기의 유행, 보급에 대한 특별한 정치적 배경을 떠올린다면, "'바쿠후'란 황국사관의 한 상징에 다름 아니"다. 안이하게 사용하는 것은 "에도시대에 에도와 교토의 관계가 크게 변화했던 사실이 가려지기 쉽게"해서 "미토학적인 에도－교토의 관계 해석을 특권화"하여 천황제를 한 가지 뜻으로만 오독하게 된다. 그는 '바쿠후' 대신 "당시 가장 일반적인 호칭"이었던 '구기(公儀)'를 사용하자고 제안한다. 마찬가지로 '조테이', '덴노'는 '긴리(사마)(禁裏)(様)' 혹은 '긴추(禁中)'로 서술해야 하고, '한'은 에도 중기 이후라면 몰라도 초기에는 사용할 수 없다고 하며, '바쿠한(幕藩)체제'라는 용어는 "'바쿠'도 '한'도 문제가 있는 이상 사용하지 않는다"고 하였다. 사상사 서술에 대한 이러한 제언이 근대의 시각에서 성립한 에도 사상사를 해체하려는 목적에서 출발한 것은 분명하며, 특히 후기 미토학적인 영향으로 성립한 메이지사학의 속박에서 벗어나려는 것이다. 이러한 용어상의 지적 자체가 꼭 신선한 것은 아니지만 이렇게 방향을 제시하는 데서 시작하는 와타나베의 사상사 기술은 목적의식이 강하게 드러난다. 그러한 수법이 어디까지 철저할 수 있는가(그러한 사상사 서술이 과연 가능한가), 혹은 그러한 관점에서 도출되는 여러 '사실(事實)'의 퇴적을, 저자는 어떤 의미에서 다시 고찰하는가, 저자가 배제해야 한다고 여기는 '근대'란 결국 무엇인가 등등은 여전히 불투명하지만,[4] 어찌됐든 이 저서는 근대적인 관점의 에도상을 파기한

3) 渡辺浩, 『東アジアの王権と思想』, 東京大学出版会, 1997, 1~13쪽.

4) 와타나베의 이 저서에 관해서는 澤井啓一, 「知識はイデオロギーを超えられるか?

뒤에, 바로 '근대의 문법'이 아닌 '에도의 문법'에 침잠하여, 내재화에 의한 추체험적인 에도 사상을 새롭게 추출하고자한다. 그리고 동아시아의 사상세계 전체에서는 문제가 어떠한 양상을 띠는가라는 점이 이 저서의 목적이리라.

그에 비하여 고야스 노부쿠니의 논의는 근대의 지향에서 벗어나려는 출발점은 같지만 완전히 다른 방법을 제시한다. 고야스는 『에도사상사 강의』의 「서문－방법으로서의 에도」[5]에서 다케우치 요시미의 「방법으로서의 아시아」에서의 언어를 환기시키면서 다음과 같이 말한다.

> 서양근대를 좇으며 그 대항으로서 형성된 일본의 근대사 다시 읽기, 되돌려야 하는 비판적 시좌, 그것이 바로 '방법으로서의 에도'이다. '에도'라고 해도 그것은 결코 실체적인 대항으로서의 에도 · 도쿠가와(德川) 일본을 주장하는 것이 아니다. '실체로서의 에도'를 이야기하는 것은, 서구적 근대의 전이로서 존재하는 근대 일본에 대항하는 또 하나의 근대, 즉 도쿠가와 일본을 재구성하는 내러티브에 지나지 않을 것이다. 그러나 '방법으로서의 에도'란 일본 근대사의 외부에 구성되는 '역사를 향한 비판적 시좌'를 주장하는 것이다.

그리고 서문에서 고야스는 사토 노부히로(佐藤信淵), 오규 소라이, 모토오리 노리나가(本居宣長)라는 상이한 입장의 세 사상가로의 접근을 예로 들며, '방법으로서의 에도'의 복합적 · 중층적 내실을 풀어낸다. 즉 "근대 다시 읽기와 교착하는 에도 다시 읽기, 근대의 개념구성이나 혹은 학문, 사상사의 방법에 대한 문제제기로서의 에도 다시 읽기, 에도로부터의 방향성이라는 시점의 구성과 관련된 에도 다시 읽기" 등등 복합적인 '다시 읽기'의 시좌로서, 방법론적으로 '에도'라는 문제를 설정해야 한다는 것이다. 저자가 지향하는 바를 내 나름대로 부연하여 정리하면, '근대에 재구성된 에도＝재구성을 통하여 '국

―渡辺浩『東アジアの王権と思想』を読んで」, 『日本思想史研究会会報』 16, 1998이 경청할만한 비평을 하고 있다.

5) 子安宣邦, 『江戸思想史講義』, 岩波書店, 1998, 1~7쪽.

민국가'화 된 에도사상'의 구조를 해체하는 시각, 나아가 그 분석적 시각이 다양한 에도사상의 개별적 분석에도 적용되어야 한다는 것이다. 요컨대 어느 장면에 있어서도 사상사의 기술은 언설의 생성사로만 가능하다는 의지표명일 것이다. 근대에 대한 재검토는 근대에 성립한 '국민의 이야기'로서의 사상사 '기술(記述)'의 존재형태에 대한 반성으로 이어진다. 그리고 해체의 목적은 적어도 새로운 '실체'로서의, 또 다른 '에도사상'의 재구성 같은 것이 아니라, '에도'란 텍스트를 앞에 두고도 우리들은 언설의 생성사를 '지의 고고학'(푸코)적으로 단면도에 있어서만 기술할 수밖에 없다는 것이다. 바로 이 지점에서 와타나베와 고야스의 논의는 갈라진다. '신체화하는 근대'와 '사상사'라는 근대적 학문의 '지'의 성립을 동시에 비판하려고 할 때 고야스의 논의는 설득력을 갖는다. 다시 말하면, 언설의 계보학으로서의 사상사 기술은 우리 '근대'의 지적 편제를 해체하고 과거에 의미를 부여하는 우리에게 내재된 지적 구도를 해체한 그 다음의 새로운 사상사의 '이야기'를 위한 필연적인 방법이 아닐까. 이런 점을 고려할 때 이소마에 준이치(磯前順一)의 다음과 같은 발언은 '기기(記紀)'라는 특정한 텍스트에 대한 것이기는 하지만, '국민국가'론의 세례를 받아 '근대적 학지(學知)' 비판이 성립된 다음 단계의 사상사 기술의 지표로서 공감된다.

> 해석행위에 숨겨진 간격을 인정했을 때 기기연구는 근본으로 전회(轉回)한다. 기존의 연구는 직접적인 대상이해를 전제로 하는 점에서, 일방적으로 자기의 세계관을 텍스트에 강요한다고 비판된다. 그 대신 해석자의 인식지평 자체가 연구 대상이 된다. 지금에야말로 연구의 주제는 '기기에 무엇이 쓰여 있는가'에서 '기기를 어떻게 읽어 왔는가'라는 해석자 자신의 시선을 묻게 되었다. (……) 해석사와 씨름하는 것은 우리와의 이질성을 파헤침과 동시에 오늘날의 해석을 규정하는 인식의 지평을 밝히는 행위이기도 하다.
>
> 이때 기기 해석사는 더 이상 진정한 이해를 둘러싼 다툼의 장이 아니라, 기기라는 전통적 텍스트를 계기로 다양한 사상과 세계관이 맞부딪치는 언설의 장으로 파악된다.[6]

자기 인식의 지평을 드러냄으로써 근대 사상사를 해체하고 그러한 시각에서 과거의 사상 언설이 이어지는 생성의 장을 올바르게 읽어내야 한다는 것이다. 그리고 그때 "제기되는 것은 사상의 내용만이 아니"고, 단순한 '사상'사가 아니라 "텍스트가 각각의 시대에서 수행하는 사회적 기능"이나 "텍스트의 수용 양상"이 마땅히 논의의 도마 위에 올라야 하며, 독서론 등의 도입이 불가결하다는 이소마에의 논의에도 나는 동의한다. 그리하여 '지'적 제도가 해부되어 '사상'사를 뛰어 넘을 수 있기 때문이다. 독서론과 역사사회학이라는 관점은 단지 '사상사'의 보조가 아니라 '사상'사의 해체와 재생에 필연적인 분석 시각인 것이다. 이제까지 우리 '근대'의 지적 기제에 두텁게 채색되어 온 '에도사상사'를 향한 새로운 접근에 있어서도 전적으로 마찬가지다. 이하 '지식인'론의 관점에서 이 문제를 다시 논하겠지만, '지식인'의 성립이라는 테마역시 독서론이나 역사사회학의 시점을 도입하여 '국민국가'론의 시각에서 올바르게 읽어낼 때 비로소 현재적 의의를 갖는다. 이제까지처럼 도달점에서(혹은 설정된 미완의 도달점에서) 근대까지의 거리를 재는 것이 아니라 '지식인'을 사회 내에서 유의미한 존재로 만든 '지'적 편제의 변용의 '장'에 입각하여 비평적으로 음미하는 것이야 말로 '지식인'과 '지식'의 자명성을 뿌리부터 재검토하는 오늘날의 과제에 이어지는 문제제기인 것이다.

2. '지식인'이란 무엇이었나

1989년 전후 일본 지식인 사회에서 K. V. 월프렌(K.Van Wolfren)의 발언이 계기가 된 일련의 논쟁이 일어났다. 월프렌은 알다시피 '일본인론'의 일종인 베스트셀러 『일본 권력 구조의 수수께끼』의 저자인데, 「왜 일본의 지식인은

6) 磯前順一, 『記紀神話のメタヒストリー』, 吉川弘文館, 1998, 2~4쪽.

끊임없이 권력을 추종하는가」[7]라는 그의 논문을 발단으로, 논문에서 비판된 당시의 지식인들이 반론을 하는 형태로 이어졌다. 논쟁자체는 여느 때처럼 불완전연소인 채로 끝났다. 다만 흥미로웠던 점은 단적으로 말하면 '지식인'이라는 사회내 존재에 대한 양자의 이해가 완전히 어긋난 점이었다. 논쟁에서 드러난 양자의 논리 차이는 논쟁이 비생산적이었던 이유와도 관련된다. 월프렌은 "일본에는 지식인을 가장 필요로 할 때 지식인답게 행동하는 이가 정말로 적은 것 같다"며, "권력행사의 존재양식이야말로 일상의 사회생활면에서 우리에게 영향을 미치는 다른 모든 사항을 결정짓는" 것을 생각하면, 일본의 지식인은 제 기능을 다하고 있지 않다고 단언한다. 이에 대하여 체제 옹호적이라고 비판된 '지식인'의 한 사람인 무라카미 야스스케(村上泰亮)는 "(현대에는)더 이상 지식인 고유의 역할은 없으며 일원적인 과학적 지식을 널리 알려야 하는 계몽적 지식인은 거처를 잃고 있다. 월프렌 씨가 염두에 둔 지식인은 절멸에 가까운 희귀종이 되고 있다"[8](「이행기의 지식인의 역할」)며 비판자체가 부적절하다고 했다. 『주오코론(中央公論)』을 주 무대로 오고 간 논쟁에서 분명해진 것은, "지적인 성실함(integrity)을 무엇보다 귀중하게 여김", "독립불기(不羈)의 사색가", "독립자존의 지식인"이라는 '지식인' 관념의 보편성을 무전제로 밀어 붙이는 월프렌과, 그것을 역사적이고 상대적으로만 규정가능하며 지금도 계속 변화하는 것으로 파악하여, 그 안에서 자기의 역할을 되도록 작게 한정하려고 하는 일본 측 논자들의 인식의 격차였다. 논쟁의 승부보다는 오히려 '지식인'이란 무엇인가, 우리에게 '지식인'이란 사회 내에서 어떠한 존재였나 하는 문제를 생각하게 되었다. 또 무전제로 일컬어지는 '지식'은 왜 유의미성이 의심되지 않는가. 같은 시기 외부에서 '논쟁'을 비판한 이안 부르마(Ian Bruma)가 말하듯이, "지식인이란 서구의 전통에서 또 다른 많은 나라에서도 대변자가 아니라 진리를 추구하는 독립된 정신의 소유주이기 때문에 지식인

---

7) 『中央公論』 1987년 1월(『日本の知識人へ』, 西岡ほか訳, 窓社, 1995에 재수록).

8) 『中央公論』 1989년 3월.

이라 불리는 것"[9]이라는 정의에 들어 있는 '자명'성의 유래와, 그러한 인격을 사회 내에 유의미한 것으로 여기게 된 사회적 기제의 성립을, '근대' 다시 읽기와 함께 생각해야 할 필요를 통감했다.

오늘날 '지식인'을 어떻게 정의할 수 있는가? 예를 들어 리요타르(J.-F.Lyotard)는 "인간, 인류, 국민, 인민, 프롤레타리아, 온갖 생물=피조물, 내지는 이에 비견되는 어떤 실체적 존재의 자리에 서서, 즉 보편적 가치를 구현한 개별 주체에 자기를 동일화 [일체화] 시킨 위에, 그 시점에서 어떤 상황 내지 상태를 기술하고 분석하여, 그 주체가 자기를 실현하기 위하여, 적어도 자기실현의 전진을 위하여, 무엇이 행해지지 않으면 안 되는가를 지시하는 정신의 소유주"[10]라고 규정한다. 사이드(E.W. Said)는 "어떠한 입장을 분명하게 대표=표상(represent)하는 인간, 온갖 장애에도 불구하고 청중을 향하여 명확한 언어표상을 형성해야 하는" 존재, "표상=대변하는 기능을 사명으로 지닌 개인"[11]으로 파악한다. 다른 한편 "어떤 사람들을 지식인이라 부를지에 대하여 바야흐로 큰 혼란이 생기고" 있으며 "지적활동과 지식인을 자칭하는 사람들 사이에는 대부분 괴리가 보인다"고 인정하는 다니엘 벨(Daniel Bell)의 온당하고 우직한 정의까지, 일단은 "'의미'를 만들어 내는 사람들"[12]이라는 표현이 최대공약수인 사회적 존재로 정의되는 것 같다. 물론 리요타르나 사이드 모두 일정한 이데올로기적인 입장에서 발언한 것임은 당연하지만, 이런 몇몇의 정의에서 떠오르는 공통된 이미지는 '표상=대변'하고 '의미를 만들어 내고', '자기실현'을 하는 '개인'이라는, 말하자면 근대사회의 특권적 존재라는 것이다.

그러나 윌프렌 논쟁의 비생산성을 떠올려 봐도, 오늘날의 문제는 이렇게

9) 『中央公論』 1989년 8월.

10) J=F・リオタール, 『知識人の終焉』, 原だ佳彦・清水正訳, 法政大学出版局, 1988, 4쪽.

11) E. サイード, 『知識人とは何か』, 大橋洋一訳, 平凡社, 1995, 35쪽.

12) ダニエル・ベル, 『知識社会の衝撃』, 山崎正和ほか訳, TBSブリタニカ, 1995, 148쪽.

자명한 '지식인'이란 존재가 어떻게 성립했는가, 또 그것은 누구를 혹은 무엇을 '표상=대변'하는 데 유의미한 존재가 될 수 있는가를 재검토하는 데 있다. 나의 관심사는 특히 내셔널리즘의 형성, '국민국가'가 상상=창조되는 과정에서 이러한 '지식인'이 어떻게 창출되고 사회에서 의미를 획득하게 되었는가, 또 B. 앤더슨이 정의하듯이 그것을 떠받치는 일반적이고 균질한 '지'가 어떻게 '국민'의 '지'로 구성되었는가 하는 점이다. 그것은 당연히 19세기 세계에서 새롭게 생명을 부여받은 '교양' 개념과도 연관된다. 현재 '지식인'의 윤곽이 불명료한 데서 오는 지식인 부재론과, 대학의 교양부가 이렇다 할 논의과정도 없이 일제히 폐지된 것이 단적인 예이지만 사회적 생명력을 읽어버린 '교양' 개념을 재정의 할 필요성이 대두된 것은 밀접하게 관련된다. 그 이유는 '지식인'이 '근대'에 특유한 존재로서 성립한 것이며, 리요타르가 적절하게 정의했듯이 '국민'과 '동일화'하고 '국민'을 내부로부터 구성하고 '이야기하는' 존재로서 비로소 특권적인 존재가 될 수 있었기 때문이다. 월프렌이 항상 논지를 세울 때 모델로 삼는 '일본의 대표적 지식인' 마루야마 마사오의 저술에 대한 근년의 비판의 초점이, 그 역시 '(일본)국민'이라는 일정한 '내부'를 계몽적으로 안으로부터 구성했던 것은 아닐까라는 점에 있는 것도, '국민'을 '이야기하고', '민족'을 '표상'함으로써 성립한 근대 '지식인'이라는 근본적 문제와 관련되기 때문이다. 지금도 민족문제의 발생이 "'직업적인 표상 전문가'의 책임에 힘입은 바가 적지 않다"[13](야마우치 마사유키[山内昌之])고 여겨지는 이유는, 애초에 19세기 세계에서 '국민국가'나 '국민'의 창출과 '지식인'의 성립이 동시적이었기 때문이다. 따라서 현재 '지식인'이란 무엇인가라는 물음은 '국민국가'를 되묻는 것과 '우리들의' 근대 '지'에 대한 반성과 밀접하게 연관되는 것이다.

이상과 같은 시야에서 일본에서 '지식인'이란 사회내 존재와, 그 자기인식의 성립, 또 그것이 어떻게 하여 일반적으로 공유되는 지적 기반 아래 형성되

---

13) 山内昌之, 『民族の時代』, PHP研究所, 1994, 67쪽.

었는지를 생각할 때, 메이지 초기 '계몽지식인' 성립문제와 유교(유학 '지')의 변용문제가 중요한 국면이라 여겨진다. 왜냐면 실질적으로 유학적 교양이 광범위하게 보급되고 국민적인 '지'의 내용으로서 혈육화('국민적 교양'의 발생)한 것은 에도기 보다는 오히려 메이지기에 들어서의 일이며, 이는 '계몽지식인' 성립의 전제조건으로 생각해 볼만큼 비중이 있기 때문이다. 다만 오해를 피하기 위해 미리 말해두자면, '메이지인'에게는 에도기부터 이어진 한학적 교양이 있었고, 그로 말미암아 평가할 만한 특유의 정신적 골격을 형성하고 있었다는 식으로 어떤 에토스의 지속을 말하고자 하는 것은 아니다. 나중에 다시 서술하겠지만 서양의 학문 · 제도의 유입아래 메이지기 유교는 확실히 '한학'으로 완전히 새롭게 태어났으며 에도기 유학과는 커다란 단절이 있다. 또 메이지기에 일종의 '한학단종(漢學斷種)'정책[14]이 광범위하게 시행된 것도 사실이다. 그러한 단절을 전제로 하고, 예를 들면 메이로쿠샤(明六社) 동인들처럼 에도와 메이지의 두 세계를 동시에 살아가면서 '지식인'으로서 자립하는 과정에서 어떠한 지적인 변질이 생겨났는지, 그 변질의 장면을 중층적인 단면도로 나타냄으로써 일본에서의 '지식인' 발생 조건의 소재나 양태를 논의할 수 있으리라 생각한다.

그런데 당연한 얘기지만 '지식인'이란 용어 자체가 에도시대에는 없었던, 근대의 생산물이다. '교양'이라는 용어도 다이쇼(大正)기와 전후기에 그 내용이 두 번 바뀌었다고 지적되듯이[15] 역사적 개념으로서 끊임없이 변질해 온 것이다. 분고(豊後)의 유자 히로세 단소(広瀨淡窓) 등이 '교양의 술행(術行)'[16](『우언[迂言]』, 「학제[學制]」 五) 등으로 말할 때의 '교양'이란 용어가 '가르쳐 기르는' 것, '교육', '훈육'이었듯이, 에도시대에는 애초부터 오늘날 통용되는 의미의 '교양' 개념이 존재하지 않았다. 1875년 오노 아즈사(小野梓)의 "교양의 성

14) 緖形康, 「他者像の変容」, 『江戸の思想』 제4호, 1996.

15) 筒井清忠, 『日本型「教養」の運命』, 岩波書店, 1995.

16) 『增補 淡窓全集』, 中巻, 思文閣, 1971, 「迂言」, 37쪽.

쇠는 문화의 성쇠와 관련되고, 국가를 가장 잘 다스린다는 말은 단지 문화에 달려있다. 때문에 교양은 국가정치의 중요한 것이다"17)(「보통의 교양을 논함[論通常之教養]」, 『교손잡지[共存雜誌]』 제1호)는 발언도, 명사화되어 '국가'라는 말과 연결되는 새로운 시점이나, (전문가의 것이 아닌) '(국민의) 보통의 교양'의 필요성이라는 새로운 주장도 의미로 보자면 역시 '교육'에 가깝다. 오늘날 쓰이는 의미는 메이지기 중간을 지난 시기에 처음 등장한 것이다. 따라서 이런 용어는 항상 따옴표를 붙여 사용해야 할 것이다. 즉 어원의 탐색이나 의미의 정의가 아니라, 용어의 사회 내 배치를 결정하는 지적 편제가 19세기 일본의 언설 공간 안에서 단절되거나 변질하면서 어떻게 변용되어 '국민국가'를 구성하는 '지식인', '교양'이 성립하게 되었는지가 상세히 검토되어야할 것이다.

'지식인' 개념을 축으로 다이쇼와 메이지기의 정신사를 논한 사카모토 다카오(坂本多加雄)는 근대 일본의 '지식인', '지식계급'이란 용어의 발생을 다이쇼기에서 찾으면서 다음과 같이 말한다.

> '지식 · 사상의 생산유통에 관여하는 사람'은 이미 말한 대로 메이지기에도, 에도기에도 존재하였다. 그럼에도 불구하고 '지식계급'이나 '지식인'이란 말이 존재하지 않았던 당시에는 그러한 '지식' · '사상'의 가치, 나아가 그와 관련되는 사람의 사회적 존재의의가, 몇몇의 예는 별개로 하더라도 일반적으로 뒷날처럼 절실히 의식되거나 논의되지는 않았다. '지식' · '사상'이 의의가 있다는 것은 자명한 전제였다. 그런데 메이지 말에서 다이쇼기를 지나 '지식계급', '지식인'이란 용어의 성립과 나란히, 다양한 관점에서 '지식' · '사상'의 의미가 점차 문제시됨에 따라 '지식계급', '지식인'의 존재의의가 첨예하게 의식되어간 것이다.18)

---

17) 松本三之介 · 山室信一編, 『日本近代思想大系10 学問と知識人』, 岩波書店, 1988, 137쪽.

18) 松本多加雄, 『20世紀日本の11知識人－大正 · 明治精神史断章』, 読売新聞社, 1996, 12쪽.

'지식인', '지식계급'이란 용어의 발생과 거기에서 파생된 사회 내의 의미에 대한 명쾌한 설명에 고개가 끄덕여지지만, 메이지기, 에도기에도 '지식 · 사상의 생산유통에 관여하는 사람'이 있었음에도 불구하고 '지식' · '사상'의 가치가 거론되지 않았던 이유가 "'지식' · '사상'이 의의가 있다는 것이 자명한 전제였"기 때문인지는 재고의 여지가 있을 것이다. 후술하겠지만 에도기와 메이지 초기에도 반드시 그렇지는 않았다는 점은 이미 많이 지적되었다. 여하튼 "'지식인'이란 말은 다른 다양한 말이나 관념과 다양한 형태로 한데 묶이는 것"이며, "'지식인'이란 말이 불필요하게 되고 있다면 틀림없이 이러한 다양한 말이나 관념이 서로 엮이는 가운데 형성된 우리의 사고의 역사가 커다란 전기를 맞이하고 있음을 암시하는 것이리라"[19]는 사카모토 논의의 전제를 공유하면서, 19세기 일본에서 '지식' · '사상'의 유용성이 어떻게 해서 사회 내에 새롭게 나타났는가, 그것은 어떠한 사회적 기제의 변용에 기반을 두었나, 그리고 그 자체로 가치 있는 것으로 자명성을 부여받은 '지식' · '사상'의 질 · 내용이 어떠한 것이었는지를 지금에야말로 다시 물어야 할 것이다.

사토 신이치(佐藤慎一)는 최근의 저서 『근대 중국의 지식인과 문명』의 첫머리에 가이즈카 시게키(貝塚茂樹)가 목격한 에피소드 – 저명한 노유(老儒) 커사오원(柯劭忞)이 민국17년(1928)의 편집회의에서 "『사고전서』에는 중국의 글만 싣고 있는데 요즘 듣자하니 태서(泰西)의 여러 나라도 근래 학문이 크게 진보했다고 하니 이번의 『속수(續修)』에는 서쪽 오랑캐의 저서도 조금은 채용해도 괜찮지 않겠나"라고 말했다는 매우 인상적인 일화 – 를 소개하며, 중국의 전통적 '지식인'에게 화이질서사상에서 근대 문명론적 자기인식으로의 탈피가 얼마나 곤란한 지적재편이었는지, 그리고 그러한 새로운 문명론적 상대관에 의거한 '국민국가'의 내재적 이해가 그들에게 어떻게 굴절되어 진행됐는가를 설득력 있게 논한다.[20] 한편 일본에서 '지식인'은 어떠한 역할을 수행으로 사

---

19) 위의 책, 3쪽.

20) 佐藤慎一, 『近代中国の知識人と文明』, 東京大学出版会, 1996, 3~4쪽.

회내적 존재로서 출현할 수 있었는가. 이 문제를 생각할 때 우선 문제가 되는 것이 에도기 후반에서 근대에 걸쳐 '유자'에서 '지식인'으로 탈바꿈해 가는 모습이다.

즉 중국 청말부터 민국초기에 걸쳐 '독서인'에서 '지식인'으로의 전환에 걸림돌이 사토가 지적한 대로 화이질서 사상이 재해석되는 과정에서 현저하게 표출된다고 한다면, 지식인 계급이라는 사회구분, 막스 베버가 독일 교양 시민층과 대비하면서 사용했던 표현을 쓰자면, (중국 독서인의) "인문주의적 교양의 자격증명과 닮은" "사회적 '교양' 신분"[21]에 해당하는 '신분'이 존재하지 않았던 일본에서는 도대체 어떠한 사상적 출생지, 또는 공통된 '전교양(前教養)'적 기반에서 '국민'을 이야기하는 '지식인'이 발생할 수 있었을까? 그리고 그 과정에서 걸림돌은 무엇이었을까?

3. '지식인'론의 탈구축

사토 신이치는 근대 중국 '지식인'의 성립에 관해 다른 논문에서,

> 오히려 그 이상으로 여기서는 (양계초에게는) 일찍이 고지마 스케마(小島祐馬)가 '지식계급의 지배'라 이름붙인 전통적 지배구조의 붕괴가 예리하게 자각되고 있는 것이다. (……)
>
> 그리고 양계초가 '정치', '학문', '도덕'의 '과도'로 본 것은 바로 이 '삼위일체'의 내용의 붕괴였다. 더 이상 기존 의미의 '지식인'의 권위를 지탱하는 근거는 어디에도 없다. 거꾸로 말하면 이 단계에서 '지식인'이 더욱 유의미한 존재로 남기 위해서는 적어도 그 지식 내용과 사회적 역할이 모두 전환되어야할 것이다(「'청말계몽사상'의 성립」).[22]

---

21) 野田宣雄,『ドイツ教養市民層の歴史』, 講談社学術文庫, 1997, 84쪽에서 인용.

22) 佐藤慎一,「「清末啓蒙思想」の成立(1)」,『国家学会雑誌』제95권 제 5・6호, 1979.

라고 하여, '관료적 지배에서 사상적 계몽으로'의 방향에서 전통적 지식계급의 '탈피'가 '거의 필연적'으로 이루어져야 했던 사정을 설명하지만, 전통적으로 지식의 소유 자체가 사회에서 의미를 갖고, 눈에 보이는 형태로 일정한 계층을 구성하고 있던 중국과는 달리 근세 일본 사회에 그런 실체는 없었다.

구 중국에 있어서 본질적인 의미에서 사회란 사대부의 사회였다. 서민이란 원리적으로 말해 결여상태의 사대부이며, 불완전한 사대부 혹은 사대부의 주변적 존재를 일컫는다[시마다 겐지(島田虔次)].[23]

이렇게 여겨지는 중국의 지식계층의 모습에 비하여 에도기의 일본은 아래의 인용처럼 마쓰우라 세이잔(松浦静山)공이 개탄하는 상황이었다.

나카무라 신조(中村深蔵)(란린(蘭林))란 유자가 호레키(宝暦, 1751~1764)연간 쇼군 측근에서 일하던 때, 단 한사람도 공경의 뜻을 담아 인사를 하는 자가 없었다. 당직으로 에도성에 나오면 젊은 고난도슈(小納戸衆－쇼군 측근에서 잡무를 보는 사람 = 역자)들이 "공자의 부인은 미인인가, 추녀인가"라고 물으며 유자를 희롱하기도 했다. 너무나 심하지 아니한가. 메이안(明和 · 安永, 1764~ 1781) 연간 검약령이 엄준했던 때, 검약의 실행을 바라던 사쿠지부교(作事奉行－궁전의 조영 · 수리 등 건축공사를 맡은 관직 = 역자)가 쇼헤이(昌平)의 성당(聖堂－에도 바쿠후 직할의 공자묘로 대대로 유교교육의 중심이 된 린케(林家) = 역자)은 가장 쓸모없는 것이니 부셔버려도 괜찮다고 건의한 것을, 정무를 담당하고 있던 미즈노 우슈(水野羽州)가 듣고 쇼군에게 고하고자 하여 고요도리쓰기(御用取次)에게 물었다. 그러나 그는 성당이 무엇인가를 몰라 오쿠유히쓰구미가시라(奥右筆組頭)인 오마에 마고베에(大前孫兵衛)에게 성당에 안치되어 있는 것이 신토(神道)의 가미인가, 불교의 부처인가를 물으니, 오마에가 대답하길 아마도 본존은 분명 공자를 말하는 것 같다고 하였다. 공자는 누구인가라고 재차 물으니 오마에는 논어라고 하는 책을 낸 사람이라고 들었다고 대답했다. (……)[『갑자야화(甲子夜話)』 권4][24]

---

23) 島田虔次, 『中国における近代思惟の挫折』, 筑摩書房, 1970, 350쪽.

이 같은 환경에서 "유자는 한 사람의 예능인(藝能者)이다"(구마자와 반잔(熊沢蕃山), 『집의화서(集義和書)』)라는 자조가 나오고, "무릇 사(士)의 길은 배워서 섬기는 것이다. 그러나 지금의 정치는 유자와 의논하는 일 없이 다스리는 것이 횡행한다"(미나가와 기엔(皆川淇園), 『기엔문집초편(淇園文集初編)』 권1)고 술회한 것이다(이러한 근세의 지식계층을 둘러싼 중국, 조선, 일본의 차이[독서인, 양반, 유자]에 관해서는 와타나베 히로시, 『동아시아의 왕권과 사상』에 명쾌하게 드러나 있다). 그리고 사회 내에서 거할 곳이 없는 처지를 한탄하는 유자의 발언은 바쿠후 말기에 이르러서도 당시의 유학의 내용이나 세상의 유자 지신들을 향한 "앵무의 기예", "쓸모없는 학자" 등등 내재적 비판에 면면히 토로되었던 것이다.

이러한 에도기의 유자의 개탄과 메이지 초기 계몽지식인의 술회를 대비시킬 때, 그 사이에는 메울 수 없는 틈이 뚜렷하게 존재하는 것 같다. 즉 사토가 청말부터 민국 초기 중국의 경우에서 지적하듯 "거의 필연적인" 지식계층 내부의 지적재편의 고투와는 위상을 달리하여, 메이지 초 '계몽지식인'들은 과거와의 결별과 동시에 새로운 세계를 시작하듯 자신들의 학문의 자립과 '지'의 독자적 영역의 의미를 드높이 외쳤던 것이다.

> 여기서 사립(私立)의 실례를 들어보겠다. 사람의 일은 단지 정부에게만 맡겨진 것이 아니다. 학자는 학자로서 사립의 입장에서 일을 해야 한다. (……) 학술이하 삼자(법률, 경제, 학술 = 역자)도 각기 속한 곳으로 돌아가 국민의 힘과 정부의 힘이 서로 균형을 이루어 국가의 독립을 유지해야 한다(「학자의 직분

24) 『甲子夜話』, 平凡社(東洋文庫 306), 1977, 74쪽. 이러한 유자 및 그 학문의 사회내적 위치에 대하여 야나기타 구니오는 다음과 같이 말하고 있다(『日本の祭り』, 1942). "야담가 등이 종종 언급하는 문무양도(文武兩道)라는 말이 유행하였다. 무사나 농부가 수양을 위해 학문의 길에 들어서거나, 천부의 재능이 있어 뜻하지 않게 업으로 하는 사람이 다수가 된 뒤에도, 그런 사람들과 본직의 유학자 간에는 매우 확실한 경계가 있었다. 그 까닭은 전자는 각자의 가족을 위해 살아야 했기에 별도로 생업이 있었으나, 후자는 이것만이 존재의 기초였기 때문이다. 이것을 본직이라 하고 다른 쪽의 학문을 도락(道樂)이라 일컫는 것은 지금도 통례로 쓰이고 있다. 이 차별관에는 바로 그러한 이유가 있었다(『柳田国男全集』 第十三巻, 筑摩書房, 1998, 364쪽)."

을 논함」, 『학문의 권장』).[25]

후쿠자와 유키치(福沢諭吉)의 이 논문은 같은 시기의 '지식인'을 비판하며 사립학교의 의의를 논한 것인데, 뒷날 『메이로쿠잡지(明六雜誌)』에서 논쟁이 이어졌다. 그 배경에는 후쿠자와가 주장한 "일신이 독립하여 일국이 독립함"이라는 커다란 테마가 있었는데, 그런 점과는 별도로 여기서는 학문의 자립적 가치('학자'의 소임)와 '학술'이 '국민'의 창조에 관여하는 것이 자명한 것처럼 서술되고 있다는 점에 주목하고 싶다. 그러한 '학문'의 자립적 가치와 '국민'형성을 보다 단적으로 표현한 것은, 오노 아즈사의 다음과 같은 발언이다.

> 일국의 독립은 국민의 독립에 기반하고, 국민의 독립은 그 정신의 독립에 뿌리내린다. 국민정신의 독립은 실로 학문의 독립에서 유래하는 것이니, 그 나라를 독립시키고자 한다면 반드시 그 민중을 독립시켜야 하고, 그 민중을 독립시키고자 한다면 반드시 먼저 그 정신을 독립시켜야 한다. 그리고 그 정신을 독립시키고자 한다면 반드시 먼저 그 학문을 독립시켜야 한다. 이는 자연의 섭리와 마찬가지로, 형세가 반드시 그렇게 되는 것이다(「도쿄전문학교 개교축사」).[26]

에도기 지식인과는 달리 이 발언에는 학문 자체의 의의 확립과 '지식인'으로서의 자부심이 명료하게 나타나고 있다. 그리고 그것이 동시에 '국민'의 창조와 곧바로 관련되어 일컬어지는 데서, '계몽지식인'의 성립과 '국민국가' 창출의 밀접한 관계를 간파할 수 있다. 그런데 이처럼 에도시대를 통틀어 '신분'으로서 눈에 보이는 지식층의 부재와, 그에 연속하고 중복되는 메이지 초기의 '지식인'들의 사회 내 존재로서 자립해야한다는 주장과 '학문' 자체의 가치를 논하는 주장과의 거리를 우리는 어떻게 생각하면 좋을까? 물론 거기에 서

25) 『福沢諭吉全集』第三巻, 岩波書店, 53쪽.

26) 松本三之介・山室信一編, 앞의 책, 1988, 152~153쪽.

양의 학문적 · 정치적 충격이 있었다는 것은 말할 것도 없지만, 그런 외부로부터의 계기에 촉발되어 내부에서는 무엇이, 어떻게 발생한 것인가. 그 사이의 지적 변질을 사상가 개개인의 내면적 갈등으로서가 아니라, 연속하는 시간에서 지적편재의 변용으로서 말할 수는 없는 것일까? 그리고 그것을 훗날 '국민' 창조의 내용에 직접 관여해 가는 것으로 대상화하는 시점을 제시할 수는 없을까?

중국 근대 지식인의 형성에 있어서 '독서인, 사대부'로부터의 질적 전환과 상이한 측면도 물론이거니와, 내가 이런 문제제기를 하는 것은 독일 '국민국가' 형성의 해명과 관련하여 '교양시민층'에 대한 역사사회학적 사상사 연구를 상기하기 때문이다(노다 노부오[野田宣雄], 『교양시민층에서 나치즘으로』, 프리츠 링거[Fritz Ringer], 『독서인의 몰락』, 『지의 역사사회학』 등). 프리츠 링거는 독일 '국민' 형성의 양상을 결정한 '교양시민층'의 성립에 관하여 "그 '교양층'의 균질한 이데올로기 같은 것"의 형성을 다음과 같은 관점에서 분석한다.

> 지식인의 역사적 기원, 학력, 사회적 지위 전체를 묘사함으로써, 지식인이 어떤 사유방식을 자명한 것으로 여겼는지, 한번 보면 지식인이라고 알아챌 수 있는 특유의 반응 방식을 보였다는 것을 나타내고 싶다(『독서인의 몰락』).[27)]

> 서서히 나는 지식인계를 공간으로서 연구해야 한다는 확신이 강하게 든다. 당연히 그것들은 어떤 실체인 것이며 따라서 그것을 모든 개인의 집적으로 환원해서는 안 된다. 이를 연구하는 것은 적어도 우선 다음과 같은 것이라 말할 수 있다. 즉 개개의 텍스트에 나타나는 표면화한 목적을 외면하는 것으로, 공유된 지적 습관과 집합적 의미에 관심을 집중하는 것이다. (……) 말하자면, 여기서 한 가지 목적은 표출된 사상의 표면을 벗어나 문화적 전의식(前意識), 즉 암묵의 신념과 인지적 성향의 영역에까지 도달하고자 하는 점에 있다(『지의 역사사회학』).[28)]

---

27) F. K. リンガー, 『読書人の没落』, 西村稔訳, 名古屋大学出版会, 1991, 2쪽.

이처럼 총체로서의 '지식인'세계의 성립과 이후에 파생된 문제를 밝히려는 시도와 방법은 일본의 19세기, 반 소라이운동 성립 이후 메이지 초에 이르기까지의 지적세계의 추이를 분석하는 데 시사하는 바가 있을 것이다(여기에서는 소위 '간세이 이학의 금(寬政異學の禁)' 이후 메이지 제1세대까지 백년이 채 안 되는 기간에 발생한 지적편제의 변용을 상정한다).

전술한 '지식인'의 성립에 에도 후기와 메이지 초기 사이의 의식의 단절에 있어서도, 메이지기에 들어 하루아침에 모습을 달리했다고 해도 그 사이의 연속의 형태를 생각해야 함은 당연하지만, 그것을 에도기부터의 전통적 학문의 재편이나 신학문과의 절충으로 보는 관점, 교의나 이념의 재편에 주안점을 두고 거기에서 내재적 '근대'의 싹을 합목적적으로 해독하려고 하는 관점, 혹은 사상가 개개인의 내면의 갈등이나 드라마에 착목해서 사상사를 이야기하는 관점 등등, 이제까지 행해진 방법과는 또 다른 지점에서, 보통 수단으로는 파악하기 어려운 어수선한 19세기의 사상세계를 이야기하는 시점을 설정할 수는 없을까? 즉 오늘날의 '국민국가' 형성 전반을 논할 때 '유자'와 근대 '지식인' 성립의 사이에는 '국민적 교양' 형성에 관련해 간 유학지의 변질이 매개가 되었을 것이라는 시점에서 파악하여, 그것을 역사사회학적 측면에서 읽어 낼 가능성이다. 그래야만 비로소 일본에서 '지식인'이나 '교양'의 성립을 비판적으로 음미할 수 있을 것이다.

그런데 일본에서 '지식인'이 성립된 시기를 메이지 초라 생각할 때, 특징적인 것은 그들이 무엇보다 과거로부터의 단절을 강하게 의식했다는 것이다. 앞에서도 언급했듯이 메이지 이전에는 '지식인'이라는 사회 내 존재는 없었다. 에도기에 존재했던 것은 '유자'이지 '지식인'은 아니었다. 이 사실은 같은 시기 중국이나 조선에 비해 눈에 보이는 사회계층으로서의 '교양적 사회신분'이 존재하지 않았던 일본에서 더욱 뚜렷했다. 때문에 '지식인'이길 원했던 당

---

28) F. K. リンガー, 『知の歴史社会学』, 筒井清忠訳, 名古屋大学出版会, 1996, 12~13쪽.

사자들에게 그러한 자각이 특히 강하게 드러나는 것이었다. 메이지 초기의 많은 계몽지식인들은 그때까지의 학문, 유교와의 철저한 결별을 선언함과 동시에 '지식인'으로서 자립할 수 있었던 것이다. "학자는 학자로서 사립의 입장에서 일을 해야 한다"(후쿠자와 유키치)고 여겨지고, "일국의 독립 · 국민의 독립"의 근간에는 "반드시 먼저 학문을 독립시켜야 한다"(오노 아즈사)는 명쾌한 독립선언을 한 그들과 불과 수년 전까지의 유자들 사이에는 커다란 간극이 있다. 메이지 초기 계몽지식인들은 과거, 구학문=유학과의 결별선언과 함께 '지식인'의 자립성을 선언한 것이다.

> (고전이나 와카(和歌) 시문과 같은 문학은 = 역자) 옛날의 유학자나 화학자(和學者)들이 말하는 것처럼 그렇게 우러러보며 존경할 만한 것은 못 된다. 예로부터 한학자들 중에 집안생계를 잘 꾸려가는 사람은 적었으며, 와카를 잘 짓는 사람 중에 장사에 능한 조닌(町人)도 드물었다. (……) 결국 학문이 실생활과 동떨어져 일상생활에 부합되지 않았기 때문이다. 그러므로 지금은 그러한 실생활과 동떨어져 있는 학문은 이차적인 것으로 돌리고, 우리가 열심히 공부해야 할 것은 오로지 인간의 일상생활에 필요한 실학이다(후쿠자와 유키치, 『학문의 권장』).[29]

> 소위 학술이라는 것은 7, 8년 전까지 사서오경의 범위를 벗어나지 않았다. 그 사자육경조차 단지 노리개, 이를 낮추어 다도, 꽃꽂이에 비견하고, 이를 높이 여겨도 궁마검창과 백중할 정도일 뿐이다(니시 아마네(西周), 「비학자직분론(非學者職分論)」).[30]

> 그 외에 예전의 유자들은 제자들과 단지 서적만을 논할 뿐이었고, 게다가 진리에 대해 말하는 일이 적었다. (……) 또 소라이, 이토 나가쓰구(伊藤長胤), 무로 규소(室鳩巢) 같은 이들은 학파를 달리하나 문장을 중시하였다. 그 후 삼조선생(고가 세이리(古賀精理), 비토 지슈(尾藤二洲), 시바노 리쓰잔(柴野栗山)=필

---

29)『福沢諭吉全集』第三巻, 30쪽.

30)『明六雑誌』第2号(『明治文化全集5 雑誌編』, 日本評論社, 1955 수록, 60쪽).

> 자주) 및 산요(山陽) 선생 같은 이는 진리와 문장을 같이 중시했던 학문이라 할 것이다. 그렇지만 여전히 쓸모없는 학자의 경계는 벗어나지 못하였다. (……) 단지 서적에만 의지하는 학문이 되어, 자신이 능히 서적을 부리지 못하고 오히려 그 노예가 되어 사역하게 된다(동, 『백학연환(白學連環)』).[31)]

메이지 초기 계몽지식인들은 이렇게 유학을 구제도의 허학(虛學)으로 비판, 경멸하고 유자를 '쓸모없는 학자'라고 도려냄으로써 자기들의 학문을 자리매김하고 '지'의 자립을 선언하였던 것이다. 이는 그들이 스스로 '지식인'으로서의 사명을 무엇과의 단절에서 자각했는지에 대한 의식 표명으로서 이해할 수 있다. 이러한 단절의 의사표명에서 처음으로 '지'의 자립의 사회적 표출이 가능했음을 충분히 확인해야 한다. "우리는 서양문명의 학문을 닦고 절충하여 한학설(漢學說)에 끌어다 대려는 것이 아니다. 고래의 학설을 뿌리서부터 전복하고 나아가 문명학의 문을 열려는 사람들이다"[32)]라는 후쿠자와의 언명은 문자 그대로 그러한 '자각'의 표명으로서 인식해야 한다.

그러나 한편 그들의 지적 배경이나 지적 풍토와 그 '근대적' 주장의 내실을 상세히 검토할 때, 이런 발언의 배경에 이른 바 지적 연속의 측면을 생각해야 하는 것도 분명한 사실이다. 게다가 에도기＝유교사회, 메이지기＝탈유교사회라는 도식, 혹은 에도기 관학으로서의 주자학적 세계가 점차로 붕괴하여 근대에 이르렀다는 도식이 설득력을 잃고, "근세 한학・유학은 서서히 시대에 발맞춰 확대되어 근대로 넘어왔다"[33)](구로즈미 마코토[黒住真])는 인식, 19세기야 말로 일본에 유학적 요소가 사회전반에 확충된 시대였다는 인식도 우리에게 기본적인 상식이 되었다. 에도 후기부터의 지적 연속 가운데 굴절하며 형성된 그들의 학문과 '지식인'으로서의 자립을 유교이해의 측면에서 고려할

---

31) 『明治文学全集3 明治啓蒙思想集』, 筑摩書房, 1967, 52~53쪽.

32) 『福沢諭吉全集』 第六巻, 261쪽.

33) 黒住真, 「漢学ーその書記・生成・権威」; ハルオ・シラネ・鈴木登美編, 앞의 책, 1999, 235쪽 수록.

때, 위에서 말한 것처럼 이른 바 지나친 구제도 비판의 이면을 어떻게 파악할지의 문제가 당연히 대두되는 것이다. 때문에 지금까지도 사상가 개개인 내부에 상극하는 것이 무엇이었는가를 규명하는 형태로 메이지 초기 지식인들의 제언설의 분석이 널리 이루어진 것이다. 그러나 이런 논의들은 결국 서로 모순되는 측면의 통합을 오로지 '근대화'라는 도달점에서 어떻게 의미를 부여할까에 초점을 둔 것이다. 이런 점에서 '근대화'론에 기초하는 '연속과 단절'의 논의와, '국민국가'론에서 행해지는 '근대에 있어서 단절'의 논의는 출발점부터 크게 다르다.

이제까지 흔히 보아 온 전자의 관점은, 단적으로 말하자면 유학적 교양에서 근대적 지성으로의 탈피 구도에 있다. 즉 사유의 연속에서 보이는 단절을 어떻게 의미부여할지라는 관점이며, 이런 것은 주로 '근대'로의 이륙이라는 시점에서 파악하는 입장과 거기에서 '서양'의 충격이나 사상가 개개인의 내면의 갈등이나 드라마를 보려는 입장으로 나타났다. 단절과 연속의 틈바구니에서 유교개념이 어떻게 '재해석'되었는지를 밝히고, 그것을 개개의 사상가 내부의 사상적 드라마나 미완, 혹은 좌절된 '가능성'이라는 관점에서 서술하려는 입장인 것이다.[34] 이러한 연구의 성과는 크다 하더라도 결국 예정조화적인 구도 안에서 정합적인 설명을 하려는데 치우쳤다는 인상은 피할 수 없다. 이에 비해 후자는 근년의 '국민국가'론에 보이는 관점이며, 19세기 전후의 사상세계에 '절단면(切斷面)'을 명확하게 넣음으로써 '근대의 이야기'가 지닌 사상성을 규명하려는 입장이라 할 수 있다. '절단'의 장면을 적극적으로 삽입함으로써 '근대지'의 기제='재구성된 근세'의 발현의 모습을, 이른바 사상의 연속계기(繼起)에 단층을 넣어서 밝히고자 하는 입장이다. 이러한 시도는 필연적으로 '이야기'의 존재형태 자체에 입각한 '언설성'의 폭로라는 형식을 취하게 된다. 왜냐하면 "지식의 기초, 혹은 국민, 정치가, 운동의 이데올로기의 일

---

34) 源了圓, 『徳川合理思想の系譜』, 中央公論社, 1972 ; 『実学思想の系譜』, 講談社学術文庫, 1986 ; 松本三之介, 『明治思想における伝統と近代』, 東京大学出版会, 1996 등.

부가 된 역사는 실제로 민중의 기억이 저장되는 것이 아니라 그 역할을 담당한 사람들에 의하여 선택되고 기술되며, 그려지고 제도화된 것"[35]이라는 점(E.홉스 봄)을 밝히는 형태로 근대에 "창조된 전통"(동)을 해체 · 재조명하는 가운데 근대 학문의 '이야기'를 해체하여, 이른 바 근대적 '실증성' 안에 숨어 있는 이데올로기나 '실증'의 '상상성'이 폭로되기 때문이다. 논점이 '……의 성립' 혹은 "'이야기'가 '은폐'되었다"로 집중되는 것은 이와 같은 문제구성의 상황을 그대로 반영하는 것이다. 그리고 이런 논의가 오늘날 간혹 스테레오타입화하고, 피상적으로 일괄해서 '국민화'로 정리하여 결론지음으로써 나타나는 폐해나, 논의가 단조로워지는 것은 비판해야 하지만, '국민국가'론이 이러한 새로운 '절단'의 관점을 투입함으로써 사상사에 던진 문제는 여전히 유의미하다. 왜냐하면 그것은 근대의 시각 안에서 평가를 부여하는 기존의 '단절－연속'론과는 달리, 자명한 가치기준의 지평에서 말하는 것이 아니라 지적제도 일반을 외부로부터 대상화하는 자세에서 발생하는 극히 방법론적인 분석시각이기 때문이다. 그렇기 때문에야말로 그 발전적 전개를 위해 지금 더욱 필요한 것은 안이한 '절단 · 은폐'론에 의한 스테레오타입의 설명적 해석에 안주하지 않고, '근대의 지적제도'가 내부화하여 은폐된 우리 자신의 문제를 밝히는 형태로, 과거의 언설이 교착하는 '장'의 세세한 부분을 읽어 내는 것이다. 에도기 유교와 메이지 초기 지식인 사이의 지적인 연속, 불연속의 측면역시 그러한 관점에서, 즉 유교의 텍스트 읽기나 구체적인 해석방식, 사회적인 '지식'의 보급 양태 등을 포함한 지적 제도 · 기제가 교착하는 '장'의 다면적 해석으로부터 총체로서의 '지'의 변질을 올바르게 읽어내야 할 것이다. '지식인'의 성립이라는 과제를, 에도로 거슬러 올라가는 계보찾기나 '절단'의 강조만으로 끝나는 것이 아닌, 18세기부터 19세기에 걸친 지적제도가 교착하는 '장'에서 변용된 '지'의 모습, 거기서의 '지식인'의 성립을 다시금 논할 필요가 있다.

---

35) E. ホブズボウム, 『創られた伝統』, 前川啓治ほか訳, 紀伊国屋書店, 1992, 25쪽.

4. '학자직분논쟁'으로 분명해진 것

일본에 '지적계급'이라는 용어가 출현한 것은 다이쇼기에 들어서이다. 때문에 오늘날 '지식인'론이나 '지식인'에 관한 역사적 연구는 대체로 다이쇼기 이후의 '지식인'을 대상으로 한다. 그러나 오늘날과 같은 의미에서의 '지식인' 발생의 단서는, 메이지 초 미국변리공사(辨理公使)를 역임하고 귀국한 모리 아리노리(森有礼)의 제언을 계기로 자각적으로 순수한 학문적 교류・대화를 지향한 비정부기구인 '메이로쿠샤' 동인들의 활동에서 찾을 수 있다는 것은 논할 것도 없다. 특히 결사 직후 기관지『메이로쿠잡지』를 무대로 전개된 이른 바 '학자직분논쟁'은 일본근대의 입구에서 행해진 최초의 본격적인 '지식인론'으로서, 근대 지식인의 성립을 생각하는데 간과할 수 없는 사건이다.

이 논쟁은 1874년에 간행된 후쿠자와 유키치의『학문의 권장』제4편「학자의 직분을 논함」에서 시작하였다.『메이로쿠잡지』제2호에도 그 경위가 실렸듯이, 논쟁자체는 원래『메이로쿠잡지』게재예정으로 집필된 것이며, 후쿠자와가 자신도 발 담고 있는 일본 최초의 지식인 서클 '메이로쿠샤' 내부를 향하여 의도적으로 문제제기한 것이다. 그의 논문은 당연히 동인 사이에 논쟁을 불러 일으켰고, 주요 동인들의 반론이 줄줄이 이어진 것이다. 후쿠자와의 논문과『메이로쿠잡지』제2호에 실린 동인들의 반론을 아울러 오늘날 '학자직분논쟁'이라 일컫는다. 여기서는 메이지 초기 지식인의 다양한 의식형태나 창간기의 국가의식의 양태뿐 아니라, 근대일본에서 발생한 '논쟁'의 원초적인 모습 등 흥미로운 문제를 찾을 수 있는데, 다시금 문제 삼는 까닭은 앞에서도 말했듯이 이 논쟁이 일본에 있어서 '지식인' 성립의 조건과 중요과제를 드러낸 상징적인 사건이었으며, 또 그 자체가 근대 '지식인'론의 선구라고도 할 수 있기 때문이다.[36]

---

36) 丸山真男,「近代日本の知識人」,『丸山真男集 第十巻』(1972~1978), 岩波書店, 1996; 小林嘉宏,「明六社における学術論争の意味－「学者職分論争」を手がかり

"최근 유식자들이 일본의 장래에 대하여 논하기를, 사람의 식견만으로 정확하게 예측할 수는 없겠지만, 독립을 잃는 우환은 진정 없을 것인가, 지금과 같은 추세로 계속 진보해 가면 반드시 문명성대한 국가가 될 수 있는 것인가라는 의견이 있다고 한다"며, "이런 이야기들은 분명 우리 일본이 독립을 지킬 수 있을지에 대해 의심하기 때문이다. 왜냐하면 의심이 없다면 그러한 얘기가 나오지 않았을 것이기에"[37]라고 시작하는 후쿠자와의 「학자의 직분을 논함」은 서구열강에 대한 '일본국'의 독립이라는 대명제에 '학자'가 독립된 '직분'을 갖는 것이 얼마나 중요한지를 강조하는 것이다. "일국 전체를 다스림은 인민과 정부가 양립하여 서로 협조할 때에야 비로소 성공할 수 있다. 우리는 국민의 본분을 다하고 정부는 정부의 본분을 다하여 서로 도움으로써 나라 전체의 독립을 유지해야 한다"[38]라고 '정부', '인민' 양측의 협조에 의한 '일국전체의 독립'을 말하는 후쿠자와의 논의는, "세상의 문명발전은 단지 정부의 힘에만 의지해서는 안 된다"[39]라고 하여 민간의 독립영역으로서의 '학자'의 중요성을 강조하는 점이 특색이다.

> 백번의 말보다 한 번의 실례를 드는 것이 더 중요할 것이다. 사립(私立)의 예를 하나 들어 보자. 인간의 사업은 단지 정부에게만 맡겨진 것이 아니다. 학자는 학자로서, 조닌은 조닌으로서 사립의 입장에서 일해야 한다. 정부도 일본의 정부이고 인민도 일본의 인민이다. 인민에게 정부를 두려워하지 말고 가까이 하여 의심하지 말고 친근하게 여겨야한다는 취지를 알리면, 인민들이 나아갈 방향을 확실히 알게 되고, 일본고유의 상하를 중시하는 기풍도 점차 없어져 비로소 올바른 일본 국민으로 태어나게 된다. 그러면 국민은 정부의 노리갯감이 아니라 정부에게 자극을 주게 되고, 학술이하 삼자도 제자리로 돌아

にして」,『季刊日本思想史』第26号, ぺりかん社 ; 高坂正顕,『明治思想史』,『高坂正顕著作集』第七巻, 理想社, 1969 참조.

37)『福沢諭吉全集』第三巻, 岩波書店, 1959, 48쪽.

38) 위의 책, 49쪽.

39) 위의 책, 51쪽.

가 국민의 힘과 정부의 힘이 서로 균형을 이루어 국가의 독립을 유지할 수 있게 된다.[40]

후쿠자와는, "정부는 여전히 전제적이고 인민은 여전히 무기력하고 어리석을 뿐"이라 탄식하고 "인민의 기풍을 쇄신하여 문명을 발전시키기 위해서는 양학자들에게도 의지할 수 없다"[41]고 단정하였다. 정부로부터 독립한 "학자의 직분"을 명확하게 하고 그 "외부로부터의 자극"이란 역할을 완수함으로써 구 바쿠후 이래 침체된 '기풍'이 쇄신되고 진정한 '국민'화, 문명국화가 달성된다고 제언한 것이다.

이 제언에 대하여, 그가 "세상의 명망 있는 대가선생", "양학자들"이라는 말로 야유적으로 비판한 이른바 '관'에 친근한 동인들로부터 일제히 반론이 쏟아진 것은 당연한 일이었다. 반론은 특정한 문맥에서만 나타났는데, 즉각적으로 반론한 가토 히로유키(加藤弘之, 1836~1916)는 다음과 같이 말한다.

> 나는 내양외자(內養外刺) 모두 중요하며 그 가운데서도 지금과 같은 때에 내양은 더욱 간요하리라고 생각한다. 그런고로 양학자가 그 뜻하는 바에 따라 종사하는 것도 꼭 불가한 것은 아닐 것이다. 선생의 논리는 리버럴하다. 리버럴한 것이 꼭 불가한 것은 아니다. 근대 유럽 각국에서 세상의 도의가 향상된 데는 리버럴의 공이 가장 크다. 그렇지만 리버럴의 논리가 지나치면 국권(國權)은 결국 쇠약해지고, 국권이 쇠약해지면 마침내 국가 또한 결코 설 수 없다(「후쿠자와선생의 논문에 답함」).[42]

가토는 일단 "내양외자 모두 중요"하다며 논의의 전제는 인정하면서도, 후쿠자와가 말하는 대로 민간으로부터의 '외자'에 역점을 두는 것은 "내양을 가

---

40) 위의 책, 53~54쪽.

41) 위의 책, 49~52쪽.

42) 『明治文化全集5 雑誌編』, 日本評論社, 1955, 58쪽.

벼이 여기고 외자를 중히 여기"는 '리버럴'에 지나지 않는다고 한다. 그는 "국무와 민사 모두 간요하므로 양학자는 그 배움에 따라 관무에 종사하기도 하고 혹은 사업에 종사하기도 하여 치우치지 않아야 할 것이다"[43]라며 '국권'편에 서서 온당한, 그러나 후쿠자와의 문제제기에는 어긋나는 반론을 발표한 것이다. 가토의 반론의 체재, 즉 '내양 · 외자' 모두 중요하지만 논의가 한쪽으로 치우쳐서는 안 된다는 논조에 기대어 학자가 벼슬길에 나아가는 정당성을 주장하는 것은 다른 논자에게도 공통되었다.

예를 들어 모리 아리노리(森有礼, 1847~1889)도 후쿠자와가 처음부터 정부와 인민을 대립의 관계로 도식적으로 배치한 것부터 오류라며, "관리도 국민이고 귀족도 국민이며 평민도 국민이다. 일본의 호적에 속한 자는 한 사람도 우리 국민의 이름에서 벗어날 수 없다", '관'도 '사'도 마찬가지로 '민'인 이상, "만약 관에서 수행하는 직무의 공익(公益)이 민간 수행 사업의 사익(私益)에 미치지 못한다고 한다면, 학자는 모두 관직을 버리고 학자가 아닌 이들에게 정부를 맡겨야만 비로소 이롭게 된다고 것과 마찬가지이다"[44](「학자직분론의 평」)라고 극단적인 논리로 가토와 비슷한 반론을 하였다. 또 쓰다 마미치(津田真道, 1829~1903)도 "국가를 사람의 몸에 비유할 수 있다. 정부는 알맹이와 같고 인민은 껍데기와 같다고 말하는 것은 비유가 잘못된 것이다"고 하여, 후쿠자와가 말하는 '국가', '인민'의 신체적 비유표현에 이의를 제기하는 형태로, "관에 있던 사립에 있던 상관없이 각기 지위에 따라 그 사람이 힘을 다할 수 있어야 한다"[45]라고 온화한 관점에서 반론(「학자직분론의 평」)을 했다. 이상, 방법은 제각각이나 3자의 반론 요지가 '관사' 협조라는 명분, 현실론을 기반으로 학자가 관직에 나아가는 것의 정당성을, 자기 변호하듯이 논한 데 있는 것은 틀림없다.

이에 비하여 '관사' 협조라는 명분에서 '관학'의 의의를 주창한 것은 세 사람

43) 위의 책, 58쪽.

44) 위의 책, 59쪽.

45) 위의 책, 59~60쪽.

과 일치하지만, 다른 시각에서 반론을 한 사람이 니시 아마네(1829~1897)였다.

니시 아마네는 철학자답게 여섯 조항에 걸쳐 논리적인 반론을 전개하였다(「비학자직분론」). 그것은 결론적으로는 "사람들은 모두 장점이 다르고 또한 그 뜻하는 바도 다르니 똑같이 양학자라 하더라도 혹은 정부 안에서 일을 하거나 혹은 사립하여 일을 하니, 둘 다 안 될 바 없다"[46]라고 중용을 취하는 것으로 다른 논자들과 결론을 같이하였지만, 논증과정에서 독자적인 '지'에 관해 사상사적으로 총괄하는데 있어서는 다분히 후쿠자와의 논의와 공명한다. 여섯 조항의 개요는 다음과 같다.

우선 제1조는 후쿠자와가 "개괄의 의미에서 취"했을 '기풍'이라는 비유는 "하나도 사실에 기본한 것이 아니다"라는 것으로 후쿠자와 문명론에 보이는 비평용어의 타당성에 관한 비판이다. 니시는 후쿠자와의 '기풍'론을 "치지학(致知學)에 있어 궤변에 속하지 않겠는가"라 평한다. 제2조는 "전제정부, 무기력한 우민"이라고 하는 후쿠자와의 현상인식을 향하는 것으로, 그러한 현실에는 동의한 위에 "이러한 연유가 일조일석에 비롯된 것이 아니라면, 이를 개선하고자 해도 하루아침에는 불가능할 것이다"[47]라며 점진적 개혁을 주창한다.

제3조, 제4조는 '학문' 자체에 대한 논의로, '학술', '상업', '법률' 세 가지가 동반되지 않으면 '나라의 독립'은 바랄 수 없고, 그를 위해서는 '학문'의 자립이 중요하다는 후쿠자와의 의견을 확인하면서도 다음과 같이 현실론적 점진주의에서 반론을 한다. "소위 학술이라는 것은 7, 8년 전까지 사서오경의 범위를 벗어나지 않았다. 그 사자육경조차 단지 노리개일 뿐이었다. 이를 낮추면 다도나 꽃꽂이에 비견되고, 이를 높이 여겨도 궁마검창(弓馬劍槍)과 백중할 정도일 뿐이었다. 그러니 지금 갑자기 서구의 학술과 앞 다투어 서로 경쟁하고자 하여도 또한 어렵지 않겠는가. 내가 생각건대 소위 서양 학술을 배웠다

46) 위의 책, 61쪽.

47) 위의 책, 60쪽.

는 세상의 대가선생이라 일컫는 자도 아직 학문의 심오한 이치를 다했다고 말할 수 없다. 따라서 지금 해야 하는 것은 어떤 학문이라도 적어도 발을 들여놓는 것이다. 소위 학문의 자립은 한동안 후손을 기다려야 한다."[48] 그리고 학도가 '관직'을 지향하는 것도, "구 바쿠후 중엽 독서인을 보고 미치광이라 하였다. 독서인 또한 스스로 만족하여 세상일을 모르고, 정치에 관한 발언을 하지 않았다. 세상일을 관리하는 자는 왕왕 도필리(刀筆吏)에서 나왔으나 지금은 서생출신이다. 이를 폐풍이라 하여도 지난날에 견주면 세상의 기운이 조금씩 나아가는 것과 같다"[49]고, 과거와 대비하여 문제가 있다 하더라도 '서생'이 정사(政事)의 담당자가 된 것은 하나의 진보라고 니시는 반론하는 것이다.

이하 '외자내양'에 대해서는 다른 논자와 마찬가지로 "[……] 만약 외부의 충격이 과격하면 생력원기의 근본부터 쇠약해져 오히려 합병증을 두려워하게 된다"[50]라며, 민간의 '충격'이 과격해져 붕당화(朋黨化)하는 것을 두려워하여 온화하게 전개되어야 한다고 주장한다. 최종적으로 "혹은 정부안에서 일을 하거나 혹은 사립하여 일하니, 둘 다 안 될 바 없다"고 니시는 결론을 맺는 것이다.

이러한 결론만 본다면 니시는 반론을 제기한 다른 논자와 같은 입장이지만, 논증과정에서도 알 수 있듯이 '학문'관에 대해서는 실은 후쿠자와의 입장에 가까우며, 논의의 전제를 대부분 공유하고 있다고 할 수 있다. 니시 또한 나름대로 후쿠자와의 제의를 받아들이고 반론하는 가운데 그 자신의 논리학에 기반하여 관심의 소재를 밝힌 것이다. 그것은 단적으로 말하면 '지식인'의 자립이 갖는 사회적 의미에 대한 역사학적 관심이며 '지'의 영역에 관한 논리학적 관심이었다.

어찌됐든 이상의 개관과 같이 '논쟁'은 오로지 '관'인가 '사'인가의 선택을

48) 위의 책, 60쪽.

49) 위의 책, 61쪽.

50) 위의 책, 61쪽.

둘러싸고 소모적이고, 비생산적인 방향으로 나아갔지만, 원래 후쿠자와의 논점은 근대적인 '학자의 직분'을 과거의 전통이나 침체된 현실에서 벗어나 어떻게 자신의 문제로서 의식화할지에 있었다. '사학(私學)'의 강조는 그 수단 및 결과로서 필연적이었다. 원래부터 '관민'의 협조 자체에는 후쿠자와도 아무런 이의가 없었으며, '관'의 바깥으로 나옴으로써 비로소 달성되는 '지'의 자립이 주장의 핵심이었던 것이다. '국민기풍'을 구성하는 지적정신이 사회내에 신체화하는 것이야 말로 후쿠자와가 주제로 삼은 것이며 그 주지는 『학자안심론(學者安心論)』(1876)이나 『학문의 독립』(1883)에서도 일관되었다.

> 나라의 문명은, 정부로부터 일어나는 것도 아니고 인민들로부터 나와서도 안 된다. 반드시 그 중간에서 일어나 서민들이 나아갈 바를 제시하고 정부와 어깨를 나란히 해야만 비로소 성공을 기대할 수 있다. 서양 제국의 사료를 살펴보니 상공업의 길은 정부가 만들어낸 것이 아니다. 그것은 다 중등의 지위에 속한 학자들의 고심과 노력에 의해 이루어졌을 뿐이다(『학문의 권장』).[51]

후쿠자와의 문명론의 성격은 이른바 사회적 중간층에 자립정신의 구현과 정착('지식인'의 영역)을 통하여, '관', '민' 양측의 다이나미즘에 의한 진정한 '국민'화를 말하는 점에서 드러난다. 니시가 비논리적인 용어라 비판한 '기풍'개념(『문명론의 개략』)도 그와 관련하여 이해해야 할 것이다.

니시가 반론에서 언급한 에도기 유자의 존재양식에 대해서도 후쿠자와는 반대의 의미로 "도쿠가와의 유신(儒臣) 하야시 다이가쿠가시라(林大學頭)는 대대로 다이가쿠가시라였으며, 신분은 로주(老中), 와카도시요리(若年寄)의 다음으로 하타모토(旗本)보다 위이긴 하나 도쿠가와 시정(施政)에는 조금도 권력을 갖지 못했다. (……) 그러한 까닭을 무인(武人)의 정부, 문을 가벼이 여기는 폐해라며 탄식하는 사람도 있겠지만 우리의 소견은 정반대이다. 정부가 문무

51) 『福沢諭吉全集』第三巻, 39쪽.

상관없이, 자제의 교육을 담당하는 학자들로 하여금 정사에 참여하게 하는 것을 나라의 해악으로 여기니, 도쿠가와의 제도관행이야말로 적확하였다고 믿는다"[52](『학문의 독립』)며 평생 철저하게 도쿠가와의 유교풍토를 구제도로서 비판했던 자신의 입장과는 다르게 도쿠가와 제도의 타당성을 말하지만, 이 역시 '학문', '지'의 독자적인 영역화 없이 '지식인'의 자립은 있을 수 없음을 강조하기 위한 인용이었다. 논의의 요지는 바로 '학자의 직분', '학문'이 다른 것으로부터 독립한 의의, 그리고 그것의 사회내적 구현을 말하는 것이다.

> 학자의 영역을 살펴보면, 학교교수, 독서저술, 신문, 변론연설의 일 등이다. 이들 영역에서 공을 세워 일반이 번영하게 되면 이를 문명의 진보라 한다. 한 나라의 문명은 정부의 정치와 인민의 정치, 양쪽의 좋은 점을 취해 서로 도와야만 발전할 수 있다(『학자안심론』).[53]

> 그러므로 지금과 같은 때에는 학자는 구구한 정부의 정치를 도외시하고 정부는 자질구레한 학자의 논의를 도외시하여, 서로 여지를 허락하여 각기 기능을 잘 하게끔 하고, 멀리 볼 때 기쁨과 걱정하는 바를 함께하여 간접적으로 상조한다면, 민권 역시 구하지 않아도 일어나고 정체(政體) 또한 기대하지 않고도 이루어지니, 부지불식간에 개진(改進)의 요소가 발달하여 쌍방 모두 원하는 대로 목적에 이를 수 있다(『학자안심론』).[54]

이리하여 '관'인가, '사'인가의 문제로 뜻하지 않게 '논쟁'이 왜소화한 탓에 놓쳐버린 후쿠자와의 논점이었던 '학자의 영역'에 대한 시점이, 니시의 반론에서는 입장을 달리하지만 그 기반은 공유되었던 것이다. 다만 다음 장에서 상술하듯이 그것은 니시 자신의 관심에 따라 '치지학'의 입장에서 근대적인 '지'의 영역을 논리화하려는 입장에서 제기된 것이며, 후쿠자와가 구상하는

52) 『福沢諭吉全集』 第五巻, 372쪽.

53) 『福沢諭吉全集』 第四巻, 218쪽.

54) 위의 책, 229쪽.

'지식인' 계층의 사회적 기능이라는 문제와 관련된 것은 아니었다.

5. 니시 아마네의 '지설(知說)'과 계몽지(啓蒙知)

니시 아마네는 『메이로쿠잡지』 제14호부터 25호까지 부정기적으로 「지설」이란 논문을 연재하였다. 그것은 일본에서의 '근대지'의 출발점을 그 외곽으로부터 밝힌 것으로, '철학'을 비롯한 많은 근대학술용어의 번역자로 알려진 니시 아마네에게 어울리는 것이다. 첫머리에 "지(智)는 사람의 마음의 본질의 일부로, 의(意)와 정(情)이 따른다. 그 위치와 위세는 가장 높고 강하다"고 '지·의·정'의 유학풍의 정의를 시작으로 '지'의 우위를 말하는 니시의 논의는, 그렇지만 유교에서 말하는 것과는 다른 차원에서의 객관성을 '지'에 부여하는 것으로, 새로운 가치를 말하고자 하였다.

> 지가 본래 자기의 적으로 여겨 평생 싸워 멈추지 않은 것을 이름하여 리(理)라 한다. 그 전쟁을 학(學)이라하거나 강구연마(講究錬磨)라고도 한다. 그러한 연유로 지가 리와 싸워 리 하나를 포로로 하여 휘하에 두게 되면, 그 리 또한 지의 관할을 받아 결국에는 지의 쓰임이 된다. 지의 싸움을 학이라 한다. 지의 성보(城堡)를 학술이라 한다. 즉 서적이나 도구이다. 이 모두 리를 포로로 하여 리를 움츠러들게 하여 복종시키려는 도구이다. 마치 병가에서 총포와 전함을 이용하는 것과 마찬가지일 뿐이다(『메이로쿠잡지』 제14호).[55]

'지'와 '리'의 관계를 대립하여 멈추지 않는 전쟁으로 비유하여 나타내고, '지'가 '리'를 "포로로 하여", '리'는 '지'의 "관할을 받아 결국 지의 쓰임이 된다"고 하는 입장은 명쾌한 주지주의적 입장이다. 이 때 '지'란 객관적이며 동시에 중성적으로 조정(措定)되는 것이었다. 말할 것도 없이 이러한 '리'와 '지'의 대

55) 『明治文化全集5 雜誌編』, 123쪽.

립적('전쟁') 관계는 송학뿐 아니라 유교일반에서는 보이지 않는다. 이러한 입장을 토대로 니시에게 다시 한 번 '지식'이라는 개념은 객관적 '지'의 구체로서 일반명사화하여 성립되는 것이다.

> 지가 할거하는 구역을 지식이라 한다. 따라서 지식은 반드시 학술을 무기로 앞세워 백전백승해야만 한다. 그런 까닭에 소위 성인(聖人)에서 어리석은 부부에 이르기까지, 지를 가지면 또한 그 할거하는 땅을 갖게 된다(『메이로쿠잡지』).56)

이처럼 명쾌한 '근대지(近代知)'의 주장으로 시작하는 니시의 「지설」은, 이어서 '지'가 어떻게 하위로 구분될 수 있을까('대지(大知)', '소지(小知)'와 '결구조직[結構組織]의 지'의 구분)(제2회), '결구조직의 지'와 '학술'의 밀접한 관계(제3회), '학술'의 요령이라 할 만한 방법은 '귀납'일 것(제4회), 그러한 방법에 의해 성립한 제학문의 다양한 내용(제5회)까지, 회를 거듭할수록 논리적이 되어 갔다. 조리 있는 개념구성과 단계적인 구분에서 니시가 그리는 '근대지'의 모습이 선명하게 떠오른다. 그 중에서도 '지'의 구분과 거기에서 '학술'이라는 영역의 중요성이 제시되는 '2회', '3회'는 니시의 사고의 틀을 이해하는 데 매우 흥미롭다.

니시는 우선, "지(智)가 발하여 재(材)가 되는 형질을 논할" 때 '지'가 '대지'와 '소지'로 구분된다고 한다. '소지'란 개별의 '지', '대지'란 "그 재능과 지혜를 사용하는 내가 그것에 의지하지 않고 대중의 재능과 지혜에 의지하고, 그 재능의 날카로움을 드러나지 않게 노력하여 대중의 그것과 합하는 일에 힘을 쓰는 것" "대중의 재능을 합하는"57) 것이라고 인재(人才)에 입각한 비유로 양자를 구분하고, 더 나아가 그것과는 한층 다른 '결구조직의 지'가 있음을 말한다. "세상의 문명이 골고루 미치게 되면 그 가운데서 다른 것을 뛰어 넘는 뛰

---

56) 위의 책, 123쪽.

57) 위의 책, 141쪽.

어난 지혜가 나온다. 이를 결구조직의 지라 한다. 결구조직의 지는 대지와 방식이 같지만, 그 기초를 강고하게 하여 기둥을 크게 함으로써 구성되어 경위대소종횡(經緯大小縱橫)으로 이를 조직"[58]하는 것이다. 즉 '소지'를 양적으로 확대하여 조직하여 묶은 '대지'에, 나아가 외부에서 포괄적으로 의미를 부여하는 '지'(결구조직의 지)의 실재이다. 그것은 직물에 비유하면 "소지는 단지 개별의 지로 실과 같다. 대지는 잘 짜인 한필의 천과 같다. 결구조직은 수놓은 비단"[59]과 같은 것으로 간주된다. '소지', '대지'가 이른 바 '지'의 양적확대를 의미한다고 한다면, '결구조직의 지'는 한층 비약하여 질적 확대에 관련하는 것, 외부의 관계세계로부터 '지'에 의미를 부여하는 것이라 할 수 있을 것이다. 니시는 더 나아가 '공업'에 비유하여 다음과 같이 말한다.

> 결구조직의 지는 제작소와 같다. 기계의 설비장치, 일운동 일회전, 물건이 만들어 진다. 톳밥이 쉬지 않고 날려 비가 오는 듯하다. 이것이 결구조직의 지가 앞의 두 개의 지와 차이 나는 이유이다. 그 결구조직의 지에서 출발하여 학술이 되고, 또 출발하여 국가의 치술이 되는 것은 다음 편에서 논하겠다.[60]

이러한 메타적인 '지'가 '결구조직의 지'로서 개별의 '지'를 총괄하는 것으로 적출되어, 그것으로 인해 '학술'이 구성된다는 것, 즉 외부와의 관계성에서 의미가 부여된 '지'와 '학술'과의 상관관계의 성립이 분명해진다. 니시는 다른 것에 의존하지 않는 자립개념으로서의 '지'를 논리적으로 정서(整序)하는 가운데, '학술'이라는 고유영역도 정의한다. 이것은 당연히 '학술'이라는 특권화 된 개별 영역 안에 전문가로서의, 이른바 한정된 '지식인'의 역할과 '학문'영역의 경계를 명시하고자 하는 욕구를 도출하고, 나아가서는 과거의 학문전통(전체적 학문으로서 존재한 유교)을 '학술'내부에 근대적인 시야로 재구성하게 하는 것이

58) 위의 책, 141쪽.

59) 위의 책, 141~142쪽.

60) 위의 책, 142쪽.

었다.

물론 '근대 지식인'의 성립이라는 과제는 일본에만 한정된 것이 아니라 18세기 말부터 19세기에 걸쳐 동아시아 지역에 공통된 과제였다. '서양의 충격'이 직접적인 계기가 되어 긴급하게 '국민국가'화가 이루어지는 가운데 '국가 국민'의 내부로부터 그 내용을 채워야 했고 '근대 지식인' 역시 그러한 사회 내 역할을 얻어 새롭게 의미를 획득했던 것이다. 중국의 '근대 지식인' 성립 문제에 관하여, 야마구치 히사카즈(山口久和)는 청조 이래 '지'가 연속적으로 변용된 계기를 모색하는데, 막스 베버의 논의를 전제로 "중국에 있어서 근대적 학지(學知)의 성립"을 염약거(閻若璩), 장학성(章學誠) 등 청조 지식인의 의식 형태의 변화에서 설명한다.[61] 야마구치는 "'지'를 항상 정치와 윤리의 가치와 맞물려 추구하였던 중국사상사의 특수한 상황에서는 근대적인 학문지가 출현하기 위해서 무엇보다 지적 영위의 철저한 자기 목적화와 모든 가치로부터 지의 자유가 필요했다"는 관점에서, 청조 건가기(乾嘉期, 1736~1820)에 현저해진 "유자(경세가)에서 학자(사적인 지적활동의 실천자)라는 지식인의 의식이 변화한 의의와 사회적 배경"을 "탈정치화"에서 파악하고 그들의 의식형태가 "유자(Confucian)에서 학자(Scholar)로 변모했다"고 설명한다. 그리고 거기에서 "탈정치적 · 탈윤리적"인 '근대지'가 발생했다고 한다.[62]

---

61) 山口久和, 「中国における近代的学問知の成立－閻若璩と章学誠を事例として」, 『日本中国学会報』 第五〇集, 1998. 동 논문 및 이에 선행하는 저서 『章学誠の知識論』에서 유익한 시사를 얻었다. 단 야마구치가 '지식인의 의식형태'를 청조부터의 '연속적' 변용에서 찾으려는 시각 및 거기에 원용된 마루야마 논문에 대한 평가 〈주 26〉이나 저자의 근대주의적 해석은 필자와 다소 입장이 다르다. 본고에서 필자의 입장은 '국민국가'와 병행하여 성립한 '지식인'의 의미를, 말하자면 단면도의 형태로 사상적 연속에 '단면'을 삽입하여 거기에서 지적 편제의 전회를 보고자 하는 것이다.

62) 위의 주에서도 말한 것과 같이 야마구치가 위의 논문 및 『章学誠の知識論』(創文社, 1998) 주 30~31쪽에서, 중국지식인에게 '탈정치' 지향＝의식형태로서의 '유자'에서 '학자'로의 전환을, 마루야마 마사오의 『日本政治思想史研究』에 의거하여 일본의 경우 소라이학파에 내재하는 문제와 비정(比定)하는 것은 수정해야할 것이다. 오히

(……) 정치의 세계에서 사회적 정의의 실현을 지식인의 의무이며 인생의 이상이라 생각하는 유교적 에토스를 가슴에 품으면서도 그런 정치의 현장에 직접 참여 기회를 얻지 못했던 당시 지식인의 의식의 굴절에 주목하고 싶다. 청조 이후 시간이 지남에 따라 증가 일로를 걸은 이들, 탈정치적 지식인의 의식으로부터 장학성과 같이 오로지 지의 존재양식 자체에 관심을 보이는 근대적 의미에서의 학자(scholar)가 탄생하게된 것이다.

(……) 여기에서(장학성의 논의를 가리킴=필자주) 지라는 것을 인간적 지혜(Wisdom)라기보다 오히려 사물의 지식(Knowledge)으로 보려는 자세를 명료하게 알아챌 수 있을 것이다. 일상적인 이해(利害)와 관심으로부터 일정 거리를 확보한 중립적인 지식이 지의 전경(前景)으로 밀려 나왔다는 것이리라.

여기서 말하는 '근대 지식인'이란 말할 것도 없이 근대 '계몽지식인'이다. 의식이 "탈정치화, 탈윤리화"된 '지식인'들은 아무런 전제조건 없이 실재(實在)가 상정되는 '진리'의 충실한 탐구자로서 사회 내 의미를 획득하고, '지' 외에는 어디에도 속박되지 않는 전문가로서 대중의 "몽매를 일깨우는" 존재가 된 것이다. 니시가 「지설」에서 말하는 '지'의 외곽 역시 그런 것이었다. 니시가 일종의 싸움으로 비유한 '리'와 '지'의 상극적 관계도 예전의 유교적 상관에서가 아니라, 객관적인 '사항의 지식' 획득과 관련되어 발생하는 것이었다.

그런데 이러한 '진리'와 '계몽지식인'의 존재양식을 탁월한 비유로 제시한 이가, 야마구치도 인용한 막스 베버였다. 그는 『직업으로서의 학문』에서 플라톤의 『폴리티아』를 인용하여 다음과 같이 말한다.

예를 들면, 제군들은 저 플라톤의 『폴리티아』 제7권 첫머리의 이상한 비유를 상기하기 바란다. 거기에는 동굴 안에 쇠사슬로 연결된 사람들의 이야기가 나온다. 그들은 그들 앞에 있는 벽을 향해 있고, 그들의 뒤에서는 불빛이 비치

려 시기적으로 나중에, 예를 들면 가이도쿠도(懷德堂)의 유자들, 반소라이학의 유자들의 소라이학의 주정적 계승과 함께 발생한 문제로서 생각할 필요가 있을 것이다.

> 고 있다. 그렇지만 그들은 이 빛을 볼 수 없다. 그들은 단지 앞에 있는 벽에 비치는 희미한 그림자만을 상대로 하여, 그들 간의 관계를 해명하려고 고심하고 있다. 이러한 상황은 그들 중 한사람이 자신의 쇠사슬을 끊어 버릴 때까지 계속된다. 그는 쇠사슬을 끊어 버리고 뒤돌아서 빛－태양－을 본다. 눈이 부신 탓에 앞이 깜깜해져 그는 주변을 손으로 더듬게 되고, 무엇을 보았는지를 더듬거리며 말한다. 다른 사람들은 그가 틀렸다고 말한다. 그러나 그는 점차로 빛을 응시할 수 있게 되는데 여기에 그의 사명이 있다. 동굴로 돌아와서 다른 사람들의 눈을 밝은 쪽으로 향하게 하는 것, 그것이 그의 사명이다. 그는 철학자를 가리키며, 태양이란 학문의 진리를 말한다. 이 비유는 학문만이 환상이 아닌 진실한 실재를 파악할 수 있음을 가르쳐 주고 있다.63)

자신과 자기 그림자의 관계를 해명하려고 고심하는 경우－그것은 예를 들면 과거의 텍스트(경서) 안에 이미 정치적·윤리적으로 의미가 부여된 '지' 내부에서의 학문적 고투와 비슷한 것으로 환치하는 것도 가능할 것이다－를 벗어나서, 오직 객관적 '진리'에만 의존하여 '몽매함을 일깨우는' 것에 '지식인'의 사명과 사회에서 차지하는 영역이 있었던 것이다. 그때 오직 "학문만이 환상이 아닌 진실한 실재를 파악할 수 있는 것"이라고 하여 근대 특유의 '지'가 특권화 되는 것이다. 덧붙여 여기에서 무전제로 절대시 된 '진리', '진리'성의 근거와 오늘날의 '근대지'의 비판에서 드러나는 문제야말로 중요하며, 그것을 재검토함으로써 '근대지'의 폐역성(閉域性)이 노출되리라고 생각하는데, 여기서는 논의를 미뤄 두겠다. 지금은 '계몽적 지'의 본질이 무엇이었는지, 니시아마네의 「지설」에서 언급된 '지'가 다름 아닌 이러한 계몽적 '지'였다는 것만을 확인해 두고 싶다.

그런데 앞에서도 언급했듯이 동아시아에 있어서 '지식인' 창출 문제를 생각할 때, 일본이 중국, 조선과 명백하게 다른 것은, 애초부터 18세기 일본에는 '독서인'이나 '양반'과 같은 눈에 보이는 형태로서의 '교양적 사회신분'이 존재

---

63) マックス・ウェーバー, 『職業としての学問』, 尾高邦雄訳, 岩波書店, 1980, 36쪽.

하지 않았다는 점이다. 그 때문에 근대 지식인의 성립에서도, 예전의 '예능자(藝能者)'와 같은 '어유자(御儒者)'의 처지(구마자와 반잔의 발언)로부터의 단절의식이 후쿠자와나 니시처럼 그들에게 더욱 강했던 것은 사실이다. 중국이나 조선의 '지식인' 성립에 대한 관심이 가시적인 형태로 사회 내에 일정한 위치를 차지하는 이들 내부의 새로운 '지'의 구성이나, 내적 '탈피'의 고투에 집중되는 것에 비해, 일본의 경우 과거를 부정하면서 어떻게 새로운 지식 '계층'이 출현할 수 있었는가에 관심이 기우는 것도 이유가 있다. 중국 '독서인'이 '근대 지식인'으로 탈피해갈 즈음에 화이질서 사상의 질곡으로부터 쉽게 벗어나지 못하고 근대 문명론적 자기인식으로의 사상적 전회에 고심했듯이(사토 신이치), '근대 지식인'으로 탈피하는 데 무엇이 '걸림돌'이었는지는 각 지역 고유의 역사적 조건에 규정되는 부분이 크다. 일본의 경우에도 '지식인'의 발생이 오늘날 상상하는 것처럼 수월하게 진행되지는 않았음은 앞에서 살펴본 「학자직분논쟁」의 경위에서도 분명하다. 그때 '관 · 사' 어느 쪽에 서야 할지에 논쟁이 집중되고, 공감되지 못한 채 일본에서 '근대 지식인'이 성립한 것은 그야말로 일본의 개별적 문제가 반영된 것이라고 볼 수 있을 것이다. 그러나 동시에 거기에는 과거와의 단절 선언과 함께, '절단'이 필연적으로 수반하는 과거의 재구성이 있으며, 그 결과 절단면으로 표면화한 부분과, 절단으로 인해 내부에 잠재해 보이지 않게 된 부분이 당연히 존재할 터이다. 그리고 이는 '국민국가' 창출에 즈음하여 동아시아에 공통된 문제였을 것이다.

지금까지 근대 일본 '지식인'을 논할 때 서양 근대 지식인을 일종의 모델로 하여 종종 모델과의 거리로부터 문제점과 결함이 지적된 결과, 근대 특유의 사회 내 존재였던 '지식인' 자체의 역사성에 관한 물음은 뒷전으로 물러나고, 대부분 역사적 개별성의 '편향'으로 문제가 환원되었다. 혹은 우리가 '일본적 근대화(의 당부당)'라는 틀에 적지 않게 규정되어 온 결과, 다른 아시아 사회와의 이질성만이 강조된 측면도 간과할 수 없다. 그러한 경험에 비추어 지금 새로운 '지식인'론을 전개하는데 필요한 것은 '지식인'이라는 사회 내 존재의 사상사적 의미를, '국민국가'론의 시각에서 역사성을 파악하고 그 '성립' 장면의 지적 편제의 변용 자체를 동아시아 전체의 사상세계 안에서 밝히는 것이다. 또 '국민국가' 창출이라는 19세기 동아시아의 공통경험에 임하여, 개개의 지역에서 과거의 절단과 내부에서의 재편성을 수반하면서 '근대 지식인'이 어떻게 성립했는가라는 관점에서 분석할 필요가 있다. 개별 요소에 대한 언급은 그러한 문제 구성안에서 비로소 의미를 갖게 되는 것이다.

요약하여 말하자면 다음과 같이 정리할 수 있을 것이다. 근대 '지식인'은 어떻게 하여 성립했는가, 그때 재구성된 유교적 교양은 어떻게 기능했는가, 또 동아시아 지역에서 '국민'의 형상화에 유교 표상은 어떻게 기능했는가라는 것이다.

이렇게 문제를 설정할 때 18세기 후기 동아시아의 공통 언어였던 유교가 개개의 장면에서 어떻게 재정리되고, 회고되었는가가 중요한 실마리가 될 것이다. '중국 근대 지식인'의 발생을 논한 야마구치 히사카즈가 "탈정치적 · 탈윤리적인 지 — 베버식으로 표현하자면 가치판단으로부터 자유로운 지 — 에 고유한 가치를 인정하려는 장학성의 자세는 그가 송대 이후의 사상사에 대해 독자적인 관점을 갖게 하였다"고 평가한 것은, 18세기 후반부터 19세기에 걸쳐 동아시아에 공통적으로 보이는 현상이다. 이에 대한 검증은 '국민'형상화의 성립이라는 관점에서도 중요한 과제가 되는 것이다.

6. '지'의 영역화, 에도 유교사의 재구성

'지'의 혁신에 있어서 '학술'이라는 영역을 재정의한 니시 아마네는 동시에 구래의 사상인 유교에 관해서도 많은 이야기를 한다. 그것은 과거와의 절단에 있어서 자신의 철학적 입장을 선언함과 동시에, 자신에게 체내화된 '유교'를 새로운 장면에서 재구성하는 것이었다. 그 양상은 '근대 지'의 서열적 전개를 자세히 서술한 『백학연환』의 「총론」에 선명하게 나타나고 있다. '지'를 세분화하고 '학술' 개념을 '결구조직의 지'로 정의한 니시는 '학문'을 논하면서 '학역(學域)'이라는 구분이 있음을 말한다.

> 무릇 학문에는 학역이라는 것이 있다. 지리학은 지리학의 영역이 있고 정사학(政事學)에는 정사학의 영역이 있어, 그 경계(經界)를 넘어 이와 저가 뒤섞이 일 없이, 각각의 학문의 경계를 식찰(識察)하여 올바르게 구별해야 한다. (……)[64]

여기서 스스로 "한학에서 경학가, 역사가 및 문장가 등의 구별이 있다고 하더라도 조금도 학역이라 할 만한 것이 아니다"라고 주를 달았듯이, 니시가 말하는 '학역'이란 '진리'를 탐구하는 가치중립적 학문의 성격상 필연적으로 발생하는 구분을 가리키는 것이며, 구래의 유파(流派) · 유목(類目)을 가리키는 것은 아니었다. 이렇게 '진리'의 탐구는 그에 걸맞은 특정한 방법을 요구하는 것이라 말하는 니시는 "앞에서 말한 대로 진리의 탐구는 문장 및 기계, 설비를 학술의 방책이나 매개로 삼아 도달할 수 있다하더라도, 헛되이 문사(文事)에 빠지면 오히려 진리의 발견에 해가 될 수도 있다"[65]고 서술하여 '학문'으로서의 유교를 방법론에서 '진리' 탐구의 길에 걸맞지 않는 것으로 비판한다.

> 이 밖에 이전의 유자는 오직 헛되이 서적상의 이론을 말할 뿐이었고, 게다가 진리에 대하여 말하는 것이 적었다. 소장공(蘇長公) 및 주무숙(周茂叔)과 같은 이는 전적으로 불교로, 선(禪)의 어록(語錄)과 같은 사상표현을 중시하는 학파가 되었다. 정자(程子)와 같은 이에 이르러서는 스스로 어록을 많이 지었다. (……) 우리나라에서는 나카에 도주(中江藤樹), 구마자와 반잔(熊沢蕃山), 그 밖에 아라이 하쿠세키(新井白石), 가이바라 에키켄(貝原益軒)과 같은 이들은

---

64) 『明治文学全集 3 明治啓蒙思想集』, 筑摩書房, 1967, 46쪽.

65) 위의 책, 52쪽.

> 그 파가 되었다. 또 오규 소라이(荻生徂徠), 이토 도가이(伊藤東厓), 무로 규소(室鳩巣)와 같은 이는 학파를 달리하여 문장을 중시하였다. 그 뒤의 삼조선생(고가 세이리(古賀精理), 비토 지슈(尾藤二洲), 시바노 리쓰잔(柴野栗山)의 세 사람=필자주) 및 산요(山陽)선생 같은 이는 진리와 문장을 같이 중시했던 학문이라 할 것이다. 그렇지만 여전히 쓸모없는 학자의 경계는 벗어나지 못하였다. (……)66)
>
> 무릇 학문의 방법에는 연역 및 귀납 2가지가 있다. 예전에는 모두 연역법이었던 탓에 앞에서도 말한 대로, 오로지 하나에만 의거하여 거기에서 만사를 착수하게 된다. 때문에 결국 그 틀을 벗어나 탁연(卓然)하지 못하고 대개 고루하고 완우(頑愚)함에 빠지게 되는 것이다. 이는 즉 실질적인 지가 되지 못하고, 단지 서적에만 의지하는 학문이 되어, 자신이 능히 서적을 부리지 못하고 오히려 그 노예가 되어 사역하게 된다. (……)67)

여기서는 '진리'를 탐구해야할 '학술'로서의 방법적 성격이 전적으로 문제시 된다. 유교는 "헛된 서적상의 이론일 뿐"이고 "단지 서적에만 의지하는 학문"이며, 전통적으로 '연역'만을 중요시하여 '진리'와 싸우는 방법을 결여한 것으로서 부정적으로 회고된다. 그리고 그 위에 비판되어야 할 유교의 내용과 교의가 근대 '학술'의 구도 안에 재편성되고 학적체계 안에 자리매김 된다.

니시 아마네의 『백일신론(百日新論)』은 다양한 가르침의 최종적 합일, 즉 '백교일치'를 주장하는 저서이다. "(……) 정교(政教)는 원래 다른 것이지만 아무래도 공자의 길이 유자의 길이라는 관점에서는 그것이 아직 확실하지 않기에"68)라고 유교의 전통적 교의를 평가하는 것도, '근대지'의 체계, 독자영역으로서의 '학술'의 영역 안에 유교를 재배치하는 위에서 내린 평가였다. 니시는 유교의 교의에서 송학적 '인성'론을 배제하고 "유교 본래의" 정치학에 회귀한다는 명목으로 '학술'안에 유교를 재배치하였다. 그에 따라 에도기 유교사도

66) 위의 책, 52~53쪽.

67) 위의 책, 53~54쪽.

68) 위의 책, 5쪽.

구성되는 것이다.

> 그런데 공자는 예의 달인이었던 까닭에, 어떤 나라에 이르러 그 정치에 대해 묻는 이가 있으면 항상 상담을 해주셨으며, 문인을 가르치신 것도 예를 으뜸으로 하신 것으로 보인다. (……) 소라이가 "선왕의 도는 예악뿐이며, 도는 선왕의 도이다"라고 말한 것도 이런 뜻인 것이다. 까닭에 공자를 잘 배우고자 하는 사람은 인의도덕설은 여하튼간에, 대개 역대의 전장(典章), 문물, 제도, 율령을 강구하여 그 이해득실을 알아, 이를 당시의 세상에 두는 것을 학문이라 이해해야 하는 것이다. 그러나 후세의 유자는 이와 같은 것을 일의 끄트머리라 생각하거나 혹은 공리의 학문이라 매도한다. 공명도덕의 강구를 정도(正道)로 하여 논어 등 대수롭지 않은 이야기의 소양서와 같은 말을 공자의 학문이라고 잘못 알고 있다. (……)[69]

> 원래부터 불세출의 총명한 사람인 까닭에 마음을 논하든 성(性)을 논하든, 그 견해가 뛰어났음은 지금도 움직이기 어려운 부분이 있다. 그러나 이것은 공자의 겉으로 내보이는 본업이 아니라 부업이었던 것을 잘 이해하지 않으면, 후세의 유자와 같은 오류가 발생한다. (……)[70]

송학풍의 인의도덕에 걸친 '심 · 성' 논의는 어디까지나 '부업'이며 공자의 '본업'은 천하국가를 다스리는 '예 · 형'의 논의였다고 하는 니시의 해석은 오규 소라이의 논의를 떠올리게 한다. 이렇게 유교사를 재해석하는 니시는 소라이의 의의를 높게 평가한다.[71](“우리나라에서 소라이가 도는 선왕의 도, 선왕의 도는 예악이라 말하고, 진나라 이후의 천하는 법으로써 다스린 까닭에 한비자 등은 꼭 읽어야 한다고 하여 그 해설서를 지었다. 또 명률(明律)의 국자해(國字解) 등을 지어 율학을 열려고 생각한 것 등등 자못 교화와 법의 차이를 안 것이다 [……]”) 니시의 이러한 유교사 재구성, 유교를 향

---

69) 위의 책, 7쪽.

70) 위의 책, 7쪽.

71) 위의 책, 19쪽.

한 시선은 자립영역으로서의 '지', '학술'의 세분 · 한정에서 유래하는 극히 근대적인 시각에서 이루어진 것이며, 니시 자신이 일찍이 소라이학의 세례를 받았던 것을 제외하고 소라이 유학설과의 '직접적인' 인과관계는 없다. 어디까지나 근대적 '학지'의 구도로부터 요청된 유학사의 재구성이라 봐야할 것이다(단, 소라이학 이후 특히 '반소라이학' 이후의 광범한 유학지 변질의 과정에서 무엇이 배태되었는지, 다른 한편 그것을 사상적 바탕으로서 이루어진 '근대 지식인'의 성립이 내포하는 문제는 따로 논의될 필요가 있다). 어찌되었든 니시에게 '근대지'의 성립은 '학술' 개념을 이끌어냈고, 그 과정에서 자신의 지적 이력과 에도기 유교 또한 재편된 것이다. 그리고 '지식인'은 그러한 '학술'안에 전문가로서 자립한 것이다.

이상, 메이로쿠샤 동인들에 의한 '학자직분논쟁'을 계기로 '지식인' 및 '근대계몽지' 성립의 양상을 살펴보았다. '지식인', '지'의 사회 내 자립을 공통과제로 하면서도, 후쿠자와와 니시의 상반된 문제제기는 모두 일본의 '근대 지식인'의 특질을 형성하는 것이었다. 이러한 양측의 사이에서 근대 일본의 지식인이 성립했다고 말할 수 있을지도 모른다. 사상사에서 그러한 현상의 내실을 생각할 때, 예를 들면 후쿠자와 문명론에서 중시된 '지덕(智德)' 개념과 유학지의 관계, 니시가 명확히 행한 근세 유교의 재구성과 '학술' 개념의 상즉(相卽) 관계 등등이, '근대지'란 도대체 어떠한 지적제도였는가라는 문제로서 시야에 들어오는 것이다. 그리고 19세기 일본의 유학지의 변용 · 변질 여하가 다시금 문제가 될 것이다.

3

'균질한 지'와 에도의 유교

1. 유교와 한학

메이지 초기 계몽 지식인들에게 유교·유학은 부정되어야할 대상임과 동시에 근대적 시점에서 재구성되는 대상이었다. 물론 그 당시 모두가 그렇게 명쾌하게 과거를 도려낼 수 있었던 것은 아니었으며, 메이지 초에는 유교를 옹호하는 발언이 있었던 것도 간과할 수 없는 사실이다.

후쿠자와 등 유교비판세력에 대하여 같은 메이로쿠샤 동인 가운데 유교를 옹호했던 이는 나카무라 마사나오(中村正直)였다. 그는 「한학불가폐론(漢學不可廢論)」(『도쿄학사회원잡지[東京學士會院雜誌]』)에서 4장에 걸쳐 유교를 논했는데, 제4장, 「한학의 소양이 있는 자가 양학을 배울 때 드러나는 비상한 효과」에 주안점이 있다.

> 오늘날 서양학을 배우는 생도(生徒)의 무리 가운데 두각을 나타내어 전도 유망한 이들은 모두 한학의 소양이 있다. 한학을 잘하여 시문 또한 능한 이는 영문학에서도 비상하게 진보하여 영문에 능하고 동료를 압도하고 있다.

(……) 이렇게 한학을 바탕으로 한 까닭에 양학을 배울 때에도 뛰어난 성과를 낸다. (……)[1)]

그는 이렇게(유학으로서가 아니라 말 그대로) '한학'이 양학을 배우는 데 중요한 기초가 되는 점에서 옹호한다. 물론 그러한 효용적 측면이 현실적인 지적이라고는 해도 유교옹호론으로서는 힘없는 주장이라 하겠다. 오히려 나는 그가 근거로 든 학문형성의 기반에 대한 설명에 더 관심이 있지만(후술), 어찌됐든 이러한 유교옹호론이 미약하기는 해도 후쿠자와 등의 논의와 동시에 존재했었다는 것과, 또 다른 한편 훗날의 특정한 의식에서 나온 강력한 유교옹호, 정확하게 말하자면 근대 국가에서의 새로운 '근대적 유교' 재구축의 싹도 이미 이 시점에서 발생했음을 미리 지적해 두겠다. 에도기 유자를 '쓸모없는 학자'라 비판한 니시 아마네가 다른 한편 근대국가 교학(教學) 구축의 일환으로 에도기의 유교사를 재구축하고자했던 것은 2장에서 서술한대로지만, 마찬가지로 메이로쿠샤 동인인 니시무라 시케키(西村茂樹) 역시 새로운 국가상에 어울리는 '국민도덕'을 수립하기 위해, 유교와 서학을 기둥으로 하는 '성학(聖學)'을 구상하자고 하였다.[2)](「대학에 성학과를 만들어야 함」, 「일본 도덕론」) 유교가 근대 '국민교학'으로서 재편되고 새로운 의미가 부여된 것은 오히려 메이지 중기 이후로, 모토다 에이부(元田永孚) 등의 논의를 포함하여 별도로 생각할 필요가 있으므로 지금은 더 이상 언급하지 않겠다. 여기서는 메이지 초기 계몽지식인들이 유교비판을 통하여 '지'의 자립을 주장하는 한편, 동인들 내부에도 한편으로는 미약한 형태의 유교 옹호(바로 '한학'으로서의 연명)가 있었고, 더욱 강력하게는 국가 교학으로서의 유교 재건축의 싹이 있었다는 점, 유교라는 학문을 둘러싸고 매우 중층적으로 착종하는 가운데 '근대 지식인'이 성립했다는 것을 확인해 두면 되겠다.

---

1) 『明治文学全集3 明治啓蒙思想集』, 筑摩書房, 1967, 325쪽.

2) 위의 책, 358 · 369쪽.

그런데, 한학의 중요성을 역설하는 나카무라 마사나오의 논의로 다시 돌아가면, "사람들이 드디어 한학을 수양해야 함을 알게 된" 근거로 그는 자기 자신의 소양형성 과정을 다음과 같이 설명하고 있다.

> 유년에 나는 제일 먼저 대학을 배우고, 사서를 떼고 오경에 이르렀다. 때로 당시선(唐詩選)을 겸하여 배우기도 하였다. 구 바쿠후 때부터 소독음미(素讀吟味)라는 것이 시작되어, (……)[「사서소독론(四書素讀ノ論)」, 『도쿄학사회원잡지』][3]

그는 '소독'이 공적 시스템으로써 기능하기 시작한 때 자신의 소양이 형성된 사실을 말하면서, 지금 유교비판을 하는 동인들도 모두 같은 형편이었으리라고 한다.

> 그렇다면 오늘날 정부와 민간의 사이에서 군계일학과 같이 유용한 인물로 추천받는 자는 한학자 아닌 이가 없다고 단언할 수 있다. (……) 원래부터 이런 인물은 이 시기에 갑자기 세상에 출현한 것이 아니고, 분카(文化, 1804~1818)·분세이(文政, 1818~1830)·덴포(天保, 1830~1844) 즈음에 태어나 메이와 (明和, 1764~1772)·안에이(安永, 1772~1781)에 태어난 학자에게 교육을 받은 사람들로, 결코 하루아침에 나타난 것이 아니다. (……)[「고전강습과(古典講習科) 을부(乙部)개설에 관해 느끼는 바 있어 글을 써 생도에게 보임」][4]

이는 쇼헤이코(昌平黌)의 유관(儒官)이기도 했던 나카무라 마사나오만의 특별한 예가 아니라 메이로쿠샤 동인들의 경력을 자세히 살펴보면, 그가 언급한 대로 공통적으로 한코(藩校) 혹은 가쿠몬조(學問所) 등에서 학문적 소양을 길렀음을 알 수 있다. 여기에서 중요한 것은 그가 적절하게 서술했듯이, 메이

---

3) 위의 책, 310쪽.

4) 위의 책, 312~13쪽.

지 초기에 '지식인'으로서 사회적 자립을 달성한 이들 대부분이 예외 없이 "분카 · 분세이 · 덴포 즈음에 태어나, 메이와 · 안에이 경에 태어난" 학자에게 입문했다는 사실이다. 즉 간세이(寛政, 1789~1800) 이후 절충적 유학이 확산되고, 전국적으로 급속히 확대된 공교육(그리고 그 내용과 교법) 안에서 그들의 토대가 양성되었다는 사실이다. 그것은 과연 어떠한 지적체험이자 지적 확산이었을까. 이러한 공통된 소양을 구성하는 지적환경은 총체적으로 어떠한 '지'였을까. 나아가 근대의 '균질한 지'와는 어떻게 연결되는가. 이러한 공통의 지적제도와 함께 구성된 '유학지'의 성격을 규정하되 학파의 색깔에 눈길을 빼앗기지 않고 규정하고, "개개의 텍스트의 표면적인 의도에서 눈을 뗌으로써, 공유된 지적 습관과 집합적 의미"[5](F. 링거)를 적출하는 형태로 평이한 유학교설이 교차하는 속에서 그 특질('균질한 이데올로기 같은 것')을 제시해야 할 것이다.

일찍이 시마다 겐지(島田虔次)는 나카에 조민(中江兆民)의 애용어에 관하여, 『삼취인경론문답(三酔人經綸問答)』 안의 '뇌락(磊落)', '뇌뢰락락'이라는 말의 출전을 현대의 중국 연구자가 인용하는 한유의 시나 『진서(晋書)』가 아니라, 그들이 "자구까지 머릿속에 주입하듯이 읽었을", "한학 서생의 교양의 원천"으로서 『십팔사략』으로 주기(注記)한다고 언급한 적이 있다.[6](「조민의 애용어에 대하여」) 이렇듯 훗날 '지식인'으로 자립하고 국민을 창조해 간 메이지 초기의 사람들에게 연속하는, 그리고 에도 후기 이후 광범위하게 확대된 평이한 '유교적 교양'의 의미를, 교의해석사와는 별도로 비평하여 재검토할 필요가 있다. 또 그런 측면에서 소라이학 이후 '지'의 변용 내용도 다시 논의해야 하며, 그것이 근대 '공공적'인 '지'의 발생에 있어서 어디에서 이어지고 어디에서 '단절'되었는지를 고찰할 필요가 있다. 반소라이학 이후 다양한 유자들의, 이른바

---

5) F. K. リンガー, 『知の歴史社会学』, 筒井清忠訳, 名古屋大学出版会, 1996, 12쪽.

6) 島田虔次, 『隠者の尊重』, 筑摩書房, 1997, 171쪽. 또 근년에 나카에 조민의 '한학'기호가 타고난 자질이 아니라 오히려 프랑스학 수득을 거쳐 나중에 배운 것이라는 지적도 있다(飛鳥井雅道, 『中江兆民』, 吉川弘文館, 1999, 116쪽).

두서없는 저작군에서 '무엇이', '어떻게 이야기 되었는가'보다는 오히려 그러한 제언설이 출판문화와 급격한 지적확산과 함께 어떻게 연쇄적으로 확대되었는지, 그 과정에서 총체로서 구성해 간 일정한 '지적' 습관은 어떠한 것이었는가라는 관점에서 분석이 이루어져야 한다.

2. '소독(素讀)'이라는 습관

현대 일본을 살아가는 우리에게 중국고전어로 쓰인 글을 '읽기'가, 혹은 '한문'을 '읽기'가 대부분 '문화의 번역'에 가까운 작업임은 틀림없다. 그때 이른바 '한문훈독'식으로 '읽을'지, 현대 중국음으로 '읽을'지는 연구자에게 단지 수단이나 방법상의 문제만이 아니다. 그것은 고대부터 중국고전을 독해하여 자기 것으로 만들어 온, 말하자면 혈육화해 온 일본문화로서의 지적전통에 지금 자신이 어떻게 대처하고 동시에 어떻게 '중국'의 이문화성을 의식해야 하는가를 결정해야할 절박한 문제로서 의식되었다. 정도의 차이는 있겠지만 지금도 마찬가지이다. 이에 대하여 중국사가인 오구라 요시히코(小倉芳彦)는 일찍이 "훈독법이 원문에서 벗어난 일본풍으로 전이되었음을 자각하지 못하면 곤란하다. 왜냐하면 일본과 중국의 '문화'적 차이를 잊게 만들기 때문"이라고 하면서 다음과 같이 말했다.

> 그런데 나 자신은, 현재의 중국음으로 읽으라고 말씀하시는 구라이시 다케시로(倉石武四郎) 선생께는 죄송하지만 훈독법으로 한문을 읽는다. 현대 중국음으로 읽고 나서 일본어로 번역하기도 하지만 깔끔한 한문일 때에는 일본어로 바꾸기 위해 가능한 한 먼저 훈독법으로 읽어 본다. 그러나 그런 경우는 되도록 무미건조하게 읽는다. 낭랑하게 읽지 않으려고 한다. 그러면 원문을 국어로 바꿔치기 한 듯한 착각에서 조금이라도 벗어날 수 있는 것처럼 여겨지기 때문이다. 이도저도 아닌 어중간한, 모순된 방법이라고 생각하지만, 이것이 나와 같은 교육을 받아온 세대에게는 최대한의 저항방식일 것이다.[7]

여기에 서술된 오구라의 중국문 '읽기'의 태도는 아마도 일정 세대의 연구자들이 공유할 것이다. 또한 "되도록 무미건조하게 읽는" 것으로써 대상과의 사이에 긴장된 거리 감각을 잃지 않으려고 하는 문제의식은, 오구라의 발언이 이미 30년 가깝게 흐른 현재에도 우리가 공감할 수 있다. 그런데 여기서 오구라가 "무미건조하게 읽는" 것으로 피하려고 하는 '읽기'가 단적으로 말하자면 "낭랑하게" 읽는, 이른 바 '소독'이라는 것은 새삼 말할 필요도 없다. 오구라는 이문화감각의 지속, 혹은 '독서'의 긴장감 지속이라는 점에서 '훈독'을 낭랑하게 읽는 방식의 폐해를 말한 것이다. 그러나 오구라 뿐 아니라 오늘날에도 이른 바 '소독'은 일반적으로 그러한 부정적 이유와 함께 정의되는 경우가 많다. 주변의 사전을 찾아보면, "문장의 의미나 내용을 생각하지 않고 문면만을 읽는 것"(『신자원[新字源]』, 가도가와[角川]), "내용의 이해는 제외하고 고문, 특히 한문의 문자만을 소리를 내어 읽는 것"(『신명해국어사전[新明解国語辞典]』 제4판, 산세이도[三省堂]), "문장의 의의에 대한 이해는 차치하고 우선 문자만을 소리를 내서 읽는 것"(『광사원[広辞苑]』 제4판, 이와나미[岩波])이라는 내용으로, 항상 '내용 · 의의 · 의미의 이해에 관계없이' 음독하는 그 성격으로 인해 오늘날의 '독서'관에서 볼 때 부정적 요소가 많은 것으로 정의된다.

그런데 이렇게 오늘날 전체적으로 부정적 의미와 함께 정의되는 '소독'이 예전에는 교육의 필수 '독서'법으로 여겨졌다는 사실 또한 상식에 속한다. 예를 들면 시대극에서 데라코야(寺子屋)나 한코(藩校)에서의 한 장면처럼 '전통적'인 학습 스타일, 그것도 어딘가 신체적 훈련을 수반한 학습의 태도로 우리의 기억에 남아있다. 동시에 이미 에도시대 소라이파의 유자, 핫토리 난카쿠(服部南郭)가 "아이들을 가르쳐 공부하게 하는데 소독을 잘 하도록 시키는 것은 좋지 않다. 아무런 득도 없고 대부분 지겨운 마음을 들게 한다"[8](『문회잡기[文會雜記]』)고 비평한 것처럼, 때로는 고통을 동반하는 지루하고 강제적인 '독

7) 小倉芳彦, 『古代中国を読む』, 岩波新書, 1974, 19쪽.

8) 湯浅常山, 『文会雑記』(『日本随筆大成』 七巻, 吉川弘文館, 1927, 598쪽).

서' 형식으로도 상기된다. 오늘날 특별한 목적이 있는 예외적인 경우 외에, 일반적으로 대부분의 사전에 제시되듯이 '소독'은 이른바 과거의 유물로 간주된다고 생각해도 괜찮을 것이다. 물론 그렇게 이해해도 과연 우리가 오늘날에 어울리는 새로운 중국 고전문 · 일본 한문의 '독서' 형식을 소독과 별도로 공유하는 것이 있는지는 별개 문제지만……. 여하튼 여기서는 앞서 말한 것처럼 일반적이라 여겨지고, 한편으로는 우리의 기억에 살아있는 것으로서 '소독'의 탄생을 사상사적으로 되돌아보고, 그것이 우리의 '독서' 체험에서 갖는 의미를 생각하려 한다. '소독'이라는 독특한 '독서'형식이 에도기 어떠한 사상사적 문맥에서 일종의 '제도'로서 성립했는가, 그리고 그러한 형식과 병행하여 발생한 대중적인 '독서'가 근대에 연속하는 '교양'의 발생에 어떻게 관여해 갔는가라는 문제이다.

근년 특히 로제 샤르티에(Roger Chartier) 등으로 대표되는 사회사의 영역에서는 '독서'의 성립이라는 주제가 출판 · 유통 등 인쇄문화의 전개와 양상을 격렬하게 변화시킨 것으로서 논의되고 있다. 또 '읽는' 주체의 양태가 '독서' 형식의 역사적 변용(예를 들면 '음독'에서 '묵독'으로, 종교적 독서에서 그 자체로는 의미를 수반하지 않는 '독서'로의 변용 등)과 뗄 수 없는, '지'의 구도의 역사적 변용의 문제로서도 새롭게 논의되고 있다. 샤르티에의 말을 빌리자면, "따라서 중요한 것은 '철학서'의 내용이 아니라 오히려 전혀 새로운 독서의 방식에 있는 것"[9]이라는 문제구성으로 우리에게 '독서'라는 행위 자체의 성립을 다시 생각해 볼 때, 예를 들면 '소독'이라는 특정한 시기에 유의미했던 습관의 성립이나 그것이 담당한 사상사적 의미를, 에도시대 후기부터 근대 초기에 걸친 '지'의 변용, '지'의 새로운 형성이라는 문제로서 고찰해야 한다.

9) ロジェ・シャルチエ, 『読書の文化史ーテクスト・書物・読解』, 福井憲彦訳, 新曜社, 1992, 112쪽.

3. '소독'의 회고

앞 절에서는 오구라의 시사적인 문장을 계기로 오늘날 일반적인 '소독'관을 살펴봤는데, 불과 얼마 전까지 '소독'은 현대에도 유효한 '독서'법이라는 주장이 제기되었던 사실은 간단히 확인할 수 있다. 니시오 미노루(西尾実)는 쇼와(昭和) 초기 '국어교육'에서 '읽기교육'을 강조하는 문맥에서 다음과 같이 '소독'의 의미를 말하고 있다.

> 보통 독서라고 하면 떠올리는 소박한 생각은, 먼저 지적으로 이해한 다음에 정의적(情意的)인 작용이 더해지는 것처럼 여기는 것이다. 그렇지만 좀 더 내용을 자세히 들여다보면 사실은 오히려 그 반대로, 정의적 직관이 선행하고 이것이 기초가 되어 지적 이해에 도달한다. (……) 글에 대한 직관은 읽기에 의해 얻을 수 있다. 그러나 같은 읽기라고 해도 독자의 의향이 전체적 직관을 중시하는 경우와, 부분적 어구 탐색을 목표로 하는 경우는 현저한 차이가 생긴다. 또 그 직관의 의의를 개인적이고 주관적인 것으로 여기는 경우와 보편적이고 객관적인 것으로 보는 경우는 항상 적지 않은 차이가 생긴다. (……) 게다가 이처럼 보편적이고 객관적 의의가 있는 직관을 기르는 것은 반복읽기, 즉 숙독뿐이다. 이 점에서 근세교육에서 행해진 소독이 방법적 측면에서 의의를 갖는다. 지적인 정확도보다 더 깊은 정의적 파악을 위해, 민첩함보다 더 중요한 보편적이고 객관적인 직관을 확립시키기 위해서 소독의 정신을 부활시키는 것이 급선무이다.[10)]

---

10) 『西尾實國語教育全集』第二巻, 教育出版, 1974, 54쪽. 이외에 현대에서의 '소독'의 부활・재생을 논한 것으로 安達忠夫, 『素読のすすめ』, 講談社現代新書, 1986이 있다. 또 최근의 논의 가운데서도 신체적인 '지'의 중요성, 혹은 오늘날에 있어서의 '교양'의 재생과 관련하여 '소독'이나 '훈독(음독)'의 의의를 주장하는 것도 있다(斉藤孝, 『身体感覚を取り戻す』, NHKブックス, 2000 ; 加地伸行, 『「教養」は死んだか』, PHP新書, 2001). 이러한 논의의 소재 또한, 뒤에서 고바야시 히데오나 가라키 준조의 말을 인용하여 서술하듯 일본에 있어서 '근대지'의 성립, '교양'의 성립 양태에 관련하는 것이리라.

이러한 현대의 '소독' 부활론에 대하여, 에도 후기의 '소독'은 『효경』이나 사서오경과 같은 대상이 되는 기본 텍스트가 정립되어 있어야만 가능한 교육법, 독서법이었다는 사실을 감안하면, 요시다 히로시(吉田拡)가 지적하듯이 "새롭게 소독을 살리자는 제창"에는 "그 대상이 되는 원전에 무엇을 요구할 것인가에 문제가 있다"[11]는 것은 당연하다. 다만 니시오의 발언에서 주목하고 싶은 것은 '소독'이라는 '독서'의 형식이 사실은 "보편적이고 객관적인 직관"에 도달한다고 여기는 그의 신념이며, 또한 "다른 것에서 해석하지 않고 읽고 또 읽어내어", "오로지 반복읽기로 숙달되고 체달(體達)해가는 외에 다른 방법은 없다"고 하는 것처럼, 규율=훈련적인 신체적 이해의 방법을 '소독'의 중심적 요소로서 파악하고 있는 점이다. 여기에는 단순한 수단 · 방법을 뛰어넘은 일정한 '독서'사상 같은 것이 있음을 확인할 수 있다.

이러한 신체적인 '독서' 체험='소독'에 대한 향수는 니시오뿐 아니라 메이지기에서 다이쇼기(大正期, 1912~1925)에 걸쳐 면학시대를 보낸 지식인들에게 어느 정도 공유되는 것 같다. 또 '소독'을 그들의 '교양'을 구성한 요건으로서 파악하는 관점이 분명히 존재한다. 예를 들면 고바야시 히데오(小林秀雄)가 「교양이라는 것」이라 제목을 붙인 다나카 미치타로(田中実知太郎)와의 대담 중에, "지금의 교육은 암송시키지 않죠. 사물을 있는 그대로의 모양부터 가르치려고 하지 않지요. (……) (세상은 암송을=필자주) 정말로 어리석은 교육이라 생각하고 있겠지만, 실은 그렇지 않아요" 라면서 "교육의 전통은 우연한 기회에 되살아납니다. 한문이라는 소양이 있기에 (니시 아마네 등의 = 역자) 번역도 괜찮은 것이지요"[12]라고 말할 때, 그에게 '한문' 암송의 기억은 '교양'형성과 직결되고 있다. 이는 특별히 고바야시 히데오에게만 국한되지 않는 동시대인의 일반적인 감각이었다. 자신이 가진 시대정신을 반성하면서, "교양파의 역사

11) 国語学会編, 『国語学大辞典』, 東京堂出版, 1980에서 인용. 또 吉田東朔, 「江戸期の学習方式」, 『日本育英会研究紀要』 第二集, 1964에도 같은 발언이 있다.

12) 『中央公論』 1964년 6월.

적 사회적 규정"을 시도한 평론가인 가라키 준조(唐木順三)는 "메이지유신 전후에 태어나 유년에 사서오경의 소독을 배운" 세대와 자신이 속한 다이쇼 세대와의 교양의 질적 차이를 언급하며, 전자의 교양은 '형식'의 숙달을 동반한 '독서' 체험에 기초한다고 평하고 있다. 그리고 유럽과 마찬가지로 일본에서도 고바야시나 다나카의 예처럼 '형식'의 숙달을 동반하는 신체적 '독서'야말로 교양을 형성한 것임을 말하는 것이다.

> 나는 (……) (스기타 겐파쿠(杉田玄白)나 마에노 료타쿠(前野良沢) 등이 독서하는 모습에서=필자주) 르네상스인의 고전해독 방식을 유추하는데, 고전의 참된 읽기에는 반드시 신체적인 동작이 수반되는 것은 아닐까 생각한다. 그로 인해 우리의 정신이 거꾸로 한정되는 것은 아닐까 생각한다. 사서오경의 목판쇄의 커다란 활자에 주점(朱點)을 찍거나 부채를 들고 읽는 방식, 스승의 목소리를 따라 읽는 소독의 방식에도 동작이 수반되고 있다. 나라조(奈良朝) 이후의 사경(寫經), 유럽 중세에 걸친 고전의 필사, 사원이나 수도원의 불전이나 교전(教典)의 독서법을 상상해 보아도, 그것이 신체적인 행위와 함께 영상(映像)세계를 수반하였다는 것은 짐작할 수 있다. 독서가 묵독, 그것도 개성 없는 활자의 묵독이 되고, 게다가 그 장소가 개인의 서재가 되었을 때, 읽기의 의미가 변질되어버린 게 아닐까. 그리고 우리 다이쇼 때의 교양이 바로 이 변질된 독서 위에 서 있는 것은 아닐까.[13]

가라키가 시사하는 '다이쇼 교양주의'와 메이지기 계몽사상에서의 '교양' 사이의 질적 차이에 관해서는 지금 관여할 생각은 없지만, 인용문에서도 '독서' 체험을 그 형식이나 기법과 연결시켜 시대정신 안에 의미부여한 것을 확인할 수 있다.

이리하여 근대 이후의 지식인에게 '소독'은 자신의 '교양'을 구성한 것으로서, 혹은 그들보다 조금 앞선 메이지기 '교양'세대의 한문적 '교양'을 구성한,

---

13) 唐木順三,『新版 現代史への読み』, 筑摩書房, 1963, 49쪽.

극히 중요한 요건으로서 회고되는 것이다. 그리고 그들이 '독서'라는 행위를 신체적인 규율=훈련(수양)에 동반되었다고 확인하는 것이 중요하며, 그러한 신체적인 기억과 함께 '지'적 구도의 형성을 회고하는 것이다. 이러한 상황을 돌이켜 볼 때 오늘날 우리는 어떠한 시점에서 '소독'이라는 '독서' 형식 자체를 사상사적으로 논의할 수 있을까.

4. '독서'의 성립과 '소독'

이상의 논의를 신선한 각도에서 재론한 이가 마에다 아이(前田愛)이다. 그는 "음독에서 묵독으로"라는 흐름 가운데 "근대 독자의 성립"을 자리매김하고, 근대 이전 혹은 근대 초기의 '독자'상을 '음독'에 의한 공동체에서 발견하려고 했다. 그리고 "바쿠후 말에서 메이지 초년에 걸쳐 유년기를 보낸 사람들", 우에키 에모리(植木枝盛), 고다 로한(幸田露伴), 다오카 레이운(田岡嶺雲)에 이르는 저명한 메이지기 계몽지식인들의 '소독' 체험을 자서전과 연보에서 채집하여 다음과 같이 논한다.

> 한적(漢籍)의 소독은 말의 울림과 리듬을 반복하여 복송하는 조작을 통하여 일상의 언어와는 차원이 다른 정신의 언어—한어의 형식을 어린 영혼에 각인하는 학습과정이다. 의미를 이해하지 못하더라도 문장의 울림과 리듬의 형태는 대부분 생리적으로 체득된다. 좀 더 자라서 배우는 강독(講讀)이나 윤독(輪讀)에 의해 공급되는 지식이 형식을 충족시키는 것이다. 그리고 소독의 훈련을 거쳐 거의 동질적인 문장 감각과 사고형식이 배양된 청년들은 출신지·출신계층의 차이를 넘어 지적 선량(選良)에 속하는 이들만의 연대감을 나눌 수 있게 된다. 게다가 한어의 울림과 리듬에 대한 감수능력의 공유를 전제로, 한시문의 낭송(朗誦)·낭음(朗吟)이라는 행위가, 마치 방언의 사용이 같은 지역에 사는 사람들 사이에 친근감을 강화시키는 것처럼 연대감정을 증폭시키는 작용을 하는 것이다.[14)]

히로타 데루유키(広田照幸)의 『육군 장교의 교육사회사』는 초기 육군 엘리트를 출신지역, 교육환경, 직업적 환경별로 조사하여, 그들이 제국의 육군 엘리트로서 내부적으로 형성되어 간 과정을 방대한 자료를 제시하며 서술한 것이다. 이 책의 예시자료에서 메이지 초기 사관학교 입학자 학력의 주된 공통점이 실은 향리의 한학서당의 '소독' 체험이었다는 것을 알 수 있다.[15] 이 또한 마에다의 지적을 뒷받침한다고 말할 수 있을 것이다. 마에다가 지적한 '소독'='음독'에 의한 공동성의 감각 양성, 근대 일본지식인의 '연대감'의 형성을 요약하자면, "일상의 언어와는 차원이 다른 정신의 언어"를 신체적 규율=훈련을 통해 익히는 작업을 통해 지역성이나 출신계층의 차이를 뛰어 넘은 정신적인 동질성을 확인하는 것이며, 이야말로 베네딕트 앤더슨이 『상상의 공동체』에서 밝힌 바와 같이 "이미지로 마음속에 (공동적으로)상상된 것"으로서의 '국민'적 자기동일성의 확인과 상통한다.[16] 앤더슨은 '국민'의식을 19세기 전후에 상상=창조된 역사적 산물로 파악하고 그 생성에 밀접하게 관여한 것으로서 '국민적 출판어'의 창출과 '국어' 형성을 들고 있는데, 그러한 새로운 언어체험이나 출판문화의 유통이 지금 여기서 화제로 삼는 '독서' 행위의 질이나 형식의 변용과 연동하는 것이었음은 말할 것도 없다.

이런 점을 또 다른 신선한 각도에서 논한 것이 앞에서도 언급한 샤르티에 등 사회사 연구자들이 제기한 '독서'론이었다. 그들에 의해 비로소 "독서라는 습관적 실천" 문제에서 '독서' 형식 자체를 근대 사회에서의 '독서'의 성립과 그것이 일으키는 사상적 문제에 직접 관련된 논점으로 제시되었다. 즉 "16세기에서 18세기에 이르는 앙시앵 레짐의 사회에서 인쇄 문서가 확대되는 유통

---

14) 前田愛, 『近代読者の成立』, 岩波書店(岩波同時代ライブラリー版), 1993, 181쪽(유은경 · 이원희 공역, 『일본 근대 독자의 성립』, 이룸, 2003).

15) 広田照幸, 『陸軍将校の教育社会史』, 世織書房, 1997.

16) ベネディックト・アンダーソン, 『増補 想像の共同体―ナショナリズムの起源と流行』, 白石さや・白石隆訳, NHK出版, 1997(윤형숙 역, 『상상의 공동체』, 나남출판, 2002).

이 얼마나 사회적 결합의 형태를 바꾸고 새로운 사상을 가능케 하여 권력에 대한 관계를 변용시켰는가"[17](『독서의 문화사』)라는 사상적 문제이다. 그야말로 "중요한 것은 '철학서'의 내용이 아니라 전혀 새로운 독서의 방식에 있으며"(위의 책), 새로운 사상이나 사회상의 출현의 문제는 "새로운 독서의 방식"과 함께, 요컨대 "습관적 실천과 표상의 총체에 관련되는 변화"로서 파악해야함을 주장했던 것이다.

그런데 일본에서의 '국민'상 창출을 고찰할 때 나는 '국민'상을 안으로부터 구성해 간 계몽지식인들 내부의 '교양'형성의 문제를 논점의 하나로 상정하고 있는데, 그러한 '교양'형성의 문제 또한 사상의 내용(표상)과 함께 존재하는 '독서의 방식'의 변용에 입각해서 논의해야함은 지금까지 말한 대로이다. 서술한 대로 '소독'이란 행위의 성립·보급은 에도 말기에서 메이지 초기에 걸친 계몽지식인의 인격형성기의 '교양'의 축적과 '균질한 지'의 형성에 밀접하게 관련되기 때문이다. 이렇게 그들에게 한문적인 교양과 더불어 회고되는 신체적 '독서', '소독'이 성립하게 된 경위와 중국고전문 '읽기'가 에도 후기 이후 어떻게 변질되어 왔는지를 사상사적 과제로서 재검토해야 하는 것이다.

5. 제도로서의 '소독'

'소독'이라는 중국고전문의 '읽기'가 확립된 것은 에도기이며 제도로서 정착한 것은 이른바 '간세이 이학의 금(寛政異學の禁)'보다 나중의 일이다. 이 자

---

17) 로제 샤르티에, 앞의 책, 1992, 2쪽. 한편 근세일본사상사 연구에 독서론의 시점을 도입한 최근의 연구로 小林准二, 「近世における知の配分構造」, 『日本史研究』 第四三九号, 1999 ; 横田冬彦, 『日本の歴史16 天下泰平』(특히 第七章, 「開けゆく書物の世界」), 講談社, 2002 ; 辻本雅史·沖田行司編, 『新体系日本史16 教育社会史』(특히 3章 「文字社会の成立と出版メディア」, 5章 「近世民衆の人間形成と文化」), 山川出版社, 2002가 있어 본장의 논의와 상호 보완되는 부분이 있다.

체가 '소독'이라는 '독서'의 '형식'이 유학사상사의 사건과 분리될 수 없다는 것을 보여주지만, 이에 대한 논의는 나중으로 미루고 우선은 에도 후기 일반사회의 '소독' 보급양상부터 보기로 하겠다. 앞에서 마에다 아이의 서술을 인용하여 메이지유신 전후의 지식인들이 대부분 '소독'에 의한 '한학' 수득(修得)을 경험하고 있었다고 말했는데, 그 배경에는 에도 유시마성당(湯島聖堂)과 쇼헤이코(昌平黌)에서 지방의 지식인층에 이르기까지의 광범위한 '소독' 교육의 보급이 있었다.[18] 에도판 과거(科擧)라고도 할 수 있는 '학문음미(學問吟味)', '소독음미(素讀吟味)'에 대해서 이제까지는 히타(日田)의 간기엔(咸宜園)이나 오사카(大坂)의 데키주쿠(適塾) 등의 사숙(私塾)이 달성한 역할에 비해 교육적 효과나 사회내적 의의(바쿠시[幕士]로의 등용에 기여여부 등)를 의문시하는 경향이 컸는데, 요즈음엔 역시 무시할 수 없는 의미가 있었음이 실증적으로 밝혀지고 있다. 그리고 공정(公定)한 것으로서의 교육체계나 정형화 된 시험제도의 성립, 그에 따른 공리적인 학습관에 기초하는 학습열의 발생, 교육의 양적보급이 확인되었다.[19] 그 가운데서도 '학문음미'의 전단계로서 자리매김 된 '소독음미'는 에도 쇼헤이자카 가쿠몬조(昌平坂學問所)뿐 아니라 바쿠후 직할령 안의 가쿠몬조에 이르기까지 공통 기초과목으로서 널리 보급되었다. 비단 바쿠후 내부뿐 아니라 지방의 사숙인 데라코야(寺子屋)에까지 퍼진 것이었다.

---

18) '소독'을 포함하는 에도기의 학습시스템에 관해서는 다케다 간지(武田勘治)가 바쿠후, 각 번에 걸친 상세한 연구를 하였고(『近世日本学習方法の研究』, 講談社, 1969), 본장의 고찰도 다케다 씨의 연구 성과에 힘입은 바가 크다. 또 사상사의 측면에서의 '소독'연구로는 근년, 가이바라 에키켄(貝原益軒)의 설을 축으로 현대의 학습론까지 설명한 辻本雅史, 『「学び」の復権－模倣と習熟』, 角川書店, 1999(이기원 역, 『일본인은 어떻게 공부했을까?』, 지와 사랑, 2009)가 시사하는 바가 크다. 함께 참조하기 바람.

19) 橋本昭彦, 『江戸幕府試験制度史の研究』, 風間書房, 1993 참조. 이 책에는 "소독음미의 교육사적 의의는, 소독음미를 제일의 결절로 삼는 관제의 학습입문의 존재를 널리 알렸을 것이라"는 점에 있다는 것(98쪽), "시험의 체계를 중축으로 각각의 가정, 에도 시중의 스승, 쇼헤이자카 가쿠몬조에서의 과업이 적절하게 짜여 사실상 관제의 학습입문이 확립해 있었던" 사실(113쪽)이 지적되고 있다.

다카이 히로시(高井浩)는 덴포기에 조슈(上州, 지금의 군마현) 기리유(桐生)의 유복한 방직업자의 자제가 어떠한 교육을 받으며 성장해 갔는지를 당시의 서간 등을 기본으로 해서 매우 깊이 있는 연구를 했다(『덴포기 소년소녀의 교양형성과정의 연구』). 그 책에 엿보이는 '소독숙(素讀塾)'의 모습은 당시의 대중적 지식층에 '소독'이 어떻게 의식되고 수용되었는가를 상세하게 전해준다. 게다가 '소독숙'의 교사가 '소독'의 의의를 어떻게 받아들이고 있었는지도 알 수 있다. 기리유의 방직업자, 요시다 기요스케(吉田清助)의 장남 모토지로(元次郎)는 데라코야에 다니면서 다니 바이쇼(谷梅所)라는 재야 교사가 운영하는 '소독숙'에도 들어갔는데 그다지 열의를 보이지 않았다. 그래서 다니 바이쇼가 모토지로에게 보낸 서간 중에 다음과 같은 일절이 보인다.

> 글을 배우는 것은 기능이고 학문은 도(道)이다. 재주와 학문은 천지차이가 있다. 이런 도리를 알고 있다면, 부모로서 아이를 가르칠 때는 글을 배울 때부터 학문의 도를 조금이라도 이해하도록 가르쳐야 하는데도, 세상 사람들 중에 이러한 이치를 아는 이가 적은 까닭에, 글을 배우게는 하더라도 (학문으로 이어지는) 소독을 시키지 않는다. 하물며 그 도리를 이해시키는 일조차 전혀 없는 상황이다.[20]

이는 물론 읽고 쓰기 중심의 공부방과는 다른 '소독숙'의 중요성을 강조하는 것이지만, 이러한 발언으로도 같은 초학자대상의 공부방이긴 하지만 오로지 암송만하는 것처럼 보이기 쉬운 '소독'이 단지 거기에 머무르지 않고 '도' 배우기, 유학입문의 요점이라는 강렬한 자각이 있었다는 것을 알 수 있다. 그리고 같은 책에 자료로 인용되는 당시의 '소독숙'의 텍스트목록이나 명확하고 상세한 학습과정에서 우리들은 '소독'이 쇼헤이코나 바쿠후 직할지의 가쿠몬조뿐 아니라, 시골의 사설 공부방에까지 정통적이고 질서 잡힌 학습과정으로

---

20) 高井浩, 『天保期, 少年少女の教養形成過程の研究』, 河出書房新社, 1991, 132쪽.

서 널리 보급되어 있었다는 것을 알 수 있다.

그런데, 이러한 유학교육의 초등과정으로서 '소독'의 제도화가 조직화된 것은 간세이기 이후 이른바 '반소라이'의 커다란 파도 안에서였다(후술). 즉 "진실로 세상에 풍미(風靡)한다고 할 수 있다", "세상 사람들이 그 설을 즐겨 배우는 것이 진실로 미친 듯 하다"(나바 로도[那波魯堂] 『학문원류[學問源流]』)라고까지 평가된 소라이파가 소라이 사후 도덕설의 부재와 '고문사학(古文辭學)'의 난해함, 더욱이는 문인취미를 지향한다는 '이유'로 거센 비난을 받은 시기였던 것이다. "학문의 준비에 지나지 않는 소독교육은, 학교로서는 부차적인 일에 지나지 않았다. 그것이 점점 중요시되어 학교에서 소위 학문과 대등한 지위를 차지하기 시작한 것은 간세이 무렵이었다. 그것도 제도상 소독을 중심으로 하는 초등교육이 학문을 본령으로 하는 고등교육기관과 나란히 일대 학원을 형성하게 된 것은 안세이 · 분큐(安政 · 文久)기에 들어선 이후였다"[21](이시카와 겐[石川謙]) 그것은 또 당시 바쿠후에 의해 처음으로 실시된 일본판 과거인 '학문음미'에 대응하는 사건이었다(「소독음미」). 초등교육의 '소독'은 일반적으로 사서, 오경, 소학이 대상이었는데, 교학은 물론 '소독'뿐 아니라 '강석(講釋)', '윤강(輪講)'과 함께 삼위일체로 운용되었다. 이러한 수업구성의 내용은 시대적으로 변화하기도 하는데, 여기서 확인해 두고 싶은 점은 이미 교육사에서도 규명된 대로 누구나 배워야 하는 텍스트라는 것이 공인되어 질서 잡힌 학습과정에 독특한 '소독'이라는 '독서'형식이 학적 정통성과 지위를 부여받았다는 것이다.[22] 바쿠후에 의한 '학문음미'의 실제효력이 어떠했는지, 중국의

21) 石川謙, 『学校の発達－特に独川幕府直轄の学校における組織形態の発達』, 岩崎書店, 1953, 163쪽.

22) 武田勘治, 앞의 책, 1969 수록 자료에서 다음 두 가지 사례를 발췌한다. 福井藩, 明道館 「外塾」(藩校입학 전의 학습장), 「教学大意」(독서의 순서) "효경, 사서, 소학, 이상 소독 정숙 후, 몽구(蒙求), 십팔사략, 사기, 한서, 좌전, 외사, 국사략. 이와 같은 책을 대부분 섭렵하게 하는 한편, 천근(淺近)한 문의를 풀어 들려주고, 소학, 몽구 또는 일기고사류를 회독, 윤강하게 할 것. 위의 나머지로 사서오경소독을 마친 이에게는 시작(詩作), 복문(複文)을 배우게 한다(같은 책, 152쪽)." * 備前福山藩, 弘道

과거제도처럼 현실의 지배체제 안에 인적자원으로서 환원되는 시스템이 정비되어 있었는지에 대해서는 의문점이 많다. 하지만 주목할 만한 것은 그 과정에서 구축된 일정한 텍스트와 권위 있는 '읽기'가 에도 바쿠후뿐 아니라 지방 학교나 마을의 사설 공부방에까지 공유된 학습형식, '읽기'로서 확산되고 그것을 통해 이른 바 공통의 '지', '균질한 지'의 지반이 전국적으로 형성되어 갔다는 점이다.

> 구두(句讀)를 배운다는 것은 우리나라에서는 소독을 배우는 것이다. (……) 더욱이 8, 9살 소독을 배우는 단계가 되었을 때 그 부형(父兄)이 원래 학문을 하던 자로 자제에게 소독을 가르친다면 말할 것이 없으나, 그렇지 않고 외부인에게 맡기려고 한다면 가르칠 사람을 잘 선택해야 한다. 이는 적당히는 할 수 없는 일이다. 세상 사람들이 종종 소독의 단계에서는 누구에게 배워도 마찬가지라고 말한다. 선생을 택하려는 마음이 없이 부적절한 사람에게 자제의 교육을 맡겨서는 안 된다. (……) 학문을 하지 않는 사람은 "겨우 사서오경의 소독쯤이야"라고 가벼이 말하지만, 오경은 말할 것도 없이 사서 가운데 하나라도 음과 뜻을 올바르게, 문법에 맞게 읽을 수 있는 이는 많지 않다. 그런 까닭에 어린 시절에 오류투성이의 읽기를 익혀두면 나중에까지 해가 된다. (……)[에무라 홋카이(江村北海), 『수업편(授業編)』 1783][23]

쇼헤이코에서 비롯된 '소독'의 제도화는, "모름지기 사서, 오경에 의거해"야 하고, 또한 "패속비성(敗俗非聖)의 서적, 신기괴이(新奇怪異)한 설을 금하는" 것이며(『쇼헤이지[昌平誌]』 1793), 특히 그것은 앞서 일세를 풍미한 소라이파의 유학

館「教則」.
"구두법은 효경, 사서, 오경에 한하고, 그 서에 따라 많은 것을 탐하지 않고 숙독, 자연스레 입에 배는 것을 필요로 한다. 구두를 마친 생도는 우선 동몽수지(童蒙須知)부터 시작해 소학찬주(小學纂註), 사서장구주주(四書章句朱註)를 위주로 청강, 복강한다. 그리고 나서 황조사략, 십팔사략, 원명사략을 겸하여 배워, 경(經)을 날줄로, 사(史)를 씨줄로 하여 본말경중을 달리하지 않고, 실학을 오로지하여 허문을 누르고(같은 책, 172쪽)"

23) 江村北海, 『授業編』(『日本教育文庫』 八, 1911, 585쪽).

내용을 거부하고 다시금 주자학을 공식화하는 데 목적이 있는 것이다. 그렇지만 소독의 제도화는 그러한 하드웨어 측면뿐 아니라, 구점을 끊는 방법과 오쿠리가나 (送り仮名, 훈독을 위해 한자 옆에 다는 가나=역자) 또한 고정되어 가는(고토점[後藤点]－고토 시잔[後藤芝山]이 붙인 사서오경의 훈점 = 역자), 즉 '읽는 방식'(소프트웨어측면) 역시 공식화된 것이었다. 이런 공식화되고 평준화된 '기법'이 말하자면 교환 가능한 요소가 되어 전국으로 확산되고 공유되는 '독서'체험이 형성, 재생되어가는 것이다. '소독'이라는 '독서'의 성립은 그러한 학습자 개개인의 내면의 제도화를 가져오는 것으로 파악해야 한다. 이렇게 하여 특정한 훈점에 따른 '올바른 읽기'가 중요한 요소로서 인식된 것이다. 그것은 또 "'올바르게 읽기'뿐 아니라 빨리 오래 읽는 힘"[24)]을 추구하는 수련으로서, 그야말로 "국문화 된"(이시카와 겐) 중국고전문을 '우리 것'으로서 만들어 가는, 신체적 규율=훈련적인 체험이었던 것이다. 지금에야 문자 그대로 '한문'이라 부르는데 어울리는 고대중국의 경전은 자신의 '교양'으로서 내면화되어, 바야흐로 바쿠후 말, 메이지기의 청년 지식인에게 "일상의 언어와는 차원이 다른 정신의 언어"(가라키 준조[唐木順三])로서 공유되어 서양의 신학문과 부대끼는 가운데 새로운 의미를 획득해 가게 된 것이다.

6. 소라이학 비판, 반소라이로서 '소독'의 성립

그렇다면 일본에서 '소독'의 기원은 어디에서 찾을 수 있을까? 분명하지는 않다. 헤이안기(平安期, 794~1185) 『학령(學令)』 등에 보이는 '백독(白讀)'이라는 기술(記述)을 기원으로 보는 논의도 있지만,[25)] 적어도 공식화되고 일반화된 것은 지금까지 서술한 것처럼 에도 후기이며, 거기에서 '독서'의 형식이 성립

24) 石川謙, 앞의 책, 1953, 163쪽.

25) 吉田態次, 「和読の起源及び普及」, 『日本教育史学会紀要』 一, 1944.

했다는 사실이 중요하다. 또 그것이 소라이학 비판을 주제로 한 '간세이 이학의 금' 이후의 일이었다는 것도 이미 언급한 대로지만, 기억해야 할 것은 오규 소라이(荻生徂徠)라는 한 사상가가 제시한 혁신적인 '읽기'에 대한 반발과, 이른바 그것에 대한 부정적 계기로서 '읽기'의 평준화라는 측면을 가지고 있었다는 점이다.

소라이가 자신의 학설을 확립하는데 중국 명대의 문인인 이반룡(李攀龍)·왕세정(王世貞)의 학설을 접한 것을, 스스로 "하늘의 총령(寵靈)"이라 일컫고, 본래 문학상의 방법을 전혀 별개의 형태로 경학면에 활용한 것('고문사학')이나, 주자학을 신랄하게 비판하면서 자신의 '고학(古學)'을 전개해 간 것은 익히 알려진 바이다.[26] 그 기점(起點)에는 언어와 '도'의 관계에 대한 소라이의 독자적인 시점이 있다. 소라이는 논쟁적 언어·추상적 언어의 축적으로 시공간이 요원한 상고 삼대의 '선왕의 도'에 도달하려고 하는 것(송학의 방법)에 대해 강한 회의를 품었다.

> 우(宇, 공간)는 마치 주(宙, 시간)와 같고 주는 마치 우와 같다(언어가 다르다는 면에서 보면 공간의 차이와 시간의 차이는 같은 것이다=역자). 따라서 '요즘 말'로 '옛말'을 보고 옛말로 요즘의 말을 본다면, 모두 오랑캐의 말이나 까치가 우는 소리로 밖에 들리지 않는다. 중국의 고대문자(科斗)와 인도의 고대문자(貝多)도 잘 모른다는 점에서는 다름이 없다. 시대는 언어와 함께 변한다. 언어는 그 안에 도를 머물게 하여 변화한다. 도가 분명하지 않은 것은 바로 그러한 까닭이다. 백대나 지난 시대에서 백대 이전의 일을 전하는 것은 마치 월나라의 상(裳)씨가 아홉 번의 통역을 거쳐 주왕과 이야기를 한 것과 같다. 통역을 거듭한 데서 오는 차이는 이루 다 말로 할 수 없을 정도이다(『학칙(學則)』二).[27]

이렇게 '언어'는 항상 제한된 것이며, '도'가 불분명한 것은 시간적·공간적

26) 졸고, 「荻生徂徠の方法」, 『大坂大学日本学報』, 第五号, 1986 참조.

27) みすず書房版, 『荻生徂徠全集』第一巻, 74쪽.

으로 제한된 '언어' 본래의 성격에서 비롯된 것이다. 그렇지만 '도'는 이미 고대의 (그야말로 그 당시의) '언어'로만 우리에게 분명해지고, 또 우리도 오늘날의 '언어'로만 사물에 대하여 생각하고 말할 수밖에 없다. 그러한 아포리아(aporia)를 해결하기 위해 '소라이학'이 등장한 것이었다. '선왕의 도'를 '육경(六經)'이라는 '모노(物)'(라는 독자 개념)로 파악할 것, 그리고 그 '모노'로서 존재하는 상고 삼대의 '도'의 존재형태를, 세대를 건너뛴 우리가 어떻게 통찰하고 현실의 세상에 반영할 수 있을지를 묻는 독자적인 학설이다. 소라이의 언어관 즉, '상고 삼대의 도'와 우리를 이어주는 동시에 양자의 사이를 멀어지게 하는 것으로 파악하는 그의 '언어'에 대한 입장은 당연히, 언어에 의해 제시된 '경전'＝텍스트를 하물며 중국이 아닌 '동이(東夷)' 일본에서 아득한 시간을 건너뛰어 '읽는다'고 하는, 우리들에게 절실한 행위의 의미 또한 되묻는 것이었다.

소라이는 당초 자신보다 앞서 송학을 비판한 이토 진사이(伊藤仁斎)의 논의를 "주자와 언어를 다투는" 수준의 논의라 비판하고, 주자학에서 말하는 대우주를 추상적 언사의 방대한 퇴적물이라고 비판하기에 이르는데, 그 학문방법론의 출발점이 번역론인 『역문전제(譯文筌蹄)』이다. 그 가운데 「제언십칙(題言十則)」에서 다음과 같이 말한다.

> 일본의 학자는 이쪽의 말로 글을 읽고 이를 '화훈(和訓)'이라 부른다. '훈고(訓詁)'의 의미에서 그렇게 이름했겠지만 사실은 번역인 것이다. 그런데도 사람들은 '화훈'으로 글을 읽으면서 그것이 '번역'이라는 것을 알아차리지 못한다. (……) 일본은 일본의 언어가 있고 중화에는 중화의 언어가 있다. 언어의 본체와 성질이 원래부터 다르다. 어떻게 딱 맞출 수가 있겠는가. 그러니 '화훈'으로는 위아래로 왔다 갔다 빙빙 돌려가며(廻環) 글을 읽어 의미를 아는 것 같아도 실은 견강부회인 것이다. 그런데도 사람들은 반성하지 않고 책을 읽고 글을 지을 때 단지 '화훈'에만 의지한다. (……) 따라서 학자의 우선된 임무는 오로지 중국인의 언어에 의거해서 그 본래의 '면목(面目)'을 아는 것이다. 그러나 또한 글 본래의 면목은 중국인도 모르는 것이다.[28)]

> 중화 사람들은 자주 '독서, 독서'라 말한다. 나는 글을 읽는 것은 글을 보는 것에 미치지 못 한다고 생각한다. 이는 중화와 이 나라의 언어가 다르기 때문에 이해를 하는데 (음이 다르기 때문에=역자) 귀와 입이 소용이 없다. 다만 두 눈이 있는 것은 전 세계 공통이다. 일단 '독송(讀誦)'이라 하면 (이쪽에는) '화훈'과 '회환전도(廻環顚倒)'가 있다. 만약에 (중국인처럼) 처음부터 무조건 중국음으로 읽어 마치 (우리가) 불교의 경전을 읽듯이 해도, 애초부터 이쪽의 언어가 아니므로 반드시 사고에 혼란이 생길 뿐이다. 사고에 혼란이 생기면 어찌 자연스레 생각할 수 있겠는가. 절대 그럴 수 없다(그러므로 글을 읽는 것은 글을 보는 것에 미치지 못한다고 말하는 것이다=역자). (……)[29]

『역문전제』 자체는 소라이학에서 초기작으로, 그 후 소라이학은 끊임없이 새롭게 전개되지만, 위에서 본 중국 고전문에 대한 대처는 소라이학의 사상적 기축으로서, 『논어징(論語徵)』 등 경전주석상의 형태를 달리하여 재생산된다. 그러한 소라이학의 중요한 출발점에서 '화훈' 및 '회환전도((廻環顚倒, 가에리텐(返り点) 등을 붙여 훈독풍으로 읽는 것=역자)'에 의한 '읽기'가 결정적으로 부정되었던 것이다. 그리고 본문 중에도 우리가 정말로 읽을 수 없다 치더라도 그렇다면 중화인은 본래의 읽기가 가능했는가라고 하면, "그 본래의 면목은 중국인도 알지 못한다"고 하듯이, 그의 언어관은 "글을 읽는 것은 글을 보는 것과는 다르다"는 역설적인 표현 안에 제시된 것이다. 그리고 '언어'에 태생적으로 유래하는 첩첩의 난관을 넘어서 '고대의 도'에 이르는 방법으로서 그의 '번역학=고문사학'이 구성되는 것이다.

> 고문에 "고금에 통한 자를 유자라 한다"고 일렀다. 또 "천·지·인에 통하는 자를 유자라 한다"고 했다. 그래서 중화와 일본의 언어를 합쳐 하나로 하는 것이 내가 말하는 '역학(譯學)'이다. 그리고 고금을 합쳐서 하나로 하는 것이 내가 말하는 '고문사학'이다.[30]

---

28) 위의 책 第二巻, 547~548쪽.

29) 위의 책, 559쪽.

'언어' 본래의 유한성을 인정하면서 '고금·중화와 일본'간의 단절을 극복하기 위해 주장한 것이 '중화의 음'에 의한 직독이다. 이는 '회환전도'하여 일본어의 문맥으로 바꿔 읽는 게 아니라 '번역'을 하자는 것으로, 독자적인 경서주석의 방법이었다. 그것은 고대 텍스트의 기술(記述)을 후세의 논쟁적 언사에 의한 '해석'을 통해 이해하는 것이 아니라, 그 기술을 기술로서 의미를 갖게 한 당시의 사회내 사상(事象)을, 그 사회 안으로 읽어 들어가는 것－그의 용어를 빌자면 '모노(物)'＝'고언(古言)'으로서 파악하여 이해하자는 것으로, 그 때까지 익숙한 경서주석 방식에서 보면 비약적이며 독창적인 '방법'이었다.

그런데 이는 당연히 난해하고, 더욱이 쉽게 일반화될 수 없는 '방법'이었고, 소라이학의 후계자들도 좀처럼 계승하기 힘든 것이었다. 하물며 반소라이학을 표방하는 유학자들에게는 그러한 '방법'에 의해 나온 『논어징』 등은 신랄한 비판의 대상이 될 뿐이었다. 소라이가 말하는 '고문사'는 기묘한 '고문'이며, 소라이는 '고문'을 정확하게 읽지 않는다는 것이 주된 비난의 하나였다. "어떻게 이것이 고문이겠는가. 이는 고문이 아니다"(나카이 지쿠잔[中井竹山], 『비징[非徵]』)라거나, 소라이파 내부에서도 "소라이 개인의 의견"에 지나지 않는 자의적 주석(가메이 쇼요[亀井昭陽])이라 평가되기에 이르렀다. 가메이 쇼요는 다음과 같이 말한다.

> "지금의 학자는 마땅히 옛말을 알아야만 한다." 이는 소라이의 발언이다. 그러나 그렇게 말하는 소라이의 고언에 대한 인식은 지리멸렬하고 송유보다 심한 경우가 있다(『독변도(讀辨道)』).[31)]
>
> 옛말로써 옛 뜻을 분명히 하고자 하는 것이 소라이의 방식이다. 그러면서도 그 해석은 조잡하고 억지가 많고 엉터리이다. 그 재능과 지식은 당당하지만 문장의 이치 해석(文理密察)에 모자라는 부분이 있다. 더한 문제는 송유의

30) 위의 책, 564쪽.

31) 『日本思想史大系37 徂徠学派』, 414쪽.

> 명덕(明德)을 인심의 허령불매라 한 것을 소라이의 제자들이 언급하지 않는 것이다(도덕을 문제삼지 않는 것도 문제이다=역자)(『가학소언(家學小言)』).[32]

'도'를 '말(辭)'과 '일(事)'에 속하는 것으로 여겨 '심술(心術)'을 묻지 않는 소라이학에 대한 공식적인 비판에 대해, 쇼요는 "옛말로 옛 뜻을 분명히 하고자 하는 것"의 알맹이가, "조잡하고 억지가 많고 엉터리"이며, "문리밀찰에 모자라는" 자의적인 해석이라는 지점에서 소라이학을 비판한다. 그는 좀 더 고증적으로 '올바른=문리밀찰(文理密察)한' 의훈(義訓)을 찾게 되는데 이후 문헌학적인 텍스트이해의 세계에 발을 들여 놓는다. 이러한 고증학적 경전독해의 성립을 재촉한, 이른바 부정적 매개가 된 것이 소라이 '고문사학'의 주석 방법이며, 그 기저에 있던 혁신적인 '읽기'였다고 말할 수 있을 것이다. 소라이학의 주제를 계승하면서도 또 소라이학의 방법을 부정적 매개로 하여 전개되는 경전주석법의 모습은, 한편 한문훈독의 존재형태와도 관련된 것이었다. 그 부정적 계승의 프로세스 안에 사실은 '읽기'라고 하는 행위에 대한 소라이의 물음 또한, 별개의 차원에서 변질되었다. 이는 당시 한창이었던 조자(助字)연구에서 분명히 보이는 것이다.

소라이학을 비판한 교토의 유자, 미나가와 기엔(皆川淇園)이 조자연구에서 시작하여 독자적인 언어론을 전개한 것은 잘 알려져 있지만, 같은 교토의 유자로 소라이학에 입문하였다가 나중에 비판하는 쪽으로 돌아선 우노 메이카(宇野明霞) 역시 소라이 '고문사'의 방법에 강한 영향을 받으면서 극히 개인적이라고도 할만한 독자의 '훈법'을 제창한 인물이었다. 예를 들면, 『논어』의 '吾嘗終日不食終夜不寝以思無益不如學也'라는 구절에서 '상(嘗)'을 '내 종일 먹지 않고, 밤새 자지 않고 생각한 것 〈있었다〉'라고 훈독한 것처럼 하나하나 사례에 맞추어 세세하게 가려 써서 더욱 "평이하면서도 정확한" 중국문의 '훈법' 개발을 지향하였는데, 그런 의도와는 달리 오히려 비실용적이고 번잡한

---

32) 『亀井南冥・昭陽全集』第六巻, 葦書房, 470쪽.

것이 되어 버렸다.[33] 메이카는 틀림없이 정확하고, 일본인에게 비근하고도 편리한 일본어의 '훈'을 지향했던 것이다. 도쿠다 다케시(徳田武)는 그런 메이카의 '훈법'을 높이 평가한 다이텐선사(大典禪師)의 다음과 같은 발언을 소개하고 있다.

> 소라이의 『학칙』에 기비노 마키비(吉備眞備, 695~775)가 화훈을 만든 일이 적혀 있으나, 증거도 없는 엉터리 이야기이다. 화훈은 앞에서 말한 대로이다. 근래 우노 메이카가 '화훈'을 개량하여 새롭게 연훈(緣訓)이라 이름하여 문장의 뜻을 생각하고 우리말을 바르게 하여 경서를 고쳐 읽었다. 그런데 세상 사람들은 예부터 전해오는 화훈에 익숙한 탓에 우노가 공들인 새로운 훈법을 기이하게 여겨 사용하지 않았다. 일본의 아어(雅語)를 해한다고 말하는 사람도 있다. 이러한 발언은 우노의 본뜻을 모르고, 문리에 어두운 까닭에 나온 것이다. (……) 우노의 공부법 역시 독서는 고대(古代)와 마찬가지로 중국음에 의한다고 하지만, 세상 사람들 모두가 중국음으로 음독하지 못하는 이상, 일본어음으로 읽을 때도 박자가 맞도록, 입과 귀에 부드럽게 울리도록, 음송하기에도 산뜻하게, 기억하기에도 편리하도록 하는 것이 중요하다. 그렇게 해서 문리를 알게 되면 소라이가 "입과 귀를 쓰지 않아도 마음과 눈이 서로 맞아 의미를 계속 생각하면 언젠가는 의미가 통한다"고 말한 대로 된다. 이것이 진실로 학문의 격언일 것이다(『초학문담(初學文譚)』).[34]

메이카의 '훈법', '연훈'은 본래의 의도와 달리 다이텐의 평가처럼 "음송에도 기억에도 편리한" 것이 아닌, 명인의 기예에 가까운 것이었다. 이렇게 간단하게 일본어로 중화와 일본의 언어 간의 단절을 없애고, 이를 통해 대중에게 공유될 수 있는 '글(文)'이나 '훈법'을 만들려던 의도가, 소라이학의 방법을 환골탈태하려고한 데서 출발했다는 것은 흥미로운 일이다. 다이텐선사는 역설로 가득 찬 소라이 『학칙』의 주장도 여기서는 중국문의 평이한 일본어화의

---

33) 徳田武, 「宇野明霞の訓法の悲劇」, 『江戸漢学の世界』, ぺりかん社, 1990.

34) 위의 책에서 인용.

근거로 인용한 것이다. 즉, 반 '고문사학'을 표방하고 '고언'에 의거한 주석에 대한 이의제기를 경유하여, 사실은 소라이와는 다른 위상에서 '읽기'를 자각하게 된 것이다. 그 자각된 '읽기'는 더욱 확대된 지적 대중에게 어울리는 형식과 내실을 갖춘 것으로 그 지점에서 심화되어 가는 것이다.

시점을 달리하여 생각하면 이는 소라이가 제기한 문제가 별개의 위상으로 바뀐 것을 알 수 있다. 고대 성인의 '언어'를 시공간이 아득하게 떨어진 에도의 언어공간에서 '읽기', 그 가능성에 대한 소라이의 물음이 본래의 의도와는 별개의 지평에서 수용되어, '얼마나 정확하게, 올바르게 읽어야' 하는가로 전개된 결과로부터 행해진 소라이 비판으로 생각된다. 그것은 결국 보다 '올바른' 고의(古義)를 구하려는 고증학적 경향, 혹은 자훈을 세밀히 추구하여 그에 따른 적절한 사용법을 분류하는 방향으로 변해가는 것이었다. 소라이 이후 왕성했던 조자(助字)연구의 성과는 이를 여실히 드러내는 것이리라. 그러한 연구에는 소라이가 보여준 독창성은 이미 존재하지 않지만 '고문사학'과 같은 지적 선량(選良)에만 허락된 것이 아닌, 경서와의 새로운 관계가 예견되는 것이다. 상세하고 '올바른' 해석의 축적과 화훈에 의해 중국고전문은 이후 '국문화'의 방향으로 향한다. 바로 '한문'의 성립이다. 소라이의 '언어'에 대한 문제제기를 하나의 부정적 계기로 하여 문제는 별개의 국면으로 바뀌고, 반소라이 이후의 '정학(正學)=주자학' 회복의 운동과 병행하여, '올바르게 읽는 법'이라는 기준이 사회적으로 확대되는 이치가 발견되었다. 그리고 그 연장선상에서 앞서 서술한 '소독'이라는 '독서'형식의 출현은 이러한 '올바른 읽기'를 권위적으로 보증했던 것으로서, 제도화를 통하여 광범한 사회적 인지를 초래한 것으로서 의미를 갖는 것이다.

이상과 같은 사상사적 경위를 생각할 때, 소라이의 뛰어난 문하이자 소라이 '고문사벽(癖)'에 대해 항상 비판적이고, 훗날에 소라이학을 일면 극단화시킨 유학설을 구축한 다자이 슌다이(太宰春台)가 훈독법서 『왜독요령(倭讀要領)』(1728)을 저술한 것은 흥미로운 일이다. 그는 「자서(自序)」에서 다음과 같이 말한다.

> 나는(純, 春台) 밖에서 8년 동안 배웠으나 학문상 얻음이 없었다. 가장 늦게 문하에 들었으나 소라이 선생을 만날 수 있어 그 학문에 다다랐다. 선생의 논설을 듣자니 내가 이제껏 바라던 모든 것(훈독으로 중국 고전문을 읽는 것에 대한 회의=필자주)이 있었다. 또 선생은 중국어에 능통하시고, 훈독으로 읽는 것을 가장 싫어하셨다. 이 또한 내 원래의 뜻과 꼭 맞는다. 훈독이 곤란하여 학문에 큰 해가 되는 것을 점점 더 잘 알게 된 것이다.[35]

이 책은 소라이의 언어학적 입장에 공감하면서 스승의 『역문전제』를 모방하여 지은 것이다. 여기서 슌다이는 소라이와 마찬가지로 '전도(顚倒)'하여 읽는 방식의 폐해를 역설한다. "지금의 학자는 어려서부터 (한문의) 어순을 거꾸로 읽어 중국어를 이해하지 못하기 때문에, 오로지 문장은 그렇게 읽어야 뜻이 통한다고 생각하여, 훈독이 문리를 심히 해치는 것을 알지 못한다. 무릇 언어의 양식이 중화와 일본이 크게 다르고, 중화의 글은 중국인의 언어에 의한 것인데 일본인의 언어로 읽는다면, 일본인의 언어일 수밖에 없다"[36]라고 극구 훈독의 해를 말한다. 동시에 "그러나 지금 이런 방식을 고쳐 중화의 정음(正音)으로 돌아갈 수도 없으니"[37] 결과적으로 중국음에 의한 직독과 훈독에 의한 '왜독'의 병합을 주장하는 것이다[38]("이 두 가지 방법 중 어느 한쪽을 폐지할 수 없으니, 배우는 사람은 먼저 중화의 음으로 읽기를 배우고, 다음으로 훈독으로 읽기를 배우는 것이 좋다"). 슌다이는 학문을 하는데 암송이 중요함을 역설하며 마땅히 읽어야 하는 텍스트의 순서를 정리하였다. 같은 책 첫머리에서도 "왜독이란 우리말로 글을 읽는 것이다"라고 분명하게 밝혔듯이 본래 이차적인 '읽기'라는 것

---

35) 太宰春台, 『倭読要領』(『漢語文典叢書』 三巻, 汲古書院), 1979, 386쪽.

36) 위의 책, 394쪽.

37) 위의 책, 392쪽.

38) 위의 책, 443쪽.

을 인정하면서도 '훈독'이 아닌 '왜독'에 권위를 부여하고 적극적인 가치를 부여하는 것으로 소라이의 난제를 회피하려는 것이다. 이렇게 '역독(譯讀)'에서 '왜독'으로의 방향에서 중국고전의 '국문화'된 '읽기'가 더더욱 인정받게 되는 것은 분명할 것이다. 슌다이가 같은 책에서 "무릇 서생의 일은 자구(字句)를 끊어 읽는 것에서 시작된다. 중국에서 말하는 구두법은 일본에서 말하자면 소독이다"[39]라고, 그때까지 그다지 용례가 없던 '소독'을 언급한 것도 시사적이라 생각된다(물론 여기서 슌다이는 중국음에 의한 직독·암송과 왜독의 병용을 말하고 있는 것이지만). 이러한 형태로 소라이학 내부에서도 소라이의 과제, 말하자면 '바꾸어 읽기'를 통하여 '독서' 형식의 변용(발생)을 통찰하게 된 것이다.

이상에서 말한 것을 정리하여 말하자면 다음과 같이 될 것이다. 즉, 소라이학에서 '읽기'에 대한 물음과 그에 동반된 '고문사학의 방법'이 반소라이의 사조에서 비판되고, '정학'(주자학)의 복귀 운동 안에서 정통적 텍스트에 상응한 '올바른 읽기'라는 것이 사회적으로 구성되어 온 것. 그와 병행하여 그때까지 '구두(句讀)'라고도 불려 온 습관이, 더욱 제도적으로 '국문화'하여 낭송하는 신체적인 '읽기'='소독'으로서 성립했다는 것. 또 그러한 사상사적인 사건이 에도의 쇼헤이자카 가쿠몬조(昌平坂學問所)에 그치지 않고 각지의 지식계층에 보급되어, 그런 가운데 '근대' 역시 상상케 하는 '균질한 지'가 형성되어 간 것은 아닐까. "이미 앞에서도 말했듯이 학문의 방법이라는 것이 달리 있는 것이 아니다. 오직 독서를 하는 것이니 시골에 살면서 글을 읽는다면, 이전에는 경학(京學)이라 하여 서울로 가서 선생문하에 들어가지 않으면 안 되었지만, 지금은 일부러 상경하지 않아도 학문을 할 수 있는 것이다. (……) 지금 세상은 예전과 달라서 책이 너무 많아 곤란할 정도이니, 무엇을 배우려 해도 속담에서 말하듯 그야말로 (책이) 손을 잡아끌어 가르쳐주는 것과 같아서, 어떤 지역에 살고 있어도 책을 읽으면 학업을 이룰 수 있게 된다"[40](에무라 홋카이, 『수업편』)

39) 위의 책, 450쪽.

40) 江村北海, 앞의 책, 1911, 632쪽.

고 말하듯이, 출판물의 전국적 유통과 그에 따른 유학형태의 변용 가운데서 '지'의 평준화가 이루어진 것이다. 그러한 가운데 18세기 후반부터 19세기에 걸친 일본에서의 '독서'의 성립과 '유학자'에서 '한학자'로 자기규정을 변용하게 된 것을 파악할 수 있지 않을까. 처음의 인용으로 돌아가면 메이지 이후 '국민국가' 형성 안에서, '국민적'인 것을 내부로부터 구성해 간 계몽지식인들에게, 에도 때부터 신체적 '기억'으로서 침잠해 갔던 한문적 '교양'이란, 그러한 사상사적 사건으로서의 '독서의 방식'의 성립 끝에 있었던 것은 아닐까.

사회사가 샤르티에는 서양에 있어서 '독서' 공간성립의 의미를 다음과 같이 말하고 있다.

> 그러나 또한 독서라는 습관적 실천은 국가의 권위를 앞세워 어떤 새로운 공적 공간, 하버마스의 말을 빌리자면 "정치적 공공영역"이 출현하듯이 과정의 중심에 위치하기도 한다. 칸트에 따르면 이 공간은, 개인(私人)이 자신의 이성을 공적으로, 본인의 신분이 무엇이든 전적으로 평등하게, 본인의 판단을 수행하는데 어떠한 한계 없이 행사할 수 있는, 토론과 비판의 공간으로서 정의될 수 있는 것이다. 먼저 영국에서 다음에 프랑스와 유럽 대륙 전체에 나타난 이 "정치적 공공영역"은 많든 적든 제도화된 계몽시대의 사회적 결합(살롱, 클럽, 카페, 비밀집회소, 문학서클)에 의해 육성되었지만, 또 그것은 인쇄된 저작의 유통에 의해 가능케 된 것이기도 했다. 칸트는 1784년의 텍스트 『계몽이란 무엇인가』에서 다음과 같이 말하고 있다. "우리의 고유한 이성의 공적용법이라는 용어에서 내가 말하고 싶은 것은 모든 독서 대중 앞에서 학자처럼 그것을 사용하는 것이다." 이렇게 하여 여론이란 인쇄물을 이중으로 이용하는 독자들이 구성하는 공동체와 동일시되고 있다. 즉, 지적인 사회적 결합관계의 새로운 형태를 강고하게 하려는 공통의 독자끼리 친밀한 관계 안에서 사용하는 것, 그리고 책, 더욱 일반적으로는 쓰인 것의 유통이 가능하게 하는 고독한, 그러나 고찰을 공유하기 위한 이용이다.[41)]

물론, 여기서 샤르티에가 하버마스의 '공공권(公共圈)'을 인용하면서 주장하

41) 로제 샤르티에, 앞의 책, 1992, 65쪽.

는 것은 근대 계몽사회에서의 '열린 지적 공간'의 문제이다. 그리고 일본에서의 '계몽지'의 발생은 앞장에서 밝혔듯이 메이지 초기의 문제로서 논해야하는 것이다. 또 본서의 과제에서 말하자면, 여기에서 언급되는 "대중적으로 열린 지적 공간"이 동시에 19세기에 있어서 '국민국가'를 내부로부터 구성하고자 하는, 이른바 내셔널하게 '닫힌' 공간을 만드는 운동이 되기도 한 것, '국민적'으로 '평준화'된 '지'의 공간으로 변한 것도 기억해 두지 않으면 안 된다. 단 그 양면을 포함하여 나중의 '국민의 지'의 출현 또한 예상하게 하는 '균질한 지'가 에도기 유교의 내부로부터 어떻게 출현할 수 있었는가라는 문제는 유교의 경전을 둘러싼 '독서', '읽는 방식'의 전향의 문제로서 또 반소라이학 이후의 유학사상의 전향의 문제로서 생각할 필요가 있는 것은 아닐까.

여하튼 여기서는 이번 장의 첫머리에서 언급한 나카무라 마사나오의 말 "분카(文化), 분세이(文政), 덴포(天保) 즈음에 태어나, 메이와(明和), 안에이(安永) 무렵에 태어난 학자에게 교육을 받은" 것이 공통적으로, 어떠한 지적 제도 안에서 길러졌는가 그리고 거기에서 균질화한 '지'가 어떠한 '독서의 방식(어떻게 읽혔는가)'에 동반하여 전국으로 확산된 것이었는가 그 일단을 생각해 보았다.[42] 유자에서 근대지식인으로의 도약도 이러한 '지'적 편제의 전환아래 가능했다고 생각된다.

42) 이러한 '소독'교육이 메이지 중기 이후 국가교육으로서 얼마나 이질적인 것으로 변형되어 가는가에 대해서는 長志珠絵, 『近代日本と国語ナショナリズム』, 吉川弘文館, 119쪽 이하에서 명쾌하게 서술하고 있다. 본장에서는 그 이전의 에도 후기에서 메이지 초기에 걸친 지적편제의 양태를 풀어가는 실마리로 소독을 문제 삼는다.

4

변용하는 '유학지' · '국민'상(像)의 모색

1. 반소라이학의 지적특질

18~19세기 일본 사상계에서 최대의 분기점은 오규 소라이(荻生徂徠, 1666~1728)의 출현이었다. 소라이 이후의 사상계는 크든 작든 소라이학의 영향을 받았으며, 그것은 메이지 초기까지 이어졌다고 회자된다. 그러나 소라이 이후 특히 '간세이 이학의 금' 이후의 유학사상사에서 이른바 절충적 유학의 의미부여는 쉽지 않다. '절충'이라는 용어가 말해주듯이 이 시기의 사상은 주자학이나 소라이학이 보여주는 사상적 일관성 · 체계성이 부족하다. 또 사상의 추상도라는 점에서도 비평하기 어려운 부분, 즉 오규 소라이나 이토 진사이(伊藤仁斎)의 사상을 논하는 방식의 사상론으로는 유감스럽게도 그 실질에 접근할 수 없기 때문이다. 지금까지는 소라이 이후 사상계의 주류가 된 절충적 유학이 근대사상을 어떻게 준비했는가라는 시점에서 논하거나, 소라이나 진사이를 에도기 유학사상의 정점으로 보는 관점에서는 그 분열로서 받아들이는 등등 다양한 입장에서 해석해 왔다. 시각은 각기 달랐으나, 대부분이 동의했던 것은 소라이 이후의 절충적 유학의 세계는 결국, 에도기 유교사상의 쇠

퇴의 한 과정으로서 파악된다는 점, 그리고 '반소라이'를 표방한 다양한 사상이 실은 어떤 형태로든 소라이학의 비판적 계승자였다는 관점이다. 이에 대해서는 여전히 다시 생각해야 할 것이 많다. '절충'이라고 할 때 무엇을 기축으로 사상을 비평할지 그 자체에 대해 묻게 된다. 동시에 진사이나 소라이가 활약한 당시보다도 오히려 19세기야 말로 일본에서 유교사상이 실제로 혈육화한 시기였다고 하는 데 공감대가 형성되고 있다. 또한 소라이학의 어떤 점이 비판 · 계승되었는지에 대해서도 당시의 문맥에서 '소라이 체험'의 의미가 재고되고 있다.

'반소라이학'이 난해한 원인은 그들의 과격한 소라이 비판의 언사에 비해, 그들이 소라이학의 체계에 대해서 대체 무엇을 제시했는가를 학설로서 파악하기 어려운 점에 있다. 소라이학이 주자학을 사상체계의 구도 자체에 대항하는 형태로 비판하여 또 다른 세계상을 명쾌하게 제시한 것에 비해서, '반소라이'를 표방한 절충적 유학자들은 그렇지 않았기 때문이다. 거꾸로 말하면 그러한 지평에서는 도저히 가이도쿠도(懷德堂) 등 절충적 유학의 사회내적 의미가 보이지 않는다. 바로 사상사에 대한 시점을 전환할 필요가 생기는 것이다. 사상의 추상도나, 그것이 하나의 세계관으로서 얼마나 체계화되었는지보다는 오히려 '누구에 대하여, 무엇이, 어떻게 이야기 되었는가'라든지, 혹은 어떠한 '지'를 자명한 것으로서 공유하여 그러한 공동의 '이야기'가 성립하였는가 등의 과제를 설정해야 할 것이다. '지'의 질과 '지식인'의 사회내적 공동성의 모습이 연동하여 존재했었다고 생각된다.

4장 전반의 논의를 간략하게 도식적으로 말하자면 다음과 같다. 즉 교호(享保, 1716~1736)기 이후의 열광적인 소라이학 체험과, 그에 연이어 일어나는 '반소라이'의 대합창 속에서, 실은 (소라이학 자체라기보다는 오히려) '소라이학 이미지'가 코드화되고, '소라이라는 문제축'이 광범위하게 공유되는 사태가 일어난 것은 아니었을까. 그것이 출판문화의 급속한 발전, 유통과 그에 따른 학문형태의 변용까지 동반하여 새로운 지적 체험으로서 전국으로 확산되어 간 것은 아닐까 나아가 이러한 '소라이 문제'를 일종의 촉매로 하면서 유학지(儒學知)가 전반적으로 변용되는 과정 가운데서, 일본에서 '지식인' 발생의 모태라고도 할 만한, 이른바 대중적인 유학지가 발생한 것은 아닐까. 가설이지만, 이상과 같은 관점에서 고찰해야만 대표적인 절충적 유학인 가이도쿠도 유학의 사상적 의의와 문제점도 분명해질 것이다.

여기서는 우선 가이도쿠도적인 '지'가 어떻게 지역적으로 확산되고 내용적인 전개가 어떠했는지를 고찰하고자 한다. 주변부에서 사상적 결실을 맺은 막말기 호아시 반리(帆足万里)의 유학지의 예가 그것이다. 반리는 규슈 구니사키(国東)반도에서 거주하고 전 생애를 그곳에서 활동하였으나, 그 '지'는 당시의 광범한 네트워크에 의해 형성된 것이며, 가이도쿠도적 지성 전개의 예로 파악할 수 있다.

2. 호아시 반리의 '지'

호아시 반리(1778~1852)는 분고(豊後, 현재 규슈의 오이타[大分] 현 지역=역자)의 유학자이다. 일반적으로는 자연과학서적 『궁리통(窮理通)』으로 기억되는 인물이다.[1] 가이도쿠도에서 수학한 와키 구잔(脇愚山, 1764~1814)을 사사한 후, 교토·오사카로 나와 나카이 지쿠잔(中井竹山, 1730~1804), 미나가와 기엔(皆川淇園)에게 직접 가르침을 청하였다. 또 인접한 규슈에 거주한 유학자 미우라 바이엔(三浦梅園), 히로세 단소(広瀬淡窓), 가메이 난메이(亀井南冥), 쇼요(昭陽) 등(그 대부분은 가이도쿠도와 직접적인 학문적 관계를 가진다)과의 교유 속에서 유학사상을 크게 이루었다. 말하자면 가이도쿠도의 지적 연쇄 가운데 사상을 형성한 인물이며, 또한 히지한(日出藩) 기노시타(木下) 씨의 가로(家老, 무가의 가신단 중 최고 지위

1) 호아시 반리의 전기적 사실에 관해서는, 帆足図南次, 『帆足万里 · 脇愚山』, 明徳出版社, 1978 ; 西村天囚, 「帆足万里」(『学界の偉人』, 梁江堂, 1911 수록) 외 참조.

=역자)직을 오래 수행할 만큼 실무능력도 뛰어났다. 주저로는 세상에 잘 알려진 『궁리통』 외에 『입학신론(入學新論)』, 『동잠부론(東潛夫論)』 등이 있으며 전체적으로는 근대계몽지로 이어지는 전형적 유자로서 파악되는 인물이다. 덧붙여 니시무라 덴슈(西村天囚)가 지은 『회덕당고(懷德堂考)』에는 스승 와키 구잔을 "악옹(樂翁, 마쓰다이라 사다노부[松平定信]=역자)이 일찍이 지쿠잔에게 문하생 가운데 우수한 사람이 누군가 물었을 때 지쿠잔은 쇼인(丸川松陰)과 구잔(愚山)을 들었다고 한다. 두 사람은 모두 지쿠잔 문하의 준수한 인재이다"[2]라 소개하였다. 호아시 반리에 대해서도 "쇼인의 문하에 야마다 호코쿠(山田方谷)가 있어 산요(山陽)지역에서 문학의 이름을 높이고, 구잔의 문하로는 호아시 반리가 규슈에서 명성을 높였다. 더욱이 잇사이(佐藤一斎)는 에도에 거하면서 그 이름이 나라 안에 널리 들리고, 국내의 문운을 고취시켰다. 이 모두 지쿠잔의 가르침에서 나왔다"[3]라고 높게 평가하고 있다. 가이도쿠도의 나카이 지쿠잔으로 이어지는 특필할 만한 인재의 하나로 여겨진 유자였다고 할 수 있다. 실제로 반리의 유학사상세계는 그러한 비평에 어긋나지 않는 '실학' 중시의 가이도쿠도 유학의 시계 안에서 발생한 것이었다.

이전에 호아시 반리의 저작을 살펴보았을 때,[4] 해석과 평가에서 어려운 부분이 있었는데 그의 이른 바 '합리주의'를 주자학 체제하의 전개로서 어떻게 의미부여할까라는 점이었다. 즉, 주저로서 이름 높은 『궁리통』을 사상사적으로 읽어내고자 할 때, 거기에는 그의 '리(理)'관이나 주자학의 발전적 계승자로서의 '리' 해석이 충분히 보이지 않은 것이 불만이자 의문이었다. 확실히 『궁리통』의 「자서(自序)」에는 '궁리'의 역사가 『역(易)』의 대전(大傳)에서 시작하고, 동중서, 정·주자의 송학을 거쳐 일본의 미우라 바이엔에게 전해지고,

---

2) 西村天囚, 『懐徳堂考』(복각, 초인본, 懐徳堂友の会, 1948) 하권, 50쪽.

3) 위의 책.

4) 졸고, 「帆足万里の儒学」, 『科研総合研究「徂徠以後－近世後期倫理思想の研究」研究成果報告書』, 1988 수록, 참조.

나아가서는 '코페르니쿠스(可辟兒)', '뉴턴(奈端)' 등 서학의 세례를 받아, 반리 자신의 '궁리'학으로 결실을 맺은 것이 자찬되긴 한다. 그러나 내가 불만스러운 것은 같은 책에서 전개되는 폭넓고 상세한 과학적 분석의 논술에 비하여 그것을 지탱하는 '궁리'가 무엇인지가 독자에게는 조금도 분명하게 전달되지 않는다는 점이다. 그렇다면 『궁리통』이란 어떠한 저술이었던 것일까.

위에서 언급했던 니시무라 텐슈의 비평 중에 지쿠잔의 사손(師孫)으로 반리와 나란히 기록된 야마다 호코쿠가 '궁리'에 관하여 반리에게 질의한 글 한편이 현전한다(「호아시 반리에게 주는 글[與帆足鵬卿書]」). 내용은 다음과 같다. 당초 정 · 주의 학을 "일의숭봉(一意崇奉)"하여 배운 호코쿠가 나중에 "한당제유(漢唐諸儒)의 글"을 읽게 되고, 학문에 "고금의 차이"가 있음을 알게 되었다. 일본의 고학파의 설도 시험해보았지만, "대략 파탄멸렬(破綻滅裂)하여 의거할만한 것이 없다"는 것을 깨달았다. 그렇지만 주자의 설에도 아직 충분히 납득할 수 없다. 이런 등등의 생각을 길게 서술한 위에, '궁리'의 해답에 대한 시사를 반리에게 얻고자하는 절절한 내용인데, 호코쿠는 그 글에서 반리에게 다음과 같이 묻고 있다.

> 지금 스승을 서울에서 구하여 여러 선생들의 논의를 들었습니다만, 그들 모두 아직 자신들도 확신이 없는 채로 확신하는 듯이 말할 뿐이었습니다. 그리고 그들의 입론 또한 각각 자신의 설을 옳다하고 타인의 주장을 틀리다 할 뿐이었습니다. 이런 것들은 말하자면 억지를 쓰는 것일 뿐 결론도 얻을 수 없어 아무래도 믿을 수 없는 것이었습니다. 선생이 구잔선생의 문장에 서문을 쓰시기를 "요즘의 유자들은 송유의 잘못을 지적할 뿐 대안을 내놓지 않는다"고 하셨습니다. 또 『이업여고(肄業余稿)』에서도 "주자의 주는 초학에게는 편리하나 학문하는 자에게는 해가 된다"고 하셨습니다. 더욱이 "『대학(大學)』은 모름지기 궁리를 첫째의 과제로 삼아야 한다"고도 말씀하셨습니다. 이 모두는 저의 오랜 의문의 출발점이 된 것들입니다. 감히 여쭙니다. 오늘 날의 학문에서 잘못된 주자학을 대신할 만한 학문은 무엇인지요? 또 주자학의 해를 없애는 방법은 어디에 있을까요? 선생이 말씀하신 '궁리'와 송유가 말하는 궁리는

무엇이 다른가요?[5]

이 글에 대한 반리의 답서가 있었는지의 여부는 불분명하지만, 답서가 있었다고 해도 아마도 호코쿠의 기대와 같은 "오래된 의문"을 해결할 힌트는 없었을 것이다. 왜냐하면, 반리의 '궁리'학이란 호코쿠가 품었던 것과 같은 '리'에 대한 본질적인 물음과는 다른 지점에 서 있었기 때문이다. 반리의 '궁리'란 가이도쿠도의 유자, 야마가타 반토(山片蟠桃)가 "하늘이라고 하든, 귀신이라고 하든 모두 사람에 대하여 말한 것이다. 그러므로 하늘도 귀신도 그것이 무엇인지를 생각하려면 현실에서 인간의 문제로서 생각해야 하는 것이다"[6](『유메노시로[夢ノ代]』)라고 말한 것과 공통되는 것으로, 철저하게 '인사(人事)'의 지평에서 행해지는 '실학'적인 관점에서 구성된 것이다. 거기에는 구태여 '리'가 우리들에게 무엇인가라는 존재론적인 물음을 주제화하는 자세가 애초부터 없었기 때문이다.

그가 정리한 유교론인 『입학신론』에서는 "무릇 천지만물은 실지의 형태뿐이며 실지의 리뿐이다"라고 명쾌한 판단을 내리고, 종래의 주자학자의 설이 그른 이유를 "오직 아쉬운 것은 여전히 궁리에 대해 자세하지 않기"[7] 때문이라고 말하고 있다. 즉, 반리의 '궁리'란 어디까지나 일용, 실용의 세계에 수렴되고, '더욱 정밀한' 것을 구하여 끊임없이 탐구해야할 성질의 것이다. 그러한 관점에서 정주학도 뉴턴의 학문도, 연속적으로 접합하여 자신의 '궁리'학에 유입하는 것으로서 이야기할 수 있었던 것이다. 이러한 그의 입장을 확인하면 야마다 호코쿠의 '리'를 둘러싼 "오래된 의문"과 반리의 '궁리'가 대략 교차할만한 것이 아님이 분명해진다. 여기에는 '궁리'를 둘러싼 반리와 호코쿠의 감각의 차이가 여실히 드러남과 동시에, 주자학 '궁리'관의 변질, 나아가서

---

5) 山田準編, 『山田方谷全集』 第二册, 全集刊行会, 1951, 1120~1121쪽.

6) 『日本思想大系43 富永仲基・山片蟠桃』, 487쪽.

7) 『日本思想大系47 近世後期儒家集』, 210쪽.

는 근세유교의 변질도 읽어낼 수 있다. 이에 관련하여 일찍이 "선구적인 계몽주의자 야마가타 반토"와 아울러 호아시 반리를 높게 평가한 미나모토 료엔은 다음과 같이 말한다.

> (미우라 바이엔에게=필자주) 궁리학은 자연철학을 구축하기 위한 보조수단이었음에 비해 반리의 학문은 『궁리통』이라는 제목에서 보이듯이 자연과학이었다. 그것은 "그러나 선생(바이엔을 가리킴=원주)은 리에 대한 분석은 깊으나, 추보(推步, 천체의 운행을 관측하여 역을 만드는 일=역자)에 있어서는 규명하지 못하는 것이 있다"(『이업여고』)는 반리의 말에서도 분명하다. 호아시 도나지(帆足図南次) 씨의 용어로 말하자면, '왜'에서 '어떻게'로의 전환이 일어난 것이다.[8)]

실제로 대작 『궁리통』에서 제시되는 것은 '왜'가 아니라, '어떻게'라는 관점에서 나온 끝없는 연역적 '궁리'의 실례(實例)였다. 그것은 도덕적 근거에서 분리된, 오로지 가치중립적인 '지식'이 확충되는 세계라고 말해도 좋다. 우리에게 친밀한 '지'의 세계인 것이다. 그것을 '근대지'라고 부른다면, 확실히 여기에서 '근대'가 발생했을 것이다. 그러나 나의 관심은 이러한 '근대지'의 맹아의 기원을 거슬러 올라가 찾아내는 것이 아니라, 이러한 '합리적 지'의 발생이 에도기의 유학사에서 어떠한 사건이었는지, 어떠한 유학지의 변질이었는지를 분명히 하는 것이다.

예를 들어 다음의 인용을 보자.

> 따라서 지역에 따라 말하는 방식이 달라도, 충(忠)과 신(信)을 위주로 하여 잘못을 고치는 것은 사람의 지극한 도리로, 어느 나라에서나 본래의 도는 반드시 여기에 다다른다. 부족한 작은 부분을 유교로 보충한다는 것은, 예를 들면 철포로 군비를 정비하고, 망원경으로 천문학을 돕고, 마황(麻黃)과 대황(大黃)을 약용으로 갖추는 것과 같다. 만약에 사용하는 것이 유교가 아니고 신토

8) 源了圓, 『徳川合理思想の系譜』, 中央公論社, 1972, 307쪽.

> 라 하여도 좋겠지만, 중국은 원래 일본과 가장 가까워 학문과 과학 등 대부분을 중국에서 배워 온 까닭에 비근한 재료인 유교를 이용하는 것이다. (……) (『동잠부론(東潛夫論)』)[9]

반리의 논리를 보면 논의의 문맥이 왕실존중을 주장하는 것이며 당시 이러한 '삼교일치'론 자체는 흔한 것이었다. 그렇다하더라도, "유교가 아니어도" 상관없지만, "비근한 유교"를 먼저 찾은 것에 지나지 않는다는 인식이, 정통적인 유자의 논의에서 발생한 의미를 우리는 또한 생각하지 않을 수 없다. 앞에서 인용한 미나모토 료엔은 『입학신론』의 유학재평가를 논하여, "우리들은 반리가 서구세계를 접한 유자이며, 그의 유학사상은 세계라는 입장에서 유교사상을 재평가한 것이라는 것을 다시금 생각하게 하는"[10] 것이라고 평가하지만, '근대화'의 시점에서의 의미부여는 여하튼간에, 여기에는 유교개념 자체가 명확하게 변질하고 있음을 우리들은 확인할 수 있다. 이러한 유교관이 유자의 경서해석 가운데 어떻게 하여 출현할 수 있었는지의 문제는 결국 소라이학 이후 유교의 질적 전환이나, 거기서 절충적 유학이 달성한 사상사적 역할에 대한 고찰로 이어지는 것이다.

그런데 한편, 반리가 "엉성한 뜻과 엉터리 같은 행동은 모두 소라이학파에서 유래한다"[11](『난실집략서(蘭室集略序)』)고 비판한 것처럼, 당시의 유자에게 공통되는 '반소라이' 발언, 게다가 "소라이의 학풍은 여자가 화장하듯이 체제를 정비하는 것이 배움이라한다"[12](비토 지슈, 「서간(書簡)」)처럼 극히 감정적 표현이라고도 할 수 있는 소라이학(정확하게는 소라이학파 말류의 인사들에 대한)에 대한 반감은 도대체 무엇이었을까. 그들에게 '반소라이'란 결국 무엇이었던 것일까.

---

9) 帆足記念図書館編, 『帆足万里全集』 上, 1926, 40~41쪽.

10) 源了圓, 앞의 책, 1972, 305쪽.

11) 帆足記念図書館編, 앞의 책, 1926, 609쪽.

12) 賴祺一, 『近世後期朱子学派の研究』, 渓水社, 1986, 85쪽에서 인용.

3. '반소라이'란 무엇이었는가

소라이학이 세상에서 유행한 모습을 언급할 때, 항상 인용되는 것은 나바로도(那波魯堂)가 저술한 『학문원류(學問源流)』의 다음의 일절이다.

> 소라이학은 교호연간(享保, 1716~1736) 초기에는 에도에서만 유행하였고, 에도에서 소라이학을 배워 지방에 돌아가 그 설을 전하는 사람도 드물었지만, 그런 와중에도 간토(関東)는 소라이학이 성했다고 할만하다. 그 즈음 교토에는 이토 도가이(伊藤東涯, 이토 진사이의 아들, 고의학자=역자)의 학문이 한창이라, 소라이의 학문을 신기한 설이라 하는 사람은 있어도 그것을 배우는 이는 매우 적었다. 그 후 점점 소라이의 설을 따르는 사람이 많아져 드디어 간사이(関西), 규슈(九州), 시코쿠(四国)까지 성행하게 되고 오히려 도가이의 학문을 하는 사람은 점차로 줄어들었다. (……) 소라이학은 교호연간의 중엽 이후 그야말로 일세를 풍미했다고 할 정도였다. 그렇지만 교토에서 성행하게 된 것은 소라이 사후 겐분연간(元文, 1736~1741)의 초기부터 엔쿄연간(延享, 1744~1748), 간엔연간(寛延, 1748~1751) 무렵까지 12, 3년간이 정점이었다. 그 무렵에는 세상 사람들이 소라이의 설을 기꺼워하며 배우는 모양이 진실로 미친 듯 했다.[13]

"일세를 풍미한다" 또는 "세상 사람들이 소라이의 설을 기꺼워하며 배우는 모양이 진실로 미친 듯 했다"라는 말투에서 심상치 않은 소라이학 수용의 양상과 대중적인 유행을 엿볼 수 있는데, 그것은 도대체 어떠한 사회현상이었던 것일까. "학덕을 쌓는 내실을 모두 폐하고, 사람들이 빠져들어 뉘우치기 어렵게 한다. 그래서인가. 경솔하고 천박한 무리들이 허겁지겁 달려와 행적을 바꾸어 소라이학으로 돌아간다"[14](나카이 지쿠잔, 『비징[非徵]』, 「총비[総非]」)는, 훗날 '반소라이'로부터 행해지는 상투어만으로는 다 파악할 수 없는 이유가

---

13) 内藤耻叟校訂, 『学問源流・葬祭辨論』, 東京博文館, 24쪽.

14) 『日本思想大系47 近世後期儒家集』, 46쪽.

있지 않을까. 이른바, 대중적으로 소라이학을 기꺼이 받아들일 수 있는 소지나 분위기가 있던 것은 아닐까.

소라이학이 가진 경세제민에 대한 강한 의지, 그리고 정통적 경서의 틀에서 벗어나는 노장사상이나 역사학으로의 시야 확대가 당시의 지식인층에 기꺼이 수용되었던 것은 말할 것도 없지만, 다른 한편 "미친 듯이" 광범위한 수용의 양식에 대해 히노 다쓰오(日野龍夫)는 "당시 사람들이 소라이학을 그 정도로 환영하게 했던 것"을 "도학주의에 대한 반발, 기질불변의 설"이라 단정하고, "거기에는 확실히 인간의 해방, 개성 존중을 향한 역사의 흐름을 먼저 파악하여 사람들에게 명쾌하게 제시한 면이 있었다"[15]고 한다. 그리고 히노 씨는 당시 아사쿠사 오쿠야마(浅草奥山)에서 군서강석(軍書講釋)으로 이치카와 단주로(市川団十郎) 2세와 어깨를 나란히 한 인기인이었던 후카이 시도켄(深井志道軒)이라는 야담가의 강석 내용에도 반영된 소라이의 '기질불변화'설을 예로 들며, "소라이학은 지식인뿐 아니라 이런 계층에까지 환영받은 면이 있던" 것을 기록하고 있다. 소라이의 소위 '기질불변화'설이란 세계를 생생하게 유행하여 그침이 없는 '활물(活物)'로 보는 데서 생기는 인간관, 즉, "쌀은 어디까지나 쌀, 콩은 어디까지나 콩에 지나지 않는다. 그러나 제각각의 기질이 성취되는 데서 그 사회적 의미가 인정된다"는 것이다. 이 '기질불변화'설이 소라이학 전체 체계 안에서 차지하는 위치와는 별 상관없이 대중에까지 친근한 화제로서 수용되어 소라이 인기를 양성하고 있었다.

사실 당시 소라이 주변의 에피소드를 수록한 『문회잡기(文會雜記)』나 『겐엔잡화(蘐園雜話)』를 통하여 항상 인상적으로 회자되는 것은 "재능을 매우 좋아하는"[16] 소라이나(『잡기』), "재능을 좋아하여 오갈 데 없는 사람이라도 재능이 있으면 버리지 않는"[17] 소라이의 모습(『잡화』)이며, 그러한 소라이의 인간관

15) 日野龍夫, 『江戸人とユートピア』, 朝日新聞社, 1977, 99쪽.

16) 湯浅元禎, 『文会雑記』(『日本随筆大成』 七巻, 吉川弘文館, 1927), 555쪽.

17) 미상, 『蘐園雑話』(『続日本随筆大成』 四巻, 吉川弘文館, 1979), 75쪽.

에 관한 에피소드와 함께 사상의 내용이 회자되는 것이다. 대중적 레벨에서의 소라이학 붐을 단적으로 나타내는 것이 소라이학의 패러디이다. 소라이의 경학상의 주저 『논어징(論語徵)』을 패러디한 『논어정(論語町)』(일본어로 읽을 때 발음이 같음. 이하 예시도 유사=역자), 『역문전제(譯文筌蹄)』를 패러디한 『잡문천대(雑文穿袋)』, 혹은 소라이가 중시해서 유통된 곽상주(郭象注)의 『장자(莊子)』, 『곽주장자(郭注莊子)』를 패러디한 『곽중소제(郭中掃除)』 등등 풍류 소설류의 존재도 히노 씨는 역시 지적하고 있다.[18] 물론 이것들은 어디까지나 소라이 인기에 편승한 것에 지나지 않지만, 다만 이러한 현상의 존재 자체가 출판문화유통 안에서 '소라이'가 일반적인 화제였다는 사실을 의미하며, 애당초 그러한 패러디가 성립하기 위해서는 원본이 적어도 어떠한 (학계에 도전적이고 또 난해한) 책이었는지를 이미 알고 있는 '지적대중'의 존재가 전제가 되고 있는 것이다. 히노 씨의 말을 빌리자면, 그야말로 "학문이 유행한"[19] 것이며, 소라이나 핫토리 난카쿠(服部南郭) 등 당시 일류의 유자들이 『평판기(評判記)』에 인기순위가 매겨지는 사태가 벌어지고 있었던 것이다.

통계에 의하면 에도기의 출판건수는 겐로쿠(元禄)기에 걸쳐 계속 증가, 교호(享保)기에 일시적으로 감소하지만 곧 다시 증가하여 1800년 무렵 정점에 달한 것으로 알려져 있다. 또 도서 목록의 출판건수가 간분(寛文)에 비해 겐로쿠, 겐로쿠에 비해 교호연간에, 각각 두 배씩 증가한 것이나, 출판목록의 수록 범위를 나타내는 부문류(部門類)의 항목 역시 현격하게 증가했던 것이 확인되고 있다. 소라이학의 세속적인 유행이나 뒷날의 '반소라이'의 고양도 이러한 출판문화의 전개나 지적대중의 확대와 연동한 것이었다는 것은 분명하다. 하라 넨사이(原念斎)의 『선철총담(先哲叢談)』에 서상(書商) 스가하라야(須原屋)의 가호 '숭산방(嵩山房)'은 상인에게 부탁받은 소라이가 직접 명명한 것이라는

18) 日野龍夫, 「通俗文学にあらわれた徂徠」(『徂徠シンポジウム』, 於八王子大学セミナーハウス, 1984 보고자료).

19) 中野三敏, 『江戸名物評判記案内』, 岩波新書, 1985, 130쪽.

사실이 명기되었듯이, "겐엔학파의 흥륭으로 대표되는 에도 학계의 발전과 시쇄풍류(時洒風流)의 신장이 급속하게 에도 서상이 대두된 배경"[20](곤타 요조[今田洋三])이 되었다. 소라이학의 유행은 출판의 중심이 교토에서 에도로 옮겨 가고 출판문화가 일대전환을 이루어 급격히 발전하는 전환점에 위치하고 있던 것이다. 가이바라 에키켄(貝原益軒)의 다양한 교훈서가 출판업자와의 제휴에 의해 많은 독자를 확보해 간 것과 마찬가지로, 소라이나 다자이 슌다이(太宰春台)의 저작도 스가하라야를 중심으로 한 에도 서상의 손에 의해 속속 세상에 나온 것이다. 겐엔파를 기원으로 하는 『당시선(唐詩選)』의 대유행이나, 시문을 중심으로 활동한 '(고답적)문인사회'의 성립은 이러한 출판문화의 진전과 함께 생각해야 하며, 소라이 사후 전국적으로 확대되는 '반소라이'의 움직임 역시 '서책'으로서의 소라이의 유통과 지적사회의 확대를 배경으로 고찰하지 않으면 안 된다. 오늘날 우리들이 소라이의 텍스트가 가진 혁신성을 이해 · 해석하는 측면과는 별도로, 출판문화가 융성한 가운데 지적대중을 끌어들이며 발생한 사회현상으로서, 당시 소라이가 어떻게 읽혔는가라는 시점에서 소라이학의 붐과 '반소라이'를 파악하는 것도 필요하다.

소라이 사후 에도보다 조금 늦게 교토와 오사카에서 소라이학이 크게 유행하는데 그와 거의 동시에 가이도쿠도의 유자들을 중심으로 극렬한 소라이비판이 일어났다. 즉, 소라이학의 대유행과 '반소라이'의 대합창이 거의 연달아 일어난 것인데, 이는 에도보다 늦어진 교토, 오사카에서의 소라이이해 · 전파의 모습이나, '반소라이'의 성격과 특징에 그대로 연관되는 것이기도 하다. 나카노 미쓰토시(中野三敏)는 교토 · 오사카에서의 소라이학 전파에 대해, 소라이 사후 소라이학의 분열, 다자이 슌다이로 대표되는 경학파와 핫토리 난카쿠로 대표되는 문인시문파의 분열 과정에서 주로 문인파 · 시문파가 교토, 오사카로 옮겨와서 큰 영향을 끼친 것을 지적하고 있다.

---

20) 今田陽三, 『江戸の本屋さん－近世文化史の側面』, NHKブックス, 1977.

(……) 특히 시문파의 흐름이 호레키(宝暦, 1751~1763) 이전에 에도 보다 교토와 오사카에서 열광적으로 수용된 것은 일견 문운동점(文運東漸)과는 반대로 보이겠지만, 아마도 간사이(関西) 문운의 마지막 불꽃이라고도 할 만한 것으로, 사실 간토(関東)의 문단에서 간사이로 이주하여 낙원을 찾아낸 사람들이 꽤 많았다. (……)

그러나 또한 반소라이의 기치를 처음으로 분명히 한 것도 교토와 오사카의 학예계였다. 특히 교토의 아쿠타가와 단큐(芥川丹邱(丘)), 핫토리 소몬(服部蘇門), 류 소로(龍草廬) 등은 청년기의 한 시기를 겐엔소라이학 일색으로 열중했던 체험을 공유한 교토의 유자였지만, 호레키 말엽부터는 경학면에서 일제히 소라이학 비판으로 돌아섰다. 그것도 한번 몰두했던 만큼이나 그 비판의 설봉 역시 날카로웠다. 이어서 시문의 면에서도 교토의 시조도(賜杖堂)나 오사카의 곤톤샤(混沌社)의 내부로부터 분명히 겐엔비판의 시풍이 나타나고 있다. 여기에는 순수한 학예상의 비판의 계기도 그렇거니와 역시 소라이학을 간토의 학문으로 간주하여 그에 대한 교토 유자의 체면을 건 싸움이라는 차원도 확실히 존재했던 것은 아닐까.[21]

나카노 씨는 게다가 '간세이 이학의 금(寛政異學の禁)' 자체가 '반간토(反関東)' 의식의 성격을 띠고 있었음을 다음과 같이 지적한다.

간토 소라이학에 대한 간사이 유가의 반격이 여전히 지속되어 간세이 개혁 중에 이학의 금이란 형태로 구체적으로 드러난 것은, 당시 린케(林家)의 소라이학으로의 경사와, 그에 대응하는 개혁파－시바노 리쓰잔(아와지역, 柴野栗山, 阿波), 비토 지슈(이요지역, 尾藤二洲, 伊予), 고가 세이리(비젠지역, 古賀精理, 肥前), 막후인물로 여겨지던 라이 슌스이(아키지역, 頼春水, 安芸), 나바 로도(교토, 那波魯堂, 京), 니시요리 세이사이(교토, 西依正斎, 京), 나카이 지쿠잔 · 리켄 형제(오사카, 中井竹山 · 履軒, 大坂)－를 나란히 세웠을 때 분명해진다. 개혁은 요컨대 간사이 유가의 결속에 의한, 하야시가와 소라이학이라는 간토유가와의 주도권 싸움으로 보는 견해 역시 충분히 성립할 수 있다.[22]

21) 中野三敏, 『十八世紀の江戸文学－雅と俗の成熟』, 岩波書店, 1999, 29~30쪽.

그리고 이러한 의식의 배경에는 출판문화의 중심이 서에서 동으로 바뀌고, 변혁을 이루는 시절과 맞아 떨어졌다는 점도 나카노 씨는 지적하고 있다. 이와 같은 해석이 지나치게 즉물적이라고 비평받을지도 모르지만, 에도와는 시간차가 있을 뿐더러 위상도 다른 교토와 오사카에서의 소라이학의 대유행(문인=시문파로서의 소라이학 수용)과 계속해서 일어나는 격렬한 '반소라이'의 성격을 일면 분명하게 하는 것이리라. 그러한 측면 역시 고려하지 않으면 교토와 오사카에서의, 그 격렬하고 과잉된 '반소라이'의 기세를 이해할 수 없기 때문이다. 그리고 여기서 에도 '겐엔파'를 중심으로 형성된 고답적 '문인사회'와는 또 다른 하나의 '문인사회', 새로운 대중적인 지적 사회가 생성되고 있었다고 상정하는 것도 가능하지 않을까.

어찌 되었든 소라이 사후 얼마 후에 교토와 오사카의 유자들을 중심으로 '반소라이'의 언설이 대량으로(거꾸로 소라이를 옹호하는 언설도) 출현하게 된 것인데, 비판의 초점은 크게 둘로 나뉜다. 즉, 소라이학의 '도덕'부재와 소라이 '고문사학'에 대한 비판이다. 전자를 예로 들면 다음과 같은 식이다.

> 물정을 모르는 후학자는 소라이의 뻔한 관습에 빠져, 경박함을 배우게 되니 그 폐해가 이루 다 말로 할 수없을 정도였음은 내가 가까이에서 직접 봐 온 것이다(나카이 지쿠잔, 『비징』, 「총비」).[23]

> 소라이의 학문은 단지 정치를 위한 학문으로, 자기 자신의 마음의 문제(도덕의 문제=역자)는 관심 밖에 두기 때문에 자신이 잘못된 행동을 하여도 부끄러워하지 않는다. 소라이 학파의 무리들은 모두 '선왕의 예', '선왕의 의' 등을 구실삼아 말하지만, 그 뜻은 소진(蘇秦), 장의(張儀)와 같은 정략가의 뜻에 지나지 않는다. (……) 이러한 무리들이 세상에 많아지니 음란하고 방종하며 기이하게 행동하는 자만이 만연하게 되었다(비토 지슈, 『정학지장(正學指掌)』).[24]

---

22) 위의 책, 30쪽.

23) 『日本思想大系47 近世後期儒家集』, 49쪽.

이와 같은 비판은 전적으로 소라이학의 도덕학 부재를 말하는 것이다. 나카이 리켄이 『변망(辨妄)』에서 소라이학을 "소라이와 슌다이는 형명학(刑名學)"[25]이라고 법가에 비유하여 비판하는 것도, 마찬가지로 도덕설 부재라는 측면에서 소라이학 비판과 통한다. 단 미리 말해두지만 그런 비판은 정당하지 않다. '도덕자'가 되기보다는 '예(藝)'에 뛰어나 자신의 '기질의 성'을 온전하게 해야 한다는 주장은 어디까지나 주자학의 도덕설과는 다른 차원에서의 인간론에 기반하는 것이었다. 즉, 소라이는 정치학의 우위를 말하는 한편, '예(禮)'와 '제도'의 감화 · 규제력 안에서 '인간성' 해방을 찾은 것이며, 또한 그의 주장이나 행동 자체가 특별히 자의적인 것은 아니었다. 단지 소라이가 주자학의 '이기'론 외부로 나와 주자학적 '도덕'언설을 무화시키는 과정에서 도덕설 자체가 뒷전으로 물러나게 되었다. 나중에 그것을 교조화한 계승자들(특히 문인=시문파)의 행동이 당시에는 자의적으로 비친 것도 사실이다. 교토, 오사카의 '반소라이'의 유자들에게 소라이학은 그러한 모습으로 눈앞에 나타났던 것이다. 그것은 또한 앞에서 말했듯이 소라이학의 한 면을 비대하게 만든 '기질불변화'설의 대중적 수용 붐의 발생에 대한 반향이기도 했다.

소라이학에 내재하는, 혹은 내재한다고 간주된 도덕적 결함에 대한 지탄과 병행하여 다수의 비판자들이 세상을 현혹시키는 요소라고 하여 논란이 된 것이 시문에 있어서의 '고문사'의 수법, 나아가 『논어징』 등에 현저한 '고언(古言)'에 의한 주석법이었다.

> 요즘 유행하는 왕과 이(중국 명대의 문인 왕세정, 이반룡의 고문사학을 가리킴=역자)를 모방했다고 하는 문장은 그들의 호기심을 따르는 정도에도 못 미치는 것이 많다. 대부분의 경우 다른 사람의 문집에서 훔쳐 짜깁기한 말로 문장을 만든 것이다. 이런 것으로는 이반룡, 왕세정이 말하는 '고문사'라는 이름조

---

24) 『日本思想大系37 徂徠学派』, 345쪽.

25) 小堀一正 · 山中浩之, 「資料 · 中井履軒手稿『辨妄』」, 『懐徳』 第52号, 1983.

> 차 욕보이는 것이라 생각하지 않을 수 없다(미나가와 기엔, 『기엔문결(淇園文訣)』).[26]

> 잘못되었다. 소라이는 왕 · 이의 문장을 고학의 교량으로 삼고, 귀가 따갑도록 칭찬할 뿐이며 자신의 것으로 삼아 체득하려고 하지 않으니 숭배가 극에 달했다고 할만하다. 그러면서도 왕 · 이의 상세한 후계자(소라이를 가리킴=역자)가 만든 문장을 보면 여기에서 잘라내서 저기에 짜 넣는 것이 교묘하여 고문의 흉내, 표절에 힘썼지만, 도무지 고문이라 할 수 없다. 단지 세상에서 말하는 비천한 것을 흉내 내는 영웅에 지나지 않는다(지쿠잔, 『비징』).[27]

이렇게 인격비판, 도덕설 부재비판과 마찬가지로 매도에 가까운 비난이 소라이 '고문사'로 쏟아졌던 것이다. 여기서 우리가 주의해야 할 점은 그러한 비난이 전적으로, 소라이는 자신이 말한 것만큼 '고문'을 정확하게 읽지는 않았다, 소라이가 말하는 '고언'이란 전거가 분명하지 않다라는 층위에서 행해지고 있는 것이다. 그리고 반소라이의 유자들은 소라이의 주석법에 강한 거부감을 표명하는 동시에 그것을 '자의(字義)'나 해석의 정확도, 시비의 수준에서 비판함으로써 더욱 용어론적인 경전해석, 고증학적인 세계로 들어가게 된 것이다. 이 점은 3장에서 유교 텍스트의 화문화(和文化) · 평준화라는 측면에서 따로 논했으므로 여기서는 반복하지 않겠다.

다른 한편 그러한 텍스트해석 비판의 주요 테마는, 소라이 비판의 한 축이었던 '도덕'설 부재의 비판, "송유의 명덕을 인심의 허령불매(虛靈不昧)라 한" 부분의 재확인이었을 것이다. 그렇다면 '반소라이학'의 유자가 말하는 도덕론이란 도대체 어떠한 것이었는지, '성(性)'론의 해석의 일례를 나카이 리켄(中井履軒, 1732~1817)의 『논어(論語)』 주석에서 찾아 그 '논조'의 분석으로부터 가이도쿠도가 갖는 '지'의 특질을 확인해 보자. '성(性)－도(道)－교(教)' 테제를 둘러

26) 『淇園文訣』, 大坂府立図書館所蔵本.

27) 『日本思想大系47 近世後期儒家集』, 55쪽.

싼 서술은 주자학 이래 줄곧, 도덕의 근거를 말할 때 중요한 테마가 되었으며, 소라이나 진사이의 주자학 비판도 그 구도를 해체하는 방향으로 전개되었기 때문이다. 그리고 가이도쿠도 유자들에 의한 소라이학 비판의 표적 역시 '기질불변화'설에서 유래하는 도덕설 부재에 있었을 터이기 때문이다.

4. 가이도쿠도 유자의 인간론

원래 가이도쿠도의 유자들은 대부분 성론이나 이기론에 구애받지 않았다. 가이도쿠도 창립에 커다란 영향을 끼친 고이 지켄(五井持軒)을 '시쇼야 가스케(四書屋加助)'라 일컬었듯이, 강의의 일반적으로 주안점이 『대학』, 『중용』, 『논어』, 『맹자』를 평이하면서도 친근한 도덕으로서 조닌에게 들려주는 데에 있었으며, 새삼스런 구실로 성 · 리를 논하는 것을 애초에 바라지 않았던 것이다. 그렇다고는 해도 그러한 경서주석의 논조에서 '지'의 성질이 드러나는 것도 분명하다. 무엇을 말했는지보다, 무엇을 말하지 않았는가에서 시야에 들어오는 것도 있는 것이다. 여기서는 『논어』 '子曰性相近習相遠, 子曰唯上知與下愚不移'장에 대한 주석을 통해 가이도쿠도 유자의 성격을 들여다보자.

'양화(陽貨)'편, '子曰性相近, 習相遠也'장의 주석은 주자학 성론의 특징을 전형적으로 나타낼 뿐 아니라, 소라이가 반박하는 형태로 '성=기질의 성'론을 전개했던, 양자의 차이점이 잘 드러나는 부분이다. 예를 들면 소라이의 『논어징』은 이 부분의 '성'에 대한 주자의 주[28]를 비판하여, '성' 논의의 역사적 내력을 짚어가며 다음과 같이 주를 단다.

---

28) 此所謂性, 兼氣質而言者也. 氣質之性, 固有美惡之不同矣. 然以其初而言, 則皆不甚相遠也. 但習於善則善, 習於惡則惡, 於是始相遠耳. 程子曰, 此言氣質之性, 非言性之本也. 若言其本, 性則是理, 理無不善. 孟子之言性善是也, 何相近之有哉.

> 생각건대 공자가 죽은 후 노장이 출현하여 오로지 무위자연의 도만을 설파하며 선왕의 도를 거짓이라 하였다. 이에 맹자가 나와 성선설을 주장하여 노장에 대항하였다. 그러나 맹자의 학문은 시대가 달라 공자 시대의 옛 정신을 이미 잃어버렸다. 따라서 순자가 나와 성악설을 주장해 맹자에게 반론하였다. 이들(노장, 맹자, 순자=역자)은 모두 종지(宗旨)의 올바름을 다투었다고 할 수 있다. 그런데 송유는 이러한 사정(논쟁적으로 논의가 나오게 된 경위=역자)을 알아채지 못하고 본연의 성, 기질의 성이라는 구분으로 분석하였다. 그들은 고대에 '성'을 논할 때는 모두 '성질'만을 가리켰다는 사실을 모르는 것이다. '본연의 성'이란 말은 애초부터 없었다.[29]

주자학에서 보자면, 만물이 소재(素材)로서의 '기'와 그 절목(節目)으로서의 '리'로 동시적으로 성립되어있는 것과 마찬가지로, 사람도 또한 본래적 측면(리)을 체현하는 부분인 '본연의 성'을 필연적으로 가짐과 동시에, 다른 한편 개체로서의 각각의 차이를 연출하는 '기'에서 유래하는 '기질의 성'을 처음부터 가지는 것이 된다. 그러한 관점에서 행해진 주자의 주석은, '습(習)'에 의해 변화할 수 있는 것은 '기질의 성'의 영역이라고 여기는 것이다. 그리고 그러한 개념조작을, 소라이는 추상적 언사의 축적에 의한 '심학(心學)'이라 여기고, '성'이란 '기질의 성' 이외에는 없다고 여긴 것이다. 그렇다면 소라이설에서 도덕설 부재를 발견한 가이토쿠도 유자들의 『논어』 주석은 어땠을까.

에도 체류 중에 『논어징』을 접하고, '반소라이'의 글 『비물편(非物篇)』을 쓴 고이 란슈(五井蘭洲)는 "대저 소라이가 자신의 설을 주장하고자 하여 먼저 한대의 유자를 낮게 평가하고 그로 인해 송유를 누르려 하였다. 한유를 먼저 언급하는 것은 그의 술책이라 할 수 있다"[30]고 소라이 논법에 대해 비판을 하였다. 또 나카이 지쿠잔의 『비징』에는 같은 부분에 대해 소라이의 주는 선악을 새삼스레 말할 것이 없다고 하기 때문에 조리에 맞지 않는다고 비판하며, 주

---

29) 『荻生徂徠全集』 第四巻, みすず書房, 629쪽.

30) 『懐徳堂文庫本 非物篇』, 大阪大学懐徳堂文庫復刻刊行会, 1989.

자의 주가 옳다고 하였다.[31] 이에 비하여 독자적인 입장에서 해석을 붙인 것은 나카이 리켄의 『논어봉원(論語逢原)』이다.

> 이 장은 오로지 '성'을 논하고 있다. 원래 '기질'은 관계없다. (송유가 말하는=역자) '기질'은 '성'이 아니다. (……) 공자가 "성, 서로 가깝다" 하고, 맹자가 또한 "성은 동연(同然)"이라고 하였다. 그 의미는 같다. 다만 표현 방식이 다를 뿐이다. 예를 들어 사람의 얼굴과 같은 것으로, 장삼(張三)과 이사(李四)의 코는 높이가 다르고 눈의 크기도 다르다. 그러나 얼굴 전체로 보면 크게 다른 것도 아니다. 이것이 "서로 가깝다"는 것이다. 두 사람 모두 눈과 귀는 두개이고 코와 입이 하나라는 점에서 보면 원오(源五)나 평육(平六)(일반인을 가리킴=역자)도 마찬가지다. 이야말로 공자, 맹자의 말이 일치하는 것이다. (학문하는 자는=역자) 묵묵히 꾸준하게 문의의 흐름을 좇아 읽지 않으면 안 된다.[32]

'장삼, 이사, 원오, 평육'이라는 인칭에 비유되어 사람 얼굴의 생김의 차이, '높고 낮음 · 크고 작음'은 애초에 '눈 · 귀 · 코'가 있다는 닮음꼴 앞에서는 의미를 잃는다는 평이하고 비근한 비유로 리켄은 '성'의 결정적인 유동성(類同性)을 말한다. 또 '성'이란 원래 '기질'에는 관여하지 않고, "기질은 성이 아닌" 것이라고 말하는 것이다. 그러나 더 이상 '성'에 대한 논의가 깊어지지는 않는다. 지극히 당연하고 자명한 것으로서 유동적 '성'의 실재가 비근한 비유와 함께 제시될 뿐이다. 여기에는 소라이가 제시한 '성'을 둘러싼 총괄적인 논쟁이나, 주자학이 말하는 관념적인 이론구축과는 명확하게 다른 시계(視界)가 있다.

그런데 이러한 평명(平明)하고 낙천적인 인간관은, 앞에서 든 분고(豊後)의 유자 호아시 반리와도 공통된다. '유교가 아니어도' 상관없지만, '유교'를 '정교'로서 선취하는 것은 "이륜(彝倫)의 도"에 다름 아닌 까닭(『입학신론(入學新論)』)

31) 『懐徳堂文庫本 非徴』, 大阪大学懐徳堂文庫復刻刊行会, 1988.
32) 『論語逢原』, 懐徳堂記念会編, 「懐徳堂遺書」, 1911.

이라고 하는 반리의 유교관은, "그러나 공자가 사람을 말하기를, 사람됨을 가지고 하는 것에 지나지 않는다"(같은 책), "공자의 가르침은 천도에 기반을 두고 사람이 태어난 그대로 하는 것"(『삼교대의(三教大意)』)이라는 의미였지만, 그가 말하는 '인성'론이란, "성이란 선천적인 것이다"[33](같은 책)라는 말로 끝나는 것이었다. "성이란 선천적인 것이다"라는 정의는 일견, 진사이나 소라이 등 '고학'파 유자들이 "성이란 생(生)의 질(質)"이라 한 정의를 연상시키지만 양자의 시선에는 사실 큰 간격이 있다. 예를 들어 소라이의 다음과 같은 언급과 비교하면 명백할 것이다.

> '성'이란 나면서부터 갖는 소질이다. 송유가 말하는 '기질(의 성)'이 바로 이것이다. 송유가 '성'에 "본연의 성과 기질의 성이 있다"고 한 것은, 생각건대 배우는 수단으로 설명한 것이다. (송유는) 또 『맹자』를 오독하여 사람의 '성'은 모두 성인과 같지만 '기질의 성'만이 다르다고 하여, '기질'을 '변화'시켜 성인에 이르고자 하였다. 그러나 만약 사람에게 갖추어진 것이 '본연의 성'만으로 '기질의 성'이 없으면 사람은 누구라도 성인이 되어 버리고 만다. 그렇다면 학문이 필요 없게 된다. 거꾸로 사람에게 갖추어진 것이 '기질의 성'만으로 '본연의 성'이 없다고 한다면 배워도 의미가 없어 또 학문은 필요 없게 된다. 송유가 '본연, 기질의 성'을 말한 이유는 이 때문이다. 그러나 사람은 수태할 당시부터 '기질'이 이미 갖추어졌기 때문에 송유가 말하는 '본연의 성'이 되는 것은 '하늘'과 관계되는 것이고, 인간 측에서 말할 문제가 아니다. 또 (송유는=역자) 리는 무엇에도 구속되지 않고 기질에 구속되어도 구속되지 않는 부분이 존재한다고 생각하지만, 그렇다면 금수와 사람 사이에 어떤 구별도 없게 된다. 그래서 (주자는=역자) "올바르게 통하는 기도 있고 편향되어 막혀버리는 기도 있다"는 말까지 하게 되었으나 결국 '본연의 성'이란 설은 성립하지 않았던 것이다. 망설이라 할 만하다(『변명(辨名)』).[34]

---

33) 『帆足万里全集』 上, 505쪽.

34) 『日本思想大系36 荻生徂徠』, 136쪽.

소라이가 "성이란 생의 질"이라고 할 때에는 주자학의 '본연의 성(천리에서 유래하는 본래적인 올바름)'과 '기질의 성(기에서 유래하는 개별의 치우침)'의 대립 도식 및 그 도식의 형식화, 형해화(形骸化)에서 생긴 고정적인 인간관에 대한 반발이 전제된 것이다. 또한 '기질의 성'이 충만한 현실세계를 다시 파악하여 역전시키려고 하는 의지가 있었다. 그리고 주자학의 논리를 역이용하여 '인성'을 둘러싼 논의자체를 무화시키려고 했던 것이다.

그러나 반리의 정의에는 그러한 논쟁이 될 만한 계기는 없다. 그가 "성은 선천적"이라 하는 것은 바로 생물학적 사실로서 그렇다는데 그친다. 사람도 포함하여 진화상의 동물적 본성인 것이다. 그는 애초에 인간 본래의 자연성 안에 일정한 법칙이 전제되어 있다며, 그것을 아는 것이 "능히 사람이 되는" 것이라고 한다. 그리고 처음부터 전제된 '본성'을, "자애의 마음"과 사람들이 "서로 도와 살아가는"[35] 공공적 정신에서 파악하는 것이다. 리켄의 '성'의 해석도 이에 매우 근접한 것이다. 리켄이 "일찍이 기질을 띠지 않는다. 기질은 성이 아닌 것이다"라고 한 주는, 소라이가 같은 부분의 주에서 "고대에 성을 논할 때는 모두 기질의 성을 말하는 것이다"라고 한 반주자학의 테제를 다시 한 번 역전시킨 듯이 보이지만, 그렇다고 해서 새삼스레 주자 본래의 정의로 돌아가려고 하는 것은 아니다. 그의 인간론은 '성'을 둘러싼 논쟁 자체를 벗어나 있기 때문이다. 그것은 하장(下章) "子曰, 唯上知與下愚不移"의 주에서 더욱 분명하다. 리켄은 "이 장은 오로지 기품을 논할 뿐, 성을 논하는 것이 아니다. 마땅히 상장(上章)의 성론과 혼동하지 말아야 한다"라고 '성'론의 개입, '성' 논의로의 접근을 회피한 위에 다음과 같이 말한다.

> 이 장의 주된 뜻은 사람에게 권하여 선으로 옮겨가게 하는 데 있다. 옮겨갈 수 없는 사람은 지극히 적다. (공자도) 극히 어리석은 이(下愚)가 옮겨갈 수 없는 것을 걱정하는 것이 아니다. 생각건대 매우 지혜로운 이(上知)와 매우 어리

35) 帆足万里, 『入学新論』(『日本思想大系47 近世後期儒家集』 수록), 170~171쪽.

> 석은 이는 천만인 중에 겨우 두셋일 뿐 이다. 그 밖의 보통 사람들은 모두 변화할 수 있는 사람들이다. 지금 지나가는 사람을 향해서 "그대는 상지인가"라고 물으면 반드시 아니라고 할 것이다. 또 "그대는 하우인가"라고 물으면 또한 반드시 아니라고 할 것이다. 그렇다면 즉 변화할 수 있는 사람이 아니고 무엇이겠는가. 따라서 공자는 변하지 못하는 사람을 논하여 '상지', '하우'를 말한 것이다. 바뀌지 못하는 이는 이 둘 뿐이다. 공자가 중히 여긴 것은 사람들이 변화하는 것에 있지 바뀌지 못하는 것에 있지 않다.[36)]

사람들에게 '당신은 지혜로운가, 어리석은가'라고 시험삼아 물어보면 모두 부정할 것이라고 리켄은 거듭 평이하고 비근한 비유를 사용하여 고려해야할 대상은 지금 눈앞에 있는 '양식 있는 사람 일반'이며, '매우 지혜로운 자'도 '매우 어리석은 자'도 극히 예외적인 존재, 우리들에게 시야 밖에 있는 존재라고 말하는 것이다.

그는 '어리석은 자'를 '자포자기'한 사람으로 비정하는 정자의 설을 따르지 않으며, 또 "어리석은 자란 백성을 말하는 것이다"라는 소라이의 정치적 해석과도 관련이 없다. 여기서 '어리석은 자'란 예외적인 폐질자(廢疾者)일 뿐 일반인을 논할 수 없다는 것, 사람이란 눈앞의 '지혜로운 자'라고도 '어리석은 자'라고도 자각하지 않는 사람일뿐이지 그밖에 아무것도 아니라는 것이 명시되고 있다. 이러한 주석내용은 주자나 진사이, 소라이 등의 주석에 익숙한 사람들에게는 때로 김빠지는 느낌마저 들게 한다. 그러나 도덕설에 있어서 소라이를 비판하면서도 주자의 논의로는 회귀하지 않은 가이토쿠도의 유자가 주장하는 인간론의 특징이 선명하게 나타난다.

가이도쿠도 유자의 경학은 항상 '일을 행하는 데서', '사물을 접하는 데서' 경서의 의미를 찾아 가는 것이었다. 그 해석의 기반은 검토해 온 바와 같이 항상 '선천적으로, 선하게 변화하는' 것을 무전제로 하는, 눈앞의 '대다수의 일반인'을 향한 시선이며, 그것을 떠나 새삼스럽게 도덕적 관념의 이론을 구

---

36) 懐徳堂記念会編, 앞의 책, 1911.

축하는 것은 급하지 않다고 생각하는 것이다. 이러한 시계가 근세 후기 오사카의 가이도쿠도를 둘러싼 조닌(町人) 사회의 질서에 규정되는 것이라는 점은 상상하기 어렵지 않다. 또 그것을 오사카 조닌층의 역사적 조건으로부터 인과적으로 생각하기 쉽다. 그러나 이러한 평이하고 개명한 '지'를 야마가타 반토(山片蟠桃), 도미나가 나카모토(富永仲基) 등 다양한 지향을 갖는 유자들이 공유했다는 역사적 사실, 그리고 호아시 반리의 예에서도 알 수 있듯이 그것이 규슈의 일개 지방까지 유통, 공유되어 간 흐름의 사상사적 의미를 생각하는 것이 중요하다. '반소라이'라는 촉매를 두고 일정한 지식사회가 광범위하게 형성된 것의 사상사적 의미이다. 소라이학파의 전개과정에서 성립된, 고문사로 전형화되는 지적특권층으로서의 겐엔(蘐園)적 '문인사회'가 '반소라이'운동 속에서 부정되었다. 그리고 일상적인 '지'를 널리 공유하는 '지식사회'가 제창되기 시작한 것이다. 곤톤시샤(混沌詩社, 에도 중기의 유자인 가타야마 홋카이[片山北海, 1723~1790]를 맹주로 하여 오사카에서 결성된 한시회[漢詩會]=역자)의 문예나, 겐카도(蒹葭堂, 에도 중기의 문인이자 장서가인 기무라 겐카도[木村蒹葭堂](1736~1802)를 가리킴=역자)의 학술에서 분명하듯이, 이 또한 상당히 취미적인 '문인사회'였던 것은 틀림없으나 '고문사'를 다루는 폐쇄적인 문인사회가 아니라, 대다수의 경우 지방 출신의 상인 부르주아지의 지지를 얻은 또 하나의 새로운 '문인사회'였다고 말할 수 있을 것이다. 라이 슌스이(頼春水)는 한 서간에서 "고학이라 하는 것은 모두 학문의 일일 뿐이다. 정주가 위대한 것은 심술(心術)에 있다"[37]라고 소라이학을 비판적으로 서술하고 있지만, 역설적인 의미에서 바야흐로 '학문'으로서의 유학의 성립이 '반소라이'의 내부에서 간파되는 것의 의미를 이제 다시 생각해야 한다.

---

37) 頼祺一, 앞의 책, 1986, 33쪽에서 인용.

5. 가이도쿠도의 '지'와 '공공성'론

앞에서 나는 가이도쿠도 유학처럼 절충적인 유학의 의미는 사상의 추상성이나 체계성의 관점에서가 아니라, '누구에 대해, 무엇이, 어떻게 말해졌는가' 혹은 어떠한 '지'를 자명한 것으로 공유하여 '공동의 이야기'가 성립했는가라는 지점으로부터 비평되어야 한다고 말했다. 사상사를 고찰할 때, '사상'을 구성하는 지적제도가 어느 시점(時點)에서도 얽히고 연관되어(interdiscourse) 끊임없이 반복·편제된다고 파악하는 입장에서 본다면, 절충적인 유학의 세계도 유학사상의 한 실현으로 파악할 수 있을 것이다. 교의로서의 유교에서, '교양'으로서의 유교로 전향된 것이다. 그리고 가이도쿠도로 대표되는 절충적 유학의 내용이 '교양'으로서의 유교로 변질하고, '학문'하는 지식사회가 광범하게 형성된 새로운 현상을 사상사적으로 어떻게 파악해야 할까. 그러한 관점에서 앞 절의 서술을 정리한다면 우선 다음과 같이 지적할 수 있다.

첫째로, 에도기 사상사에서 처음으로 그들의 논의에서 공유하는 문제축이 발생했다는 것, 공유할 진정한 화제가 있었기 때문에 비로소 논쟁하는 '지식인'(의 사회)이 발생할 수 있었던 것은 아닐까. 논의상 대립축이 되는 텍스트로서('서책'으로서 전국에 유통되는) '소라이학'이 부상한 의미는, 경우에 따라서는 도쿠가와 사상사에서 주자학이 차지하는 위상보다 컸던 것은 아닐까. 둘째로, 가이도쿠도 유자가 오사카라는 특정한 '공간(場)'에 국한된 유학으로서가 아니라 널리 확산되었고 거기에서 공동의 '이야기'가 발생했다는 것이다. '지'의 공동성이란 문자 그대로 '균질한 지'의 확산에 있어서 이야기할 수 있었던 것이다. 셋째는, 신흥 부르주아지를 기반으로 일상생활에 직결되어 유교의 교전이 평이하게 해석된 것이다. 앞서 말한 '성'을 둘러싼 논의 등이 그 전형일 것이다. 가이도쿠도 유자에게 '지'의 '공공성'은 이런 점들을 확인한 후에야 상정될 수 있는 것이다. 그리고 이러한 새로운 지식사회의 성격을 밝히기 위해 하버마스의 '공공권(公共圈)'론이 투입되었다. 근세 후기사상과 관련하여 '공공성'의 문제가 어떻게 논의되었는지를 되돌아보고, 거기에서 나타난 문제가 무엇이었는지 살펴보겠다.

'공공권'론이 근래에 다시 각광을 받게 된 것은, '국민국가'제도와 세계시스템의 급박한 변동 속에서 새로운 공동체구축운동이나 새로운 결사형태를 모색하고 '공동성(公同性)'의 참모습을 재확인하는 데서 기인한다. 하버마스로 대표되는 '공공권'의 논점은 1970년대부터 널리 역사연구, 사상사연구에 큰 영향을 끼치고 있다. 하버마스의 '문예적 공공성'에서 '정치적 공공성'으로 라는 테마는 역사나 사상사 연구자에게 너무나 매력적인 틀이며, 그로부터 다양한 논의가 이루어졌다.

일본 사상사연구에서도 거슬러 올라가면 아미노 요시히코(網野喜彦)의 아질론(agyl論, 그리스어 asylon에서 유래하는 아질은 숲, 사원, 신전 등 속세와 구별된 신성한 불가침의 영역을 가리킨다=역자)부터 근래의 가이도쿠도론까지 하버마스 '공공권'은 큰 영향을 끼쳐 왔다. 그렇게 '공공권'을 둘러싼 논의나 하버마스 '공공권'론을 차용한 논의가 활발한 가운데 때로 우리를 혼란케 하는 것이 있다. 그러한 논의에는 분명히 일관되게 근대비판, 혹은 '미완의 근대'에 대한 희구가 투영되고 있는데, 가장 중요한 '공공권' 그 자체의 의미가 극히 애매하거나 다의적이라는 점이다. 거기에는 논자에 따라 상당히 엇갈리기도 하고 서로 다른 지향점이 발견되기도 한다. 빛나는 '근대'의 상징으로서 '공공성'이 서술되는 한편으로 근대의 닫힌 영역으로서 '공공성'이 비판적으로 논의되는 까닭은 무엇일까.

아미노 요시히코의 '무연(無緣)·악(樂)·공계(公界)'론을 계승한 사회사가 아베 긴야(阿部謹也)는 그의 저서 『'교양'이란 무엇인가』에서 하버마스의 논의를 상세히 소개하였다. 그리고 '공공성'의 개념을 일반화하여 추출하고, "'공공성'을 갖지 않는 역사는 없다"라며 일본의 공공성을 전통적 개념인 '세켄(世間, 원래 불교용어로 변화하고 파괴되는 세상이란 의미이나, 일반 명사화하여 세상, 사회 등의 의미로 쓰임=역자)'에 적용하여 설명하고 있다. 그리고 하버마스가 말하는 독일적 '공공성'의 전환에 대하여 일본에서는 일본적 '공공성'='세켄'이 바람직하게 전개되지는 못했다 하더라도 일본에서 '독서하는 대중', '비판적으로 토의를 행하는 공공권'이 탄생할 수 있었던 계기로 가이도쿠도 유학을 들고 있다.

(가이도쿠도에서는=필자주) 가쿠몬조의 대표가 마치부교(町奉行)를 방문할 때에는 칼을 차는 것이 허락되었다. 조닌(町人)뿐 아니라 무사나 농민도 참가하고 있었고, 기본적으로 평등한 관계 속에서 학문이 행해졌던 것이다. 운영 역시 당시로서는 이례적일 정도로 합리적이었다. 학주(學主)의 자식은 계승자가 될 수 없다는 원칙이 있었다. 상업이 멸시되던 당시 사회에서 시장에서 살아가는 사람으로서 상인의 활동은 도덕적으로 정당하다고 확인되었던 것이다. 에도에서도 하타모토(旗本)·고케닌(御家人)들을 위하여 쇼헤이코(昌平黌)가 설립되고, 조닌들도 『겐지모노가타리(源氏物語)』나 『기기(記紀)』 등을 읽었다. 이러한 운동은 서구의 독서협회와 흡사하며 독서대중(公衆)이 성립하고 있었다고 할 수 있을 것이다.[38)]

말할 것도 없이 이런 기술은 전적으로 데쓰오 나지타의 『가이도쿠도(懷德堂)』[39)]를 바탕으로 한 것이다. 아베는 계속해서 다음과 같이 서술하면서 근년의 일본사회='세켄'론으로 자신의 논의를 전개하고 있다.

이러한 운동은 공공성으로서의 '세켄'에 적지 않은 영향을 끼치고 있었다고 여겨지지만, 거기에서 시민적 공공성은 발생하지 못했다. 독서대중의 성립에 뒤이은 정치적 집단이 형성되지 않았던 탓이다. 독서인을 포함하는 이러한 사람들은 '세켄'과 변함없이 깊은 관계를 맺고 있었다. 그 관계의 존재 형태는 지금도 남아있는 갖가지 속담에서도 볼 수 있다.[40)]

---

38) 阿部謹也, 『「教養」とはなにか』, 講談社現代新書, 1997, 38~39쪽.

39) テツオ・ナジタ, 『懐徳堂－十八世紀日本の「徳」の諸相』, 子安宣邦訳, 岩波書店, 1992.

40) 阿部謹也, 앞의 책, 1997, 39쪽.

그렇다면 에도 후기 유교의 이해에 '공공성' 개념을 끌어 들인 데쓰오 나지타의 논의란 어떤 것이었는가. 나지타는 위의 저서에서 가이도쿠도를 이념의 발전 전개사 안에 자리매김하지 않고 가이도쿠도적 '지'의 다양한 모습을, 그것을 발현시킨 지적편제의 변용을 묻는다. 미야케 세키안(三宅石庵)을 지지한 오사카 조닌들, 소위 '오동지(五同志, 오사카의 거상 나카무라 료사이(中村良斎)·도미나가 호슌(富永芳春)·나가사키 가쓰유키(長崎克之)·요시라 가큐(吉田可久)·야마나카 소코(山中宗古)의 다섯 명을 가리킴=역자)'에 의해 교호 9년(1724) 오사카의 마을에 설립되어 메이지 초년까지 존속한, 조닌에 의한 조닌을 위한 가쿠몬조 '가이도쿠도'를 해명할 때 나지타는 나카이 지쿠잔 · 리켄형제, 도미나가 나카모토(富永仲基)들의 유학 언설을 사회학적 시각에서 조명함으로써 그들의 공통된 지적 특질을 서술하려고 했다.

조닌의 가쿠몬조인 탓에 직업상 긴급한 일이 있을 때는 강의 중간에 빠지는 것도 허용되고, 무사나 조닌이나 자리를 정하는데 "차별이 있어서는 안 된다"고 명시한 것에서 확연히 드러나는 가이도쿠도의 가쿠몬조로서의 양태와, 도미나가 나카모토의 '가상설(加上說)'이나 야마가타 반토의 '무귀론(無鬼論)' 등 에도기에 특출하는 독특한 유학설 사이의 일관성을, 나지타는 에도기 유교의 지적변질이라는 측면에서 밝히고자 한다. "'구축된' 다양한 지식의 구조와 마찬가지로 '가쿠몬조'로서의 가이도쿠도는 단순히 배타적이고 닫힌 공간이 아니었다. 따라서 가이도쿠도의 사상사는 지역이나 계급이라는 경계를 가로지르는, 좀 더 넓게 일련의 사상의 관계를 파악하는 방법으로 이해해야 한다"[41]라고 주장한다. 그리고 많은 조닌학자들이 관여하고, 지역적으로도 광범하게 확산되며 성립한 '지적 네트워크'의 결점(結點)으로서의 가이도쿠도 사상세계의 의미를 다음과 같이 집약한다.

41) テツオ・ナジタ, 앞의 책, 1992, 9쪽.

> 가이도쿠도의 나카이 지쿠잔과 야마가타 반토 두 사람의 사상은 후세에 직접적인 영향을 끼쳤다기보다 개념화의 구조적 기초를 다졌다는 점이 훨씬 더 중요하다. 그런 기초가 있었기 때문에야 말로 단편적이었던 것이 훗날에 집약되고 분석적이며 비판적인 시각이 새롭게 성립한 것이다. 지쿠잔이나 반토의 저작이 고립된 특별한 사건이 아니라 인식과 정치체제 문제를 향한 한층 더 넓은 지적 관여의 일환이었음은 틀림없는 사실이다. 이 점에서 그들의 저작은 후세대가 전거로 삼은 하나의 인식론적 원천이었다.[42]

나지타는 가이도쿠도라는 역사적으로 드문 '열린 장소'에서 조닌 유자의 인식론적 전개라는 측면에서 사상사적 의미를 읽어내려고 했던 것이다. 야마가타 반토에 대해 "적절히 획득된 인식이 그다음에 어떻게 일상적인 생활이나 공적 영역에서의 인간의 행위를 직접 끌어낼 수 있을까"[43]라는 그의 물음은 그야말로 하버마스가 문제 제기한 '지'의 공공성 발생을 둘러싼 역사적 검증에 대한 물음과 겹치는 것이다.

그리고 이러한 관점을 계승하여 가이도쿠도의 지적세계를 더욱 명확하게 제시한 것이 미야카와 야스코(宮川康子)의 『도미나가 나카모토와 가이도쿠도』[44]이다. 미야카와는 저서에서 '공징(公徵)'이라는 단어를 실마리로 "나카모토 등의 '공'개념이 공중(公衆)의 내부에서 발상(發想)된 '공'"이라는 것, "어떤 절대자와 연결된 '공'에 대하여 만인의 마음속의 '당연한 리', 즉 인간이성의 복권으로서 이야기하는 것이 반소라이의 언설"[45]이라고 한다. 그리고 그러한 '공'개념, '만인＝공중'도 또한, 당연히 도미나가 나카모토가 처해 있는 현실의 신분제 사회의 제한을 받는 것임을 보류하면서 "그들은 역시, 처음부터 독서하는 교양인으로서의 공중이었다. 그리고 극히 추상적인 공간에서 학문

---

42) 위의 책, 12~13쪽.

43) 위의 책, 461쪽.

44) 宮川康子, 『富永仲基と懐徳堂－思想史の前哨』, ぺりかん社, 1998.

45) 위의 책, 77쪽.

을 매개로 하여 자율적이고 평등한 개인이라고 하는 자기인식을 형성해 갔다"[46]라고 한다. 하버마스가 근대 독일의 '독서하는 공중'을 향했던 시선이 여기서는 저자의 가이도쿠도 유자들을 향한 시선과 분명하게 겹치고 있다. 특히 저자의 논의에서 가이도쿠도의 '지'의 '공'적 성격의 내용이 소라이학 이후의 '공'개념의 변용으로서 규정된 점에 주목해야 한다. 그 사회내적 양태에서뿐 아니라, 소라이학 비판을 거쳐 구축된 유학설의 내부에 사회내적 표출의 모습에 상응하는 '공공'적인 '지'가 발생하고 있었다고 분석적으로 비평한 것이다.[47]

그런데 여기서 가이도쿠도 유학에서 '공공'적 성격의 소재를 확인한 위에 그러한 '공공성'을 오늘날의 근대비판의 시각에서 어떻게 비평할 수 있을지 거듭 생각해 볼 필요가 있다. 18세기 후반부터 19세기 일본의 유학언설에 하버마스 '공공권'론이 도입될 수 있다고 하더라도(그것은 가능하며, 나 역시 거기에서 새로운 시점이 도출된다고 생각하지만), 그전에 몇 가지 짚고 넘어가야 하는 대목이 있는 것도 사실이다. 우선은 하버마스 '공공권'론을 둘러싼 오늘날의 상황을 확인할 필요가 있고, 또 지금까지 동아시아 사상사에 있어서 상당히 자유로웠던 '공공권'론 채용의 역사를 비평적으로 회고할 필요가 있다. 그 위에 에도 후기 유학사상에서 '공공성'이란 무엇인가, 또 그것이 훗날의 메이지기 '공론(公論)'적 세계와 어떻게 연속 혹은 단절되는지의 문제를 정리해야 할 것이다. 지금까지 논해왔듯이 그리고 모든 연구자가 밝혔듯이 가이도쿠도적 '지'가 '근대지'에 이어지고 우리에게 체내화된 것임을 자신의 문제로 인정하는 까닭에 더더욱, 거기에서의 '공공성'이 무엇을 향하여 '열린' 공공성이며, 무엇을 향해 '닫힌' 것이었는지를 분명히 해야 한다. '공공성'론을 근세사상사에 적용

46) 위의 책, 78쪽.

47) 미야카와는 『自由学問都市大坂－懐徳堂と日本的理性の誕生』, 講談社選書メチエ, 2002에서 이러한 테마를 더욱 명쾌하고 설득력 있게 가이도쿠도의 학문전반의 문제로 제시한다.

할 수 있는 가능성에 관한 방법론적 음미는 물론, '공공성'론에서 언급되는 '공공'과 근세유교의 '공'개념의 전개와의 변별 · 상관관계를 명확히 할 필요가 있는 것이다. '근대'를 대상화하여 재규명하기 위해서는 '공', '공공성'에 대한 논의 역시 유교의 '공'개념이나 '공공의 천리(天理)(요코이 쇼난[横井小楠])', 또 메이지기 이후의 '공론' 등 표현과 내용 모두에 연관된 여러 개념이 중첩되는 가운데 그 용어론적인 차이를 정밀하게 논의할 여지가 있는 것이다. 나 역시 지금 충분한 논의를 전개할 준비가 되어 있지는 않지만, 문제의 방향을 제시하는 것[48]으로 다음 장을 향한 가교로 삼고 싶다.

오늘날, 하버마스의 논의에서 시작된 '공공성'론이 혼란스러운 것은 하버마스 '공공권'론이 처음부터 서구의 특정한 역사적 경험을 어떻게 파악할까라는 측면과 그것을 뛰어 넘어 근대의 발생을 설명하는 일반적 개념으로서의 측면을 함께 가졌기 때문이다. 하버마스 '공공권'은 서구 근대의 특징적인 역사성이 강할 뿐더러, 특히 일반적 이념으로서도 논의되었던 것이다. 또 개개의 논자에 따라 서로 길항하는 의미가 '공공성' 개념에 포함된 채 사용되어 왔다는 것에도 기인한다. 사이토 준이치(斎藤純一)의 정리에 따르면 일반적으로 '공공성'개념에는 ① 국가에 관계하는 공적인(official) 것, ② 특정한 누가 아니라 모든 사람에게 관계하는 공통의 것(common)이라는 의미, ③ 누구에 대해서도 열려있는 것(open)이라는 세 가지의 의미가 원래 포함되어 있고, 그것들은 서로 '항쟁'하는 관계이다.[49] 때문에 '공공성' 논의는 논자가 어떤 위치에서 논하는지에 따라 전혀 다른 논의가 재생되어 왔다고도 할 수 있다. 일본사상사연구에 투입된 '공공권'론도 마찬가지로 논자 개개의 '근대'관에 기반하면서 서로 길항하는 '공공성'의 세 가지 의미가 투영되어 왔다고 할 수 있을 것이다. 일본사상사연구에서의 '공공성'론이 때때로 혼란스러운 것은 이 때문이

---

48) 우선 문제에 대한 정리로 졸고, 「近世思想史研究と「公共圏」論」, 『プロブレマティーク』 III, 2002 수록 참조.

49) 齋藤純一, 『公共性』, 岩波書店, 2000, 「들어가는 말」.

다. 그리고 문제를 더욱 복잡하게 하는 것은 근대 서구의 사상을 수용하고 새로운 사회상을 모색하는 과정에서 각기 종래의 유교에 전통적인 '공'개념, 일본적 문맥에서의 '오야케 · 公', 혹은 근대의 '공의' · '공론' 등 분석개념으로서의 '공공권'에 유사하거나 중복되는 용어를 서로 겹쳐가며 논의해왔던 것이다.

"'공'이라는 카테고리를 둘러싼 언설의 경쟁 자체가 주제"라는 관점의 자극적인 연구인 히가시지마 마코토(東島誠)의 『공공권의 역사적 창조－강호(江湖)의 사상으로』[50]는 이 문제에 한 가지 힌트를 준다. 저자는 "하버마스 '공공권' 이란 애초부터 '부재(不在)의 개념'이었다는 것에 재고를 촉구한다." "서구에서 이미 그랬던 것처럼, '공공권'이라는 것은 역사상 항상 실재한 것은 아니다. 그것은 창조하려고 노력하지 않으면 존립할 수 없는, '가능한 것'일 뿐이었다. 이 창조의 가능성을 적출하는 것, 그리고 그를 통해 현대 사회관계의 '가능한 변화의 조짐'을 모색하고 그 논리구축에 기여하는 것"[51]이라고 한다. 이러한 관점에서 근세 사상 연구에서 '공공권' 투입의 문제점 역시 명쾌하게 적출한다. 저자에 의하면 일본에서 '공공권' 논의가 혼란스러운('어긋남'이 생기는) 이유는 '공공성'에 함의된 '만인에게 열린 영역'과 '만인에게 공통되는 영역'의 본질을 무시한 채 간단히 관련시켜 논의해 온 탓이다.

아렌트에게 '공공영역'은 근대와 함께 잃어버렸다고 여겨지고, 하버마스에게 '공공영역'은 18세기에 부상하면서 이미 변질되어 갔다고 여겨지는 것처럼, '근대'이해에서 분명하게 차이남에도 불구하고 양자의 공공(public/Öffentlich)의 기저에 공통되는 것은, 서구세계의 달성 (혹은 부재향)으로서의 '만인에게 열린 영역'이다. 그리고 이 '만인에게 열린 영역'과 '만인에게 공통되는 영역'의 구별이야말로 일본사 연구자를 더욱 혼란스럽게 한 것이라고 말해도 좋다. 일본사가의 함정은 바로 공동적(common)인 것이 곧바로 공공(public)이라고 간단히 결부시켜 온 데 있다.[52]

---

50) 東島誠, 『公共圏の歴史的創造－江湖の思想へ』, 東京大学出版会, 2000.

51) 위의 책, 9쪽.

이처럼 저자는 문제가 오늘날의 연구자뿐 아니라, 근대 일본의 '공공'을 둘러싼 언설 일반에서 유래함을 지적하고 있다.

> 그러나 한편, 서문에서도 얘기했듯이 이 '혼란'이야말로 그 자체가 둘도 없는 연구대상인 것이다. 서구 텍스트에 보이는 Öffentlich나 public과 한문 텍스트에서 기원하는 '공공'이 뒤섞여 하나가 된 특수한 일본적인 '공공성' 개념의 폭주관계를 읽어 내는 것은 서구와 아시아 사이에서 애매한 위상을 취하는 일본사회의 특질을 묻는 시도에 다름 아니다.[53]

저자는 근세 일본 유학의 '공공' 개념에 대해 요코이 쇼난을 예로 들며, 그것은 "하늘과 땅 사이, 천자와 천하, 성현과 천하라는 상하의 축을 전제로 하면서 이들을 수평의 차원으로 향하게 하는 역학을 표현하는, 문자 그대로 동사적으로 기능하는 개념"[54]이었다고 한다. 그리고 이 "동사적으로 기능하는 '공공'개념"이 메이지에 들어 어떻게 '전형(轉形)'해 가는지를 『메이로쿠잡지』의 논의를 통해, 또한 '가능성'으로서의 '공공성'을 "메이지에 있어서 강호의 부상"에서 찾아내고자 한다.

나는 히가시지마가 『공공권의 역사적 창조』에서 제기한 과제가 그대로 가이도쿠도적인 '지'의 공공성을 어떻게 비평해 갈 것인가라는 문제로 이어진다고 생각한다. 하버마스적 '공공권'이 이미 에도 후기에 성립했었다고 실체화함으로써, 결과적으로 종래의 '근대화론'에 근접해 버리는 것이 논의의 본의는 아닐 것이다. 본질적인 부분은 가이도쿠도적 '공공성'을 성립시킨 언설공간의 역사성과 그것이 근대 '국민국가'의 닫힌 영역으로서 '공공성'의 어느 지점에 접근하는 것이었는지가 근대 비판의 시점에서 논의될 필요가 있다. 히가시지마는 『공공권의 역사적 창조』에서 메이지기의 "유학적인 '상하공공(上

---

52) 위의 책, 226~227쪽.

53) 위의 책, 227쪽.

54) 위의 책, 229쪽.

下公共)'의 구조는 거기에서 천황이 배제(上方排除)되고 외부에 놓이게 됨으로써, 새로운 '공공'으로 재편성되어 가는"[55] 문제를 지적하였다. 이와 마찬가지로 근세 후기 유학사상에서 배태한 '공공성'이 후에 '국민'화를 향해 재편되는 '공공성'의 어디에서 굴절되었고 어디에서 공통되었는지 묻지 않으면 안된다. 그것은 에도 후기 유학에서 '공동성'이 어떤 식으로 이야기되었는가, 또 어떻게 하여 근대 '국민국가'의 국민적 '공공성'의 논의로 우르르 밀려갔는가 하는 문제이다. 다음 절에서는 균질화되고 대중화된 '유학지'에 새로운 주제로서 발생한 것이 무엇인지, '공공성'을 둘러싼 언설의 교차점 위에 공통의 문제 틀로서 무엇이 발생했는지를 밝히는 것으로, '국민국가'의 발생 장면을 끄집어내고 싶다. 바로 유교 언설을 모태로 하는 '국민'형상화의 문제이다.

6. '국체'론과 '국민'상

이제는 내셔널리즘연구의 고전이 된 『상상의 공동체』에서 베네딕트 앤더슨은 "내셔널리즘이 거기에서 – 그리고 또한 그에 항거하면서 – 존재하게 된 내셔널리즘에 선행하는 대규모의 문화시스템과 비교하여 이해되어야 한다"면서 서양의 경우 종교공동체와 왕국에서 답을 찾았다. 그는 내셔널리즘 성립의 전제 조건을 다음과 같이 정리하고 있다.

> 내셔널리즘의 구체적 기원에 대해 논하기 전에 지금까지 제시된 주요한 명제를 다시 한 번 요약해 두자. 나의 기본적인 주장은 국민을 상상한다고 하는 가능성자체가, 고래의 세 가지 기본적 문화개념이 공리(公理)로서 사람들의 정신을 지배하지 못하게 되었을 때 비로소 역사적으로 성립했다는 것이다. 그 첫째는 특정한 수사본(성전)어만이 바로 진리의 불가분한 일부이기에 존재론

---

55) 위의 책, 235쪽.

> 적 진리에 다가가는 특정한 수단을 제공한다는 관념이다. 바로 이 관념이 크리스트교적 세계, 이슬람 공동체 그 외의 위대한 대륙횡단적인 신도단체를 낳았다. 둘째는 사회가 높게 치솟은 중앙—다른 인간으로부터 동떨어진 존재로서, 무엇인가 우주론적 (신적)섭리에 의해 지배하는 왕—의 아래, 그 주변에 자연적으로 조직되어 있다는 신앙이다. 거기서는 지배자가 성전과 마찬가지로 실재(實在)를 향한 입구이며 ['군신귀일(君臣歸一)'을 상기하라], 또 거기에 내재하는 것이었기 때문에 사람들의 충성은 필연적으로 계층적이고 구심적이었다. 셋째는 우주론과 역사는 구별불가능하며 세계와 인간의 기원은 본질적으로 동일하다는 시간관념이다. 이런 관념들이 하나가 되어 인간의 생을 사물의 본성 자체에 옮겨 심어, 존재의 일상적 숙명성(특히 죽음, 상실, 예종(隷從))에 일정한 의미를 부여하고 나아가 다양한 방법으로 그로부터의 구제를 제공한 것이다.[56]

여기에서 앤더슨은 내셔널리즘이 "그에 항거하면서 존재하게 된" 듯한 "선행하는 대규모의 문화시스템", 그리고 '국민국가' 성립의 전단계로서 파괴하지 않으면 안 되었던 문화가치구조를 문제시하고 있다. 이는 19세기 일본에 어떻게 적용될 수 있을까. 앤더슨의 저술 가운데 근세 일본에 대한 언급이 부정확하며 또 근세 일본에서는 이미 권위의 세속화가 상당히 진행하고 있었다는 것, 지배자와 대중의 결합형태도 그가 말하는 '군신귀일'적 상황이 아니었다는 것은 사실이다. 그렇지만 나는 앤더슨의 몇 가지 정의가 큰 틀로서는 일본의 경우에도 유효하다고 생각한다. 화이질서사상이 근대 국가적 대외관으로 바뀌는데, 새로운 근대적 공동성으로 전환되는데 이러한 과제는 '국민국가'화에 직면하여 마땅히 극복해야 할 것이었음은 틀림이 없다. 특히 새로운 귀속의식으로서의 '국민'상이 어떠한 과정을 거쳐 우리에게 체내화 되었는지는 여전히 중요한 논점이다. 이에(家), 한(藩), 고(講) 등등의 신분적, 혈연적, 종교적 소집단에 귀속하는 '사(私)'의 자각과, 공유하는 '국가'라는 새로운 전체

56) 베네딕트 앤더슨, 앞의 책, 1997, 27 · 58쪽.

상의 일원으로서의 자각 사이에는 본래 헤아릴 수 없는 차이가 있었고 그것이 어떻게 극복되었는가('자연스레' 연속하듯이 의식되었는가)는 유교의 변질과도 관련되는 중요한 문제이다. 하시카와 분조(橋川文三)는 와타나베 슈지로(渡辺脩二郎)의 「민정여하(民情如何)」의 "사인(士人)들이 처음 서로 만나면 먼저 속한 한(藩)의 이름을 물은 뒤에야 이야기한다. 마치 외국인과 만나는 듯하다. 따라서 막사(幕士)이면서 황실의 존재를 모르고, 번사(藩士)이면서 바쿠후가 있음을 모르는 이가 적지 않았다"를 인용한다. 그러면서 "번국(藩國)을 뛰어넘은 '일본국'의 의식이 갑자기 그들의 뇌리에 떠올랐다고 한다면, 그것은 확실히 경이적인 사건이었다"[57]고 하지만, 그러한 비약이 가능했던 배경을 알기 위해서는 앤더슨의 말처럼 '출판자본주의'나 '언어'의 문제와 함께 지적변질의 문제를 밝혀야 한다. 즉, 당시의 공적 언어였던 유교의 모든 언설이 중첩되는 가운데서 공유된 범주로서 '국가'나 '국민'이 공약적인 표상으로서 자명한 것처럼 나타나게 되는 과정 자체를 밝힐 필요가 있는 것이다.

여기에서 먼저 떠오르는 것은 유교 내부로부터 나온 용어로서의 '국체'라는 개념이다. 그러나 여기서 본래 불명료한 용어에 명쾌한 정의를 내리거나 해석을 하려는 것은 아니다. 또 그 어의를 과거로 거슬러 올라가 캐내려는 것도 아니다. 그러한 작업은 바로 그림자로 그림자를 잡으려는, 두서없는 반복 작업으로 끝나버릴 것이다. 나의 관심사는 '국체'라는 용어가 다른 어떤 개념들과 같이 사용되면서 의미의 외연이 형성되어 갔는가, 그리고 지식층이 개별의 문맥상에서 사용하는 과정에서 공유하는 범주로서 그 내용이 수면위로 떠오르게 된 과정 자체를 조명하는 것이다. 바로 일본에서의 '국민국가' 생성의 본질적 부분이 바로 거기에 있다고 생각하기 때문이다.

말할 것도 없이 '국체'란 일본의 근대화 과정에서 사상적 · 정치적으로 두루 사용되었다. 특히 쇼와 10년대 '국체명징(國體明徵)'기에는 "만세일계의 천황

57)『橋川文山著作集』九, 筑摩書房, 2001, 32쪽.

황조의 신칙" 아래 "만고불역의 국체"(『국체의 본의』)로 칭해지듯 강대한 압력을 가져 온 데몬(demon)과 같은 추상물이었다. 에도 말기의 유자들에게는 그 의미나 내용이 일정치 않은, 그래서 더욱 사용하는데 편리한 용어였다. 그것이 다용되고 다른 개념과 병용되는 과정에서 원래 어떤 실체를 갖고 있던 것처럼 부상해 온 그 존재 양태는, 그야말로 '만들어진' 것으로서 '국체'나 '국민'이 출현하게 된 모습을 여실히 드러낸다. 물론 '만들어진' 것임을 새삼스레 말하는 자체에 그다지 의미가 있는 것은 아니다. 처음에 '어떻게' 만들어 졌고 어떠한 언설이 동원되어 실체화되어 갔는지 그 과정을 밝히는 것이야 말로 의미가 있는 것이다. 여기서는 '국체' 개념이 발생했던 장면의 애매함을 드러내는 것으로서 하시카와도 주목했던, 요시다 쇼인(吉田松陰)의 『강맹여화(講孟余話)』 본문과 「야마카타 다이카평(山県太華評)」, 「쇼인 반평(松陰反評)」 등을 발췌, 인용해 둔다.

『여화』 본문 · [맹자「진심(盡心)」 하, 제36장]

도는 천하공공의 도로 이른바 '공통'에 해당한다. '국체'는 한 나라의 형태(몸)로 이른바 '개별'에 해당한다. 군신, 부자, 부부, 장유, 붕우, 오륜은 천하에 공통된 것이나, 황조군신의 뜻이 만국보다 탁월하다는 것은 일국의 독자적인 형태이다. 흉노족의 장년은 맛있는 것을 먹고 늙은이는 그 나머지를 먹는 것처럼 장년을 귀히 여기고 노약자를 천시하며, 아비가 죽으면 그 후 처를 자신의 처로 삼고, 형제가 죽으면 모두 그 처를 자신의 처로 삼는 풍속 또한 (흉노족) 일국의 독자적인 형태이다. (성은 같지만 이름이 다른 것처럼) 다른 것은 먹어도 아비가 생전에 특별히 좋아하던 대추(羊棗)를 자식이 먹지 않는다는 의미를 생각하면, '공통'보다도 '개별'(독자적인 형태)이 중요하다는 것을 알 수 있다. ('개별'인) 국체가 가장 중요한 것을 알아야 한다. 그렇다하더라도 '도'란 총괄하는 이름이며 모든 것을 겸하여 말하는 것이다. 따라서 크고 작음, 정교하고 성긴 것을 모두 '도'라 총칭한다. 그렇다면 (독자적인 부분인) '국체' 또한 '도'인 것이다. (……)

「야마카타 다이카평」

'국체'라는 표현은 송대의 글에 간혹 보이지만 일본의 글에서는 아직 쓰이지 않는다. 미토(水戸)에서 처음 나온 것인가. (아이자와 세이시(会沢正志斎)의) 『신론(新論)』에서 '국체'를 말하고자, 우리나라는 '태양이 뜨는 나라'라 말하고, '기운의 원천이 되는 곳'이라 말하여 모습과 형체가 다른 나라의 머리에 해당한다고 하는 것은 애초부터 잘못된 표현으로 (……) 옛 사람이 말하지 않았던 신기한 것('국체')을 꼭 말하지 않더라도 단지 '리'를 분명히 하여 천하에 통하는 '공론'을 논의해야 할 것이다. (……)

「쇼인 반평」

('국체'란 표현의 유래에 대해서) 저도 깊게 알고 있는 것은 아닙니다. 다만 그 표현이 실제에 적합하고 도움이 된다면 오래된 말이 아니어도 문제가 없겠지요. (……) 그래도 상충(尙忠), 상현(尙賢), 상질(尙質)의 '상'이란 글자는 진실로 '국체'의 뜻에 적합하지요. 그 표현이 어떠하든 신경 쓸 필요는 없습니다. (……)

「다이카 평」

(……) 내 곰곰이 생각하니 최근에 '황조학', '국체학' 등이라 칭하는 미토에서 나온 한 유파의 학문은 단지 외국을 배척하는 것만이 아니라 은밀히 (에도바쿠후에 대하여) 교토의 조정을 재흥시키려는 뜻이 숨어 있는 것으로 보인다. (……)[58]

문답 가운데 전 명륜관 학두인 야마가타 다이카의 신랄한, 그러나 주자학자로서 지극히 당연한 비평에서도 분명하듯이 '미토학 언저리에서 말하기 시작했다'고 여겨지는 '국체'란 원래 전거(典據) 불명한 상황적 조어일 뿐이었다. 그러나 쇼인은 다이카가 비판하는 내용의 애매함과 비한정성을 그야말로 역이용하여 비판에 응수하는 한편, 자의적으로 바꿔 말하면서 '일본'이라는 나라의 전체상, 독자성을 말하는데 애를 썼다('국체의 중요함을 알아야한다', '표현에 신

58) 『日本の思想19 吉田松陰集』, 筑摩書房, 1969, 334~343쪽.

경 쓸 필요는 없다'). 글 가운데 인용되는 소라이적인 "도는 총괄적인 이름"이란 명제도, 무리하게 '국체'가 (또한) '도'라는 근거로 여겨지는 것이다. 이렇듯 대체로 부정합적인 논리만이 눈에 띄는 대화기록이긴 하지만, 오히려 이렇게 아무리 봐도 상황주의적인 흐름 속에서야 말로 의미하는 내용의 불명확성을 호도하면서 연합하는 관념들 가운데서 '국체'상이 떠오르는 것이다. 이처럼 유교용어에 의한 전체상으로서의 '일본'을 이야기하는 용어를 모색할 때, 사람의 집합을 어떻게 파악할까, 서양에 대항하는 '우리'를 어떻게 새롭게 이야기해 낼까라는 절박한 생각이 공통적으로 따라다녔다. 서양문명의 본질을 크리스트교라는 한 가지에 집약하여, 그것에 대항할 수 있는 '우리다움'을 찾으려한 논의는 이 시기에 많이 보였다. 그 구심점으로 추구되는 '우리다움'을 논하는 용어로서, 동시에 부상한 것은 역시 유교적 용어인 '민심일치', '민지일(民志一)'이라는 말이었다. 이런 용어들이 중첩되어 사용되는 과정에서 '국민', '국가'라는 새로운 개념에 해당하는 내용을 파악하게 된 것이다. '민심일치'나 '민지일'은 후기 미토학 등에서 다용되지만("따라서 백성은 단지 천조를 존경하고, 천조의 혈통을 군주로서 받드는 것만을 알아 모두가 지향하는 바가 일치하여 다른 것에는 눈을 두지 않는다. 이렇게 하여 백성의 뜻이 하나가 되어 천[천조]과 인[백성]이 합쳐지는 것이다"[59] 『신론[新論]』), 이러한 의식은 당시에 광범하게 나타나고 있었다.

> 귀 번에서 학문을 진흥시키고자 하시는 뜻은 자세히 들었습니다만, 그야말로 말씀하신 대로입니다. 오늘 날 가장 중요한 것은 '도'를 분명히 밝히는 것으로 상하가 마음을 합하여 '도'를 믿어 갈 것을 바라지만, (……) 그런데 우리나라에서는 이제까지 '대도(大道)'의 가르침이 완전히 보이지 않게 되어 한 나라 안에 세 개의 '도'가 병존하고 있는 상황이라, 성인의 도(유교의 '도')는 학자들의 놀이가 되어 버리고 말았습니다. ㅁㅁ(신토의 '도'＝필자)는 황당무계하여 논리도 없고, 부처의 도는 어리석은 사람들을 현혹시킬 뿐으로 현재 일본의 나라 안에 상하귀천을 묻지 않고 모두가 믿는 '도'는 전혀 보이지 않으니 일국을 들

59) 『日本思想大系53 水戸学』, 56쪽.

어 종지(宗旨)가 없는 국체이기에 무엇으로 사람들의 마음을 일치하게 하여 가르침을 베풀면 좋을런지요(「무라타 우지토시에게 보내는 서간(村田氏寿宛)」, 1856).[60]

이 인용은 요코이 쇼난이 무라타 우지토시(村田氏寿)에게 보낸 서간에서 뽑은 것이다. 서양＝크리스트교에 대하여 "일국을 들어 전혀 종지(宗旨)가 없는 국체"인 우리나라에서, 어떻게 하여 인심을 일치시킬지가 최대의 관심사이다. 그야말로 내부의 새로운 요청으로서, 새로운 공동성을 논하는 용어와 교학이 절실히 추구되고 있다. 「무라타 우지토시에게 보내는 서간」에 현존하는 하시모토 사나이(橋本左内)의 서간(1857)에는 "일본국중을 일가"[61]로 보는 발언도 있고, 또 동시기 사쿠마 쇼잔(佐久間象山)의 "단지 도쿠가와가의 영욕에만 관계된 것이 아니고, (……) 이 나라에서 태어난 사람은[62] (……)"이라는 발언에도 보이듯이, 이 시기 비슷한 의식이 상당히 광범하게 유통·교환되고 있었던 것이다. 물론, "종지가 없는 국체"에 무엇을 충당시킬까에 대해서 후기 미토학과 요코이 쇼난은 크게 달라진다. 다만 여기서 확인해 두고 싶은 것은 일본이라는 전체의 외곽으로서 거론하기 시작한 '국체'와 '인심일치, 민지일'적인 '국민'상 양자가 서로 어우러져 형상화되는 가운데 유교적 내셔널리즘이 형성되어 갔다는 것, 유자들이 공유하는 그러한 문제의식이 유교개념의 급속한 변질을 가져왔다는 점이다. 그리고 보다 큰 관심은 이 '국체'와 '국민'이라는 미숙하고 지나치게 공상적인 개념의 틈을 메우기 위해, 에도 후기 유교사상에서 배태된 어떠한 공동체 감각이 작용하였는가라는 점이다.

이 문제를 반대방향에서 조명하는 실마리가 되는 것이 메이지기 후쿠자와 유키치의 '국민'론이다.

---

60) 『日本思想大系55 渡辺華山・高野長英・佐久間象山・横井小楠・橋本左内』, 478쪽.

61) 위의 책, 569쪽.

62) 『佐久間象山全集』 第二卷, 31~32쪽.

7. 후쿠자와 유키치의 '국민'상

> 먼저 국체란 무엇을 가리키는가? 세상의 논의는 잠시 멈추고 우선 우리가 아는 바를 가지고 논하자. 몸이란 합체(合體)를 뜻하고 또한 체재(體裁)를 뜻한다. 사물을 모아서 이를 완전하게 하여 다른 것과 구별할 수 있는 형태를 말한다. 따라서 국체란 한 종족의 인민을 서로 모아 근심과 즐거움을 함께하고, 타국인에 대하여 자타를 구별지어 타국인보다 후의로 대하고, 서로의 힘을 다함에 타국인을 위하는 것보다 더 노력하는 것이다. 한 정부 아래, 스스로 다스려 다른 정부의 통제를 받는 것을 꺼리며 화복 모두 스스로 담당하여 독립하는 것을 말한다. 서양의 말에 '내셔널리티'라 하는 것이 이것이다. 무릇 세계에서 나라를 세운다면 또한 각기 그 국체가 있다. (……) 이 국체의 정서를 불러일으키는 연유를 살피니, (……) 가장 유력한 원인이라 할만한 것이 동족의 인민이 함께 세태의 연혁을 거쳐 회고의 정을 같이하는 것, 바로 그것이다. (……) 국체는 그 나라에 있어서 반드시 시종 같은 형태는 아니다. 자못 변화하는 것이다. (……) 결국 국체의 존망은 그 나라 사람이 정권을 잃는가, 잃지 않는가에 있다.[63]

위의 인용문에도 분명하듯이 후쿠자와에게 '국체'라는 용어는 후기 미토학의 경우와는 달리 서양 근대 '국민국가'의 외곽('내셔널리티')에 해당하는 뜻으로서 사용되고, 그 요소로 "세태의 연혁"이나 "회고의 정"을 공유하는 데서 출발하는 것, 또한 모든 국가에서 "시종 같은 형태일 수는" 없는 것으로서 파악된다. 오늘날 사용하는 네이션 스테이트와 거의 같은 뜻이라고 생각해도 좋다. 그리고 후쿠자와에 의하면 그 궁극은 '정권'의 소재에 있다. 그는 같은 책에서 후기 미토학풍의 '국체'론을 "황학자류(皇學者類)의 국체론"이라고 비판하며 더욱 의식적으로 중성적 용어, 새로운 개념으로서 '국체'를 사용하고자 했다. 물론 메이지 천황제 국가를 살아가는 인간으로서 "황통의 연면한 국체를 잃지 않았던 징후를 보이는 것이다"[64]라고 천황제와 '국체'의 합치에 대한 언급

---

63) 『福沢諭吉全集』 第四巻, 27~28쪽.

도 잊지 않았다. 아울러 항상 "국체와 정통과 혈통은 각각 별개의 것"65)이라고도 분명히 말하였으며, 될 수 있는 한 신학적 색채, 신비주의적 일본주의에서 벗어나 네이션 스테이트의 확립을 말하고자 하였다. 이러한 메이지 초기의 '국체'개념은 결코 후쿠자와만이 모색한 것은 아니다. 『문명론의 개략』출판과 같은 해(1875)에 간행된 가토 히로유키(加藤弘之)의 『국체신론』에서도 "나는 종래에 국체라 칭하는 것이 결코 공명정대한 것이 아닐 뿐더러, 오히려 심히 야비하고 누열한 것이라 여기는 까닭에 지금 유럽의 문명론에 근거하여 다음 몇 장에 국가군신의 진리를 개론함으로써 공명정대한 국체를 보이고자 한다"66)고 하여, 서양 근대국가풍의 '국가군신'상을 구체적으로 그리는 가운데, 이전과는 완전히 이질적인 것으로서 '국체'를 새롭게 설명하고자 하였다. 가토의 이러한 발언은 보수파의 맹렬한 반발을 야기하였고, 이후 가토는 부득이하게 이 서적을 절판하게 되었지만 적어도 가토의 당초 의도가 새로운 전체상으로서 '국민국가'를 구상하고 그에 해당할 만한 개념으로서 '국체'를 다시 정의하고자 했다는 것은 분명한 것이다. 단 거기서 '국민'을 '군민'으로 바꿔 말할 때만이 이해될 수 있었다는 점, 또 가토에게도 사람들의 공동성을 보증하는 것이 바로 "서로 생양해야할 천성"이라는 유교적 사고였다는 점 등 지금부터 검토할 후쿠자와의 경우와 마찬가지로 메이지기 계몽사상가에게 공통된 난제를 내포하고 있었다.

후쿠자와로 다시 돌아가면, 그는 이 새로운 개념 '국체'='국가'의 통합성을 내부로부터 보증하고 그것을 유의미하게 하는 것으로서 "일국인민의 기풍"을 상정하였다.

> 생각건대 그 정신이란 무엇인가. 인민의 기풍, 바로 그것이다. (……) 두루

64) 위의 책, 31쪽.

65) 위의 책, 30쪽.

66) 『近代日本思想大系30 明治思想集 I』, 筑摩書房, 79쪽.

일국의 인민들에게 침윤하여 널리 전국 곳곳(事跡)에 나타난다 하더라도 눈으로 볼 수 있는 형태가 아니기에 그 존재를 알기가 매우 어렵다. (……) 지금 임시로 일국 인민의 기풍이라 이르지만 때에 대하여 말할 때는 이를 시세(時勢)라 하고, 사람에 대하여는 인심이라 하고, 나라에 대해서는 국속 혹은 국론이라 한다. 소위 문명의 정신이란 즉 이런 것이다. (……) 따라서 문명의 정신이란 일국 인민의 기풍이라 할 수 있다[67].

너무도 유명한 "일본에는 정부는 있으나 국민이 없다"(권5, 9장)라는 발언도 위와 마찬가지로 일국의 '기풍'에 대한 발언과 나란히 등장한다. 후쿠자와가 말하는 '기풍'의 내실에 대해서는 진화를 계속할 문명에 어울리는 인민의 요소로서 '지', '덕'이 활발하게 거론되는데, 그러한 독립의 정신도 역시 '전체로서' 발견되어야 한다고 그는 말한다. 주목해야 하는 것은 '국체'와 '기풍'이라는 유교적인 한자어가 자연스럽게 '국가' 및 '국민'으로 환치되려는 것 그리고 그 '국민'이 '전체로서의 기풍'에서 확인되어야 한다는 것 두 가지다.

문명은 한 사람의 몸에 대해 논할만한 것이 아니라 전국의 상태에 대해 봐야 하는 것이다. (……) 한 사람의 지혜나 어리석음에 의한 것이 아니다. 전국에서 행해지는 기풍에 지배되는 것이다. 따라서 문명이 있는 곳을 찾고자한다면, 우선 그 나라를 지배하는 기풍이 있는 곳을 찾지 않으면 안 된다. 또한 그 기풍은 즉 한 나라의 인민이 가진 지덕의 현상으로 하여금 (……)

위와 같이 이 기풍이란 한 사람의 기풍이 아니라 전국의 기풍이니, 지금 어느 한 가지로 이를 생각하려 해도 눈으로 볼 수 없고, 귀로 들을 수 없다. (……)[68]

이 '기풍'을 파악하는 방법에 관해서는, 이미 H. T. 버클(Henny Thomas Buckle)의 『영국문명사』가 밑받침이 되었다는 지적도 있지만,[69] 동시에 여기서는

---

67) 『福沢諭吉全集』第四巻, 20~21쪽.

68) 위의 책, 51~52쪽.

일본의 내셔널리즘의 유교적 현출이란 특징도 찾을 수 있다. 인용에 보이는 후쿠자와의 "전국의 기풍"으로서 '국민'상을 형성하고 이해하는 방식, 그것은 단지 "대량관찰과 그 결과로서 도출되는 법칙성의 발견, 이른바 사회과학적 방법"[70]이라는 후쿠자와의 과학성으로서만이 아니라 그러한 형상화에서 비로소 '국민'이 상정될 수 있었다는 측면에서 중요할 것이다.[71] 그것은 단지 용어가 유교적이라는 것만은 아니다. 후쿠자와에게 '국민국가'상을 결실 맺게 하는 공동체 감각 그 자체의 문제이며, 거기에는 소라이학 이후 에도기 유교의 공동체 감각이 당연히 잠재되어 있었을 것이라 생각된다. 같은 시기에 니시 아마네가 후쿠자와의 '기풍'이란 용어에 관해 "사실에 기초하는 것이 하나도 없다", "치지학(致知學)에 있어 궤변에 속하지 않겠는가"라고 혹평한 일은 앞에서도 언급했지만(2장) 확실히 후쿠자와는 독특하게 공동성을 파악했던 것이다.

『문명의 개략』을 통해 후쿠자와는 유교적 인륜이나 봉건도덕을 구체제라며 극구 비판한다. 그것은 그 자신이 "문벌제도는 부모의 적"이라고까지 말한 봉건적 신분질서에 대한 철저한 비난, 그리고 그로부터 사람을 자립적 인간으로 해방시키려는 계몽가 후쿠자와의 초지(初志)였다. 이는 유교와 후쿠자와의 관련을 언급할 때 떼어낼 수 없다. 그는 때로는 부당하게 폄하하는 언사를 구사하면서까지 유교를 비판하고 있다.

그러니 논어에 이르기를 "후생(後生)은 가히 두려워할만하니, 그들이 지금 사람보다 못할 줄 어찌 알겠는가." 맹자에 이르기를 "순은 누구이며, 나는 누

---

69) 丸山真男, 『「文明之概略」を読む』 上中下, 岩波新書, 1986.

70) 松本三之助, 『明治精神の構造』, 岩波書店, 1993, 44쪽.

71) 인민의 '기풍·풍기'를 '개조'하여 '국민'이 되게 한다는 테마는, 뒤에도 인용하는 니시 아마네(西周)의 「국민기풍론(国民気風論)」 외, 나카무라 마사나오(中村正直) 「인민의 성질개조설(人民ノ性質ヲ改造スル説)」, 쓰다 마미치(津田真道) 「정욕설(情欲説)」 등 메이로쿠샤 동인들에게 공유된 것이었다. 鹿野政直, 『近代日本思想案内』, 岩波文庫別册, 44~46쪽 참조.

> 구인가. 누구나 도에 전념하면 이와 같이 될 수 있다." 또 이르기를 "문왕은 나의 스승이다. 주공이 어찌 나를 속이겠는가." 이 몇 마디 말로 한학의 정신을 살펴볼 수 있다. 후생은 두려워할만하다고 운운한 것은, 후배가 공부하면 혹은 지금 사람과 같이 되는 일도 있을 것이다. 방심하면 안 된다는 의미이다. 그러면 후배가 공부하여 도달해야 하는 정상은 겨우 지금 사람의 지위 정도일 뿐이다. 마찬가지로 그 지금 사람이라는 것도 이미 옛 사람에 미치지 못하는 후세의 사람이니, 설령 그에 미친다 하여도 그다지 미더운 일은 아니니다.[72]

후쿠자와는 『논어』의 "子曰, 後生可畏, 焉知來者之不如今也"를 달리 예를 볼 수 없을 정도의 이기주의적인 곡해를 하면서까지 유교교학의 폐쇄성과 정체(停滯)를 비난하고자 한다. "문명의 진보, 학문의 상달"이란 진리를 말하는 그에게 유교는 그렇게까지 비근한 눈앞의 장애물로 의식되었다. 그러한 구폐에서 벗어난 인간상을 그는 드높이 평가한다. "일신이 독립하여 일국이 독립한다"(『학문을 권함』). 그는 "동양의 유교주의와 서양의 문명주의"를 대치시키고, "동양에 없는 것은 유형적으로는 수리학이며 무형적으로는 독립심, 이 두 가지"(『후쿠옹자전(福翁自傳)』)라고 말하며, 에도기 유교를 사람을 억압하는 형식주의라고 비판하면서 독립한 인간상을 제창한 것이다.

그러나 말할 것도 없이 근대의 특권적 개인의 성립이란 명제에는 '국가'의 독립과 '국가'에 포위됨으로써 유의미한 개인의 자립이란 사정이 있다. 후쿠자와가 말하는 사람의 '독립'이 "일국의 독립"과 한없이 병행하는 명제로 존재했던 것도 막말부터 메이지에 걸쳐 지식인이 숙명적으로 갖는 자신과 국가와의 일체감 때문만은 아니다. 사람은 먼저 '국민'이 되어야 하며, 후쿠자와가 말하는 "일신의 독립"에는 국민이란 무엇인가라는 물음이 내재했던 것이다. 그러한 새로운 자기파악의 밑바탕 또한 자기 안에 역사적으로 축적된 '교양'을 재생하면서 이미지로서 형성될 수밖에 없는 것이었다. 『문명의 개략』에 보이는 후쿠자와의 '국민'론에는 그러한 문제가 곧바로 드러난다. 자립적 인

---

72) 『福沢諭吉全集』 第四巻, 162쪽.

간, 그가 말하는 '지', '덕'을 갖춘 '국민'이라는 신조물을, 한편 "한 사람의 기풍이 아니라 전국의 기풍"으로서 정신성을 갖춘 전체 표상에서 파악하는 입장에는 에도 후기 이후 유학의 공동체에 관한 감각이 일정부분 존재했던 것이다. "후쿠자와의 과제가 넓은 의미의 도덕적 차원에서의 정신혁명을 내포하고 있는 것" 그리고 "'풍속습관의 힘'을 중시하고 있는 것"에 대해 마루야마 마사오는 버클뿐 아니라 기조(François Pierre Guillaume Guuizot)의 영향을 지적한다. 그것은 근대 지식인에게 있어 자립적 인간='국민'이라는 양의적 과제를 통합적으로 이해하는 과정에서 유교적 교양이 어떻게 작용했는가라는 점에서도 흥미로운 재료를 제공하고 있다.

그런데 에도기 유교의 공동체론에 이러한 '풍속', '습관의 힘'을 끌어들인 것은 역시 오규 소라이다. 후쿠자와가 말하는 사람들의 공동성 파악, 사람의 내적 본질에서 뿐만 아니라 정신성을 갖춘 전체상으로서 외부로부터 파악하려고 하는 입장, 사람의 서로 다른 레벨의 집단에 대한 귀속성을 질적 전환보다 오히려 양적 확대에서 파악하려는 입장이 에도기 유교의 어느 부분에 연결되는가를 생각할 때, 그것이 역시 에도기 유교가 소라이학 이후 품어온 '난제'였음을 알아차리게 된다.

8. 소라이 이후의 유교와 근대 계몽사상

앞에서 나는 베네딕트 앤더슨이 말한 내셔널리즘 성립의 전제조건을 인용했다. (1) 특정한 수사본(성전)어에 의한 '진리'의 독점, (2) 우주론적(신적) 섭리에 의한 왕의 지배, (3) 우주론과 역사의 일치, 세계와 사람의 기원의 일치, 이 세 가지의 '공리'='기본적 문화개념'이 그 자명성을 상실하고, 절대적 권위가 파괴되는 것이 내셔널리즘형성의 전제로 파악되었다. 앤더슨이 제시한 모델을 그대로 일본에 끼워 맞출 수 있다고는 생각하지 않는다. 또 '공리'라고 할 만한 것이 에도시대의 언설 공간에 존재하였는지도 의심스럽다. 그러한 오차를 인정한 위에, 활발한 논의를 위해 감히 앤더슨의 과제를 19세기 일본의 언설 공간에 투입한다면 무엇을 생각할 수 있을까. 근대 일본의 지적세계에 "우주론적 섭리, 또는 우주론과 역사의, 그리고 세계와 사람의 기원의 일치"를 말하는 언설로서 이념상 전제되었던 것은 주자학의 구조였으며, 근세 후기 이후 그것이 부정되거나, 혹은 한정적인 형태로 재생되어 가는 중에 사람과 세계 사이에 어떠한 연결고리가 제시되었는지가 당연히 커다란 논점이 될 것이다.

그런데 오규 소라이 등 고학파의 유자들이 주자학적인 '내재하는 리 · 덕'을 배제함으로써 논지를 세운 것은 주지하는 바이다. 그들이 '사람'을 파악하는 기본은 (주자학에서 말하는) '기질의 성'으로서의 존재가 사람의 본래 존재양식이라 인정한 것이었다. 바로 거기에서 '사람 일반'으로의 시선은 희미해지고, 외적 세계와의 관련에서 의미 지워지는 '사람'으로서의 인식이 좀 더 중심적인 과제가 된 것이다. 개괄하자면 개개의 '사람'을 양적으로 확대된 집합, 즉 '군(群)'이나 '속(俗)'을 구성하는 소재로서 파악하는 것이며, 그런 경향 속에서 사람과 그 공동성 간의 연결고리를 말할 수 있었던 것이다.[73] 그 가운데서도 소라이가 말한 "외부로부터의 시선"에서 발견한 공동성의 모습은 외부로부터의 '제도'의 '제작(制作)'과 내부의 '기질의 성'적인 인간의 집합이 만들어 내는 다이내미즘이 교차하는 지점에 상정된 것이었다. 그것이 어디까지나 바쿠한(幕藩)체제 내부의 지배자의 관점에서 행해진 권력적인 것이었음은 분명하다고 해도 비주자학적인 형태로 사람과 공동성의 구조를 모색하고자 했던 것은 틀림없다. 그러나 소라이 이후 그의 도덕론 부재를 집중적으로 비판한 반소라이학의 융성과 소라이학파 자체의 분열과 소멸 안에서 소라이가 지닌 이러한 공동체론의 모색은 중심적 의제로부터 멀어져 어딘가에 잃어버린 것은 아닐

---

73) 졸고, 「「風俗」論への視角」, 『思想』 第七六六号, 1988년 4월 참조.

까. 그럼에도 불구하고 소라이가 제시한 공동체 감각이나 외부로부터 사람들의 집합을 찾아내는 시선('속(俗)'으로서의 인간, '풍속'으로서 발견되는 사회, 등등)은 암묵의 전제처럼 훗날의 논의에 잠재되어 온 것은 아닐까. 소위 반소라이학 이후 '교양'으로서 축적되었을 소라이적 과제가 후기 미토학에서 후쿠자와 유키치까지도 포함하여 새로운 개념구축의 기반, 말하자면 '지'의 재편에 밑바탕이 되어온 것이라고 상정할 수는 없을까.

물론 두말할 것도 없이, 후기 미토학적인 '민지일(民志一)'의 근거가 되는 신비주의적 '천인(天人)'관이나 혈맥적 '기'론, 제사론 등은 후쿠자와가 "황학자류의 국체론"이라고 신랄히 비판하는 것이다. 그는 어디까지나 근대적 '국민국가'에 어울리는 '국민'을 찾아내려 했고, 때문에 혈맥적 '기'론이나 제사공동체가 아니라 '지 · 덕'이라는 '문명'의 척도, 도덕적 척도를 도입한 것이다. 또한 "현실의 일본에서 살아있는 일본어를 사용하고, 언어사용법을 궁리하여 새로운, 이질적인 사상을 말하고자 했던" 후쿠자와의 고투, 또 그럼으로써 후쿠자와가 "우리들의 현실 그 자체를 바꾸려고 했던"74) 것은, 그야말로 야나기부 아키라(柳夫章)가 상술하는 대로일 것이다. 그러나 그 위에 '국민' 개념을 부연하는데 있어서 또 그것이 얼마나 종래와는 다른 자기인식, 공동체 의식의 수단이었는가라는 논점에서 후쿠자와는 한편으로 유교용어, 그것도 소라이의 유학설과 통하는 '기풍', '일국의 인심풍속'이라는 용어에 의거하면서 논지를 전개하였다. 그것은 에도 후기 이후 유학사상의 의미를 재확인시켜줌과 동시에 '국민'론이 장차 어디로 향하는지 암시하는 것이기도 했다. 이 점에서 계몽지식인이 품었던 '국민'을 창조하고 그 전체상을 형상화하는 어려움을 알 수 있으며, 그 때문에 '지'의 재편성 과정에서 '우회로'를 찾는 것이다.

후쿠자와는 『문명의 개략』에서 종종 '문명'과 '국체' 사이의 정합에 유의하여 "필경 국체는 문명에 의해 손상되는 것이 아니다. 실은 그에 의거하여 가

74) 柳夫章, 『翻訳語成立事情』, 岩波新書, 1982, 37쪽.

치를 증가시키는 것이다"[75]라고도 서술하지만, 후쿠자와에게 내재하는 더욱 근본적인 문제는 '문명'의 기반과 그가 생각하는 사람의 자립, '국민'으로서의 사람의 존립 사이의 정합성이었을 것이다. 이것은 물론 현대의 시점이기 때문에 선명하게 보이는 중요 과제이며, 근대계몽사가 후쿠자와 유키치가 그것들이 경우에 따라서는 저어하는 것이라고 의식하지 않았던 것은 사실이다. 그가 나름대로 독자적인 해석을 한 '국체'(내셔널리티)와 '국민'은 '국민국가'를 구성하는 두 바퀴와 같은 것으로서 그에게는 별 문제없이 파악되었음에 틀림없다. 그러한 의식에 작용한 것이 그 용어의 배경에 있는 유교적 공동체 감각이며, 그것은 반소라이학 이후의 공동체론(의 부재와, 소라이적 관점의 혼재)이었을 것이다. 그러한 '교양－감각'의 위에 형성된 국민국가론, 내셔널리즘이었던 만큼 내적문제는 오히려 첨예화되지 않은 채 옮겨간 것은 아닐까. 그리고 전적으로 그러한 '기풍'이나 '인심풍속'으로서 '국민'을 상상, 형상화하는 논의는 '국민'이란 무엇인가라는 존재론적 물음의 방향이 아니라, 결과적으로 '국민성'이란 무엇인가, 더욱이는 구폐의 '국민성'을 어떻게 근대적으로 혁신할까라는 별도의 방향으로 일탈해 간 듯하다. 오히려 후쿠자와의 외부에서 그러했다.

예를 들어 니시 아마네는 「국민기풍론」(글 중에 "국풍민기"라고도 표현된다)에서 "이 지질상의 성질과 이전의 정치 및 도덕상의 기풍이란 더불어 성립하는 것이니, 양자 서로 합쳐져 우리 일본 국민의 현재의 기풍이 성립하는 것"[76]이라고 말한다. 또 재야에서 '국민주의'를 표방한 구가 가쓰난(陸羯南) 역시 "일국의 독립진보"의 기초이어야만 하는 "국민고유의 원기성격"에서 '국민'론을 논했던 것이고, 당시의 번벌(藩閥)정치에 저항하여 제시된 '국민적 관념'이라는 것도 결국 명확하게는 드러날 수 없었다. "종래 '내셔널리티'라는 원어는 국체, 국수, 국풍 등의 국어로 번역되지만, 이런 국어는 종래 고유의 뜻이 있어 원어

75) 『福沢諭吉全集』 第四巻, 35쪽.

76) 『日本近代思想大系2 天皇と華族』, 岩波書店, 155쪽.

의 의미를 다할 수 없다"며, "잠정적으로 이것을 국민주의라 번역하였다"고 한 끝에, 잠정적 정의인 채로 자신의 주장의 기치인 '국민주의'를 결국 '국민정신'과 '국민일치'라는 내외 이면에 결착시키는 것이었다. 그리고 그러한 '국민정신'에 꼭 들어맞는 '국민'의 고유한 존재양식, 즉 '군(천황)민일치'가 '국민일치'로서 이해되는 것이다.[77] 이렇게 우리들은 후쿠자와에 그치지 않고 동시기의 많은 논자에게 '국민'론이 '국민성' 여하의 논의로 전화되고, 단적으로는 훗날의 '국민도덕'론에 흡수되어 간 양상을 발견할 수 있다.

단, 반복해서 말하자면 그러한 근대 일본의 '국민'론의 성격을 특수한 '근대'의 문제로서, 어딘가 별도로 이상적 모델을 상정하여 추궁하는 것은 알찬 논의가 아니다. 근대 서구에서의 '개인'도 '국민국가' 성립과 시기를 같이 하여 창출된 개념이며, 또한 어느 '근대'에서도 '국민'은 선행하는 '국가' 창출에 이끌리면서 '발견되고' 형상화되기 때문이다. 올바른 '국민국가'나 이념형으로서의 내셔널리즘은 그 어디에도 없으며, 일본의 경우 역시 하나의 발현에 지나지 않는다. 그 발현의 과정에서 언설생성의 메커니즘—여기서는 근세 후기의 유교적 '교양'을 밑바탕으로 한 '지'의 재편의 양상—을 검토하는 것이야말로, 우리들의 '근대'를 대자화하기 위한 계기가 될 수 있는 것이다. 이상에서 서술해 온 것처럼, 일본에서 유교적 교양과 내셔널리즘이 표면상 어긋나는 일 없이(굴절이나 원리적 모순이 표면화하지 않은 채로) 옮겨간 원인으로써 '유학지' 재편의 경위를 생각할 수 없을까. 한 걸음 더 나아가 부언하자면, 이러한 '국민'상 구축의 과정에서 유래한다고 판단되는 '미완의 근대'관이나 '국민'의 '결여'감은 지금도 여전히 지식인의 의식을 속박하고 있으며, 거기에서 새로운 '근대'의 언설이 계속해서 재생되는 것은 아닐까. 그리고 유교적 '교양' 재편과 '국민도덕'론을 구축하고자 하는 충동은 근대 이후 서로 다른 장면에서 되풀이하여 교차하고, 그때마다 일본의 '국민'화의 내실을 구성하게 된 것이다.

---

77) 小山文雄, 『陸羯南－「国民」の創出』, みすず書房, 1990 ; 鹿野政直, 『近代精神の道程－ナショナリズムをめぐって』, 花神社, 1977 참조.

5

'국민'형상화와 유교표상

- 1930년대 일본의 경우

1. 근대에 재생되는 유교

하시카와 분조(橋川文三)는 일찍이, 국무대신을 역임하고 전후 전범으로서 종신형을 선고받은 저명한 정치가인 히라누마 기이치로(平沼騏一郎)의 「한학편애(漢學偏愛)」에 대한 논설을 비롯하여, 다이쇼 10, 11, 13년(1921, 1922, 1924) 연속하여 중의원 전원 일치로 채택된 「한학진흥에 관한 결의안」을 소개하였다. 그는 결의안이 채택된 배경으로 쇼와(昭和) 초기의 상황을 회고하면서 다음과 같은 질문을 던졌다. "왜 본래 역사도, 국정(國情)도 다른 수천 년 전의 고대 중국사상이 특수한 일본이라는 정치사회의 본체(=국체)를 옹호하는 수단으로 끊임없이 회고되고 인용되었는가."[1] 어떤 의미에서는 소박한 질문에 대한 '목하의' 답안을 그는 다음과 같이 냈다. 첫째, 메이지 개국에 있어 "유학사상 자체에 포함된 보편주의적 요소를 원용함으로써 외국과의 교제라는 새로

1) 橋川文三, 『昭和維新試論』, 朝日新聞社, 1984, 192~213쪽 ; 『橋川文三著作集』 九, 筑摩書房 수록.

운 상황을, 그들에게 익숙한 논리사회의 사건으로서 그대로 적용하는 것에 의해 겨우 성공한" 기억이 "일반적으로 국가의 위기가 의식된 경우 대부분 본능적으로 그 타개를 위한 처방을 유교고전 가운데서 찾으려고 하는 습성을 배양한 것이리라"는 '가설'. 둘째로 "극히 평범하지만 유교가 동아시아 세계에서 태어난 보편적 사상이며, 동시에 일본에서 가장 먼저 뿌리를 내리고 그만큼 가장 익숙한 사고양식이라는 사실"에서 유래하는, "어떤 이유에서 일반적으로 서구의 사상문화에 대한 불신 · 의혹이 생긴 경우 반사적으로 상기되는 것이 아시아의 사상 · 문화이며, 일본적인 스테레오타이프라고도 할만한 유교=한학이라"는 것. 셋째로, "유교가 본래는 보편주의적인 교설임에도 불구하고, 일본의 유교신봉자의 경우에는 오히려 특수주의로의 경도가 강해서 결국은 일본의 고유 신앙과 습합하여 민족주의의 철학으로서 기능했던 예가 적지 않았다", "바꿔 말하면 그것은 국민도덕을 대변하고 국체론을 구성하기 쉬웠다." 하시카와의 이 세 가지 '가설'은 오늘날의 학문적 관심에서 보더라도 이러한 요건 · 가설이 하시카와를 포함한 우리에게 '타당'한 듯이 설득적으로 들리는 까닭은 무엇인지, 근대가 재구성한 유교이해 자체에 대한 '반문'으로 다시 한 번 돌아가야 할 것 같다. 여하튼간에 근대 일본에서 내셔널한 것이 제기되거나 감정이 집약될 때, 왜 종종 유교나 한학적 세계가 소환되어 재생되는가라는, 하시카와의 '질문'의 중요성은 지금도 변함이 없다.

메이지 10년 전후의 복고적 한학주의에서 오늘날의 컴퓨터 언어, 유니코드의 한자총수규제에 대한 한자옹호론자의 강력한 문화론적 반발에 이르기까지 내셔널한 감정의 발동과 함께 유교 · 한자가 회고되는 것은 왜인가.[2] 적어

2) 물론 에도 후기의 국학 이래 유교 · 한자는 '일본적'이 될 수 없는 이물(가라고코로[漢意])로 배제되어 왔다(메이지 후기 근대 '국어'의 성립과정에서 '한자 · 한문'이 얼마나 배제되어야 할, 그러나 동시에 그 '국어'의 출자에 둘러싸인 배제될 수 없는 양면성으로 존재했었는지에 대해서는 子安宣邦, 「「漢語」とは何か−漢字論 · 不可避の他者」, 『思想』 제899호, 1999년 5월 참조). 그러한 유교 · 한학에 대한 에도 국학 이후의 에스노 내셔널리스틱한 거절에도 불구하고, 한편 대 서양의 구도로 자기주

도 한번은 '일본고유'의 것이 될 수 없는 이물(異物)로서 배제되었음에도 말이다. 또한 시종 헛소동이 되어버린 근년의 '유교문화권' 논쟁에서도 왜 새로운 디자인의 '아시아론'으로서 다른 것도 아닌 유교가 재생된 것일까. 그러나 그에 대하여 어떠한 역사적 · 운명적인 조건으로서 통시적인 답을 하는 것은 오히려 그러한 지적기제(스스로 납득할 만한 합리화)를 구성한 근대의 시좌 안에 갇혀버리고 말 뿐이다. 앞에서 나는 '유교문화권' 논쟁을 사상적으로 총괄하여 다음과 같이 서술한 바 있다. "유교에 관한 근대 이후 무수한 연구의 축적과 현재 정치적 또는 '문화론'적 언설로서 등장하는 유교 이미지 사이에는 큰 낙차와 단절이 존재한다. 그것들은 모두 '유교'라는 표상에 가탁하여 성립한 근대 우리들의 집합적 자기상인 것이다. 그 모든 언설을 억지로 또 하나의 사상사적 내레이션 안에 연이어 수렴시켜 설명하는 것이 아니라, 제 언설의 개개의 생성 장면을 하나하나 역사적으로 검증하는 것이 필요하며, 그러한 작업을 통하여 동아시아의 '국민'이라는 현 존재=우리들의 존재양식이, '국민'의 생성사가 해부되듯 비로소 문제화되는 것이 아닐까"(1장). 즉, 근대 일본에서 왜 유교 · 한자가 내셔널한 동기 아래 재생되어 왔을까라는 물음은 '근대'의 각 장면에 있어서 일본인의 자기 확인의 양태를 재차 묻는 것이다. 동시에 메이지 이래 연면히 '국민국가'를 안으로부터 구성해 온 우리의 근대적인 요청으로부터 발견된, 일본 유교의 내력='에도 사상'을 객체화하는 작업으로서도 틀림없이 중요한 계기가 될 것이다.

그러한 때 근대 일본에서 유교의 문제가, 끊임없이 재구성된 그 '내용'의 타당성이나 정 · 부(正否)의 검토가 아니라 무엇보다도 우선 '이야기'의 층위에서 논의되어야 하는 것은 분명하다. 문화변용 · 문화복합의 연속적인 계기(繼起)에 있어 그때마다의 '내재화', '내재－계통적 발생'이 이야기되는(일본문화론) 과정에서, 유교라는 표상이 근대 일본에서 '국민'으로서의 자기상 구축에 미친

장이 특히 근대화론의 문맥에서 행해질 때에는, 유교 · 한자는 지금도 유력한 근거로서 여전히 등장하고 있다(예를 들면, 언어학자 鈴木孝夫의 한자론을 보라).

의미를, 무엇이 어떻게 '이야기되고' '국민의 이야기'로서 내재화해 갔는가라는 관점으로부터 개별 장면에서 검증하는 것이 중요하기 때문이다.

이상의 관점에서 볼 때, 1930년대 일본의 사상적 언설의 상황은 근대 일본에서 왜 유교가 새롭게 선택되고, 어떻게 과거의 기억이 내부화=‘일본화'되어 거기에 '동양(동양사상 · 동양윤리)'이라는 대 서양의 기호가 붙여지게 되었는가라는 점에서 흥미롭다. 다치바나 시라키(橘樸)의 「왕도의 실천으로서의 자치」(1931, 쇼와6) 외에 일련의 유교를 포함한 도교적 「왕도론」의 언설, 와쓰지 데쓰로(和辻哲郎)의 『인간의 학으로서의 윤리학』(1934, 쇼와9), 『풍토』(1935, 쇼와10), 『윤리학 상편』(1937, 쇼와12), 니시 신이치로(西晋一郎)의 『동양윤리』(1934, 쇼와9), 쓰다 소키치(津田左右吉)의 『지나사상과 일본』(1938, 쇼와13), 다케우치 요시오(武内義雄)의 『유교의 정신』(1939, 쇼와14) 등등 이 시기 연속하여 고전사상을 재구축하려는 학문적 시도는 무엇보다도 일련의 사상사적 사건으로서 파악해야 한다. 공유하는 일정한 지적기제 아래 성립한, 처음으로 유의미한 언설로서 파악해야 하는 것이다. 그런 의미에서 즉, 고전연구가 일정한 사상언설로서 재구성되고 학적권위를 획득해 간 시기라는 의미에서, '일본사상사'학의 성립을 '쇼와의 언설'로서 파악하는 논의[3]는 정곡을 찌르고 있다. 이렇게 당시 공유된 지적 기제가 어떤 것이었고, 어떠한 언설이 산출되었는지를 물어야 한다.

이하 이 장에서는 오늘날에는 일부만이 그 이름을 알 뿐인 니시 신이치로라는 한 철학자의 언설과, 거의 동시기에 활약한 '아시아주의자'의 한 사람으로 이름난 다치바나 시라키의 언설을 나란히 검토함으로써 위에서 말한 문제의 실마리를 찾고 싶다. 물론 그것은 그들의 사상을 지금 재평가하려는 것은

---

3) 子安宣邦, 『日本思想史辞典』, 「はじめに」, ぺりかん社, 2001 ; 桂島宣弘, 「一国思想史学の成立－定刻日本の形成と日本思想史の「発見」」, 西川長夫ほか編, 『世紀転換期の国際秩序と国民文化の形成』, 柏書房, 1999 ; 成田龍一, 『「歴史」はいかにかたられるか－1930年代「国民の物語」批判』, NHKブックス, 2001 외 참조.

아니다. 근대 일본에서 유교를 재구성한 모습과 '동양사상'이라는 새로운 지적 틀의 발현 양식이, 1930년대 '국민'화가 일본에서 신국면을 맞이한 시점에서 현저하게 발견된다는 점을 검토하려는 것이다.

2. 니시 신이치로의 '예' 연구

오늘날 고고한 중국사상사가 니시 준조(西順蔵)와 관련되어 연상되는 인물로서, 혹은 오우미(近江)의 성인 나카에 도주(中江藤樹)를 세상에 크게 드러나게 한 학자로서 기억되는 니시 신이치로(西晋一郎, 1873~1943)라는 철학자 · 윤리학자가 있다.[4] 이노우에 데쓰지로(井上哲次郎)의 문하로 동경제대 철학과를 졸업한 뒤, 히로시마 고등사범학교 교수와 히로시마문리대학 교수를 역임하였다. 현재는 이와나미(岩波) 문고판 『태극도설 · 통서 · 서명 · 정몽』의 역주자로 이름을 남길 뿐이나, 그 이력을 들여다보면 알 수 있듯이 생전에는 '국체 · 국민도덕'을 제창한 이데올로그로서 또 독실한 교육자로서 널리 세상에 알려졌으며 많은 저술을 남긴 인물이었다.[5] 서양철학연구(특히 피히테연구)부터 시작해 '지나(支那)철학'을 경유하여 일본철학(특히 도주학)을 논한 그의 학문적 궤적은 『윤리학의 근본문제』(1923, 이와나미쇼텐), 『실천철학입문』(1930, 동), 『충효론』(1931, 동), 『동양윤리』(1934, 동), 『손도쿠(尊德) · 바이간(梅岩)』(1938, 동), 『동양도덕연구』(1940, 동), 『도주학 강화』(1941, 메구로쇼텐) 등 다수의 전문 연구

---

4) 최근의 니시 신이치로의 사상적 전기로, 학문적 계승자의 손에 의한 현창적인 것으로서 隈元忠敬, 『西晋一郎の哲学』, 渓水社, 1995이 있다. 그는 피히테의 철학과 나카에 도주의 도덕설이 어떻게 융합되어 '동서고금의 사상을 통합, 통일하는' 니시 윤리학에 이르렀는지 상술하는데, 본장에서의 관심과는 다르다.

5) 1937년의 '사상선도'를 목적으로 하는 문부성추천도서에는 安岡正篤, 『東洋倫理論』과 함께 西晋一郎, 『実践哲学概論』이 포함되어 있다(竹内洋, 『日本の近代12 学歴貴族の栄光と挫折』, 中央公論社, 1999, 289쪽).

서에서 더듬을 수 있다. 그런데 그의 저작 목록을 보면 가장 큰 특징이 『근사록강의』(1930, 나가노현 이나군교육회 간행), 『국가와 교육』(1932, 오사카부 학무과 간행), 『일본국체』(1935, 문부성 간행), 『우리의 국체와 국민성』(1936, 타이완총독부 문교국 간행), 『교학의 근본』(1941, 니시선생 에히메의 모임 간행) 등 30편 이상에 달하는 공간(公刊) 강연필기류라는 것이다. 이는 대량의 저작군과 함께 당시 니시의 철학이 교육계를 중심으로 얼마나 널리 수용되었는지를 여실히 보여준다. 그러나 이러한 니시의 사상적인 영위는 당시의 많은 '국체'론의 저술이 그러했듯이 오늘날 논의의 대상이 되는 일은 거의 없다. '국체'라는 어휘의 씁쓸한 기억과 함께 전후의 사상사연구에서는 망각되었는데, 그것은 '국체'론의 정치성에 대한 우리의 거부감 때문만이 아니라 그 학문적 저술군이 오늘날의 독자에게 호소하는 지적 창조성을 이미 잃어버렸기 때문이기도 할 것이다.

예를 들어 고이토 나쓰지로(小糸夏次郎)와의 두툼한 공저 『예의 의의와 구조』가 있다.[6] 1937년 국민정신문화연구소에서 간행된 이 책은 "예는 오늘날 말하는 문화에 관한 한 고래 지나인의 전반적인 생활모습 자체이며, 예를 안다는 것은 지나인을 아는 것이다. 삼례(三禮)에 통하면 대유라 불렸던 것보다도 한층 더, 오늘날 예를 알기 위해서는 더욱 폭넓은 학술이 필요할 것이다. 예는 지나인이 인간을 중심으로 하여 천지만물 모두를 각각의 이치에 따라 이어 꿰어 통일시켜, 이로써 인간생활을 완전하게 하는 생활양식이다"[7] 라고 하는 데서부터, 시대적 요청에 기반하면서 '지나인'의 실상을 고대 이래의 예의 내용에서 탐구하여 기술한 것이다. 그 내용은 '예의 의의'와 '예의 구조'로 나뉘는데 '예의 원시적 의의', '공자의 예설' 뒤에 고대 유가의 예설을 상세하게 해설하는 것으로 시작한다. 그러나 그가 지향하는 바는 오늘날의 독자에

---

6) 西晋一郎・小糸夏次郎, 『礼の意義と構造』, 国民精神文化研究所, 1937. 이 책은 국민정신문화연구소 연구원인 니시 신이치로와 연구소 조수인 고이토 나쓰지로의 분담집필에 의한 공저이다. 그 주지는 일관되어 있고, 여기서는 일체의 서적으로 취급한다.

7) 위의 책, 1쪽.

게는 기이하게 여겨지겠지만, 실로 '지나'가 근대국가통합에 얼마나 부적합한지를 필연적인 '지나'의 역사적 특수성으로 그려내는 데 있었다.

일반적으로 중국예학연구가 이제까지 중세 이후의 예를 둘러싼 양상을 시야 밖에 두고, 고대의 "삼례(『주례』, 『의례』, 『예기』)를 해석하여 거기에 서술된 관제 · 식차 등을 고증하는 것을 의미하고", "편향이라는 말이 온당하지 않다면 '관심이 극도로 집중'"되어 균형을 잃은 것이었음은 이미 고지마 쓰요시(小島毅)가 지적했다.[8] 니시의 이 공저 역시 시종 고대 예설의 자세한 해석 · 고증으로 일관하는데, '지나'의 역사적 문화적 특질을 '형식주의', '합리주의', '가족주의'의 관점에서 현대 중국에까지 일관된 것으로서 통시적으로 말하고자하는 것이었다. 니시는 그런 '예'에서 발견되는 특질이 요컨대 '지나'가 근대국가에 부적합한 이유라고 역설하는데, 거기에는 '만주국' 건국(1932)에서 중일전쟁(1937년 7월)에 이르는 시대적 배경이 있었다.

> 지나의 사회생활 근저에 객관적이고 보편적인 길이라고 할 만한 것이 존재하고, 그것이 생활 전체를 지배한 것은, 앞서 말한 대로 민족으로서의 통일조차 부정하기에 이르렀다. 외재적으로 볼 때 필경 거기엔 지나문화를 지나문화이게 하는 특수한 의의가 있었다고 말하지 않을 수 없다. 도덕적 합리주의가 얼마나 깊이 생활에 침윤하고 있는가에 대해서는 상서(尙書)를 비롯하여 순자 천론편, 춘추좌씨전 등의 근본사상을 통해서 엿볼 수 있다. 또 한편으로는 군신의 인륜을 중대시하면서도 한편 그것을 넘어선 깊숙한 곳에서 객관적 길을 모색하고, 전자도 후자에 의해 제약된 데에서 가장 현저하다.[9]

요컨대 하늘이 육체도 갖지 않은 추상적인 것이기 때문에 하늘과 군신의 실재적 · 직접적인 연결은 불가능하다. 단지 내재적 입장에서 관념적으로밖에 연결할 수 없으며, 내재적 · 관념적 연결은 아무리 깊어진다 하더라도(덕에서 근원적 자연까지) 필경 합리주의를 벗어나지 못하는 것도 당연한 것이다. 그리

8) 小島毅, 『中国近世における「礼」の言説』, 東京大学出版会, 1996, 3~18쪽.
9) 西晋一郎 · 小糸夏次郎, 앞의 책, 1937, 414쪽.

> 하여 군주의 절대성은 절대적, 초월적인 하늘과 직접 군주가 결합되어야만 성립하는 것으로, 어디까지나 추상을 허락하지 않는 실재적 연관이 필요하다. 따라서 도가(道家)에 의해 아무리 통일된 진리가 파악되었다 하여도, 하늘이 추상적이고 그것과 현실의 군주 사이에 실재적으로 연관 지을 수 없는 한, 필경 단순한 관념적 진리에 그치고, 부득이하게 현실적이 될 수 없었다. 그래서 군주의 절대성이 확립되지 않았던 지나에, 진실된 국가통일이 존재할 수 없었던 것 또한 당연하다 할 뿐이다.10)

여기에서 '객관적'이라든지 '합리적' 혹은 '내재적'이라는 표현은 평가하기 위한 것은 물론 아니다. 이는 모두 '지나'의 전통적 '특수성'으로서, 국가통일에 부적합한 필연성을 말하기 위한 형용구로서 쓰였다. 이렇게 고대 '삼례'를 둘러싼 니시의 연구는, 일관되게 일본의 '국체'와는 다른 '지나의 특수한 국체'를 밝히기 위한 것이었다. 바로 거기에 『국체의 본의』가 간행 · 배포된 해(1937)에 국체명징운동(國體明徵運動)의 상징인 '국민정신문화연구소'에서 발간된 이 책의 진면목이 있었던 것이다. 그리고 니시는 "어디까지나 추상적 존재로 일관된 실재적이지 않는 지나의 천인관계" 때문에 지나에 진실한 국가형성은 불가능했다고 한 것이었다. 이러한 종류의 고증학적 '지나학'이, 다이쇼기의 나이토 고난(内藤湖南) 등에서 시작하는 "'지나인을 대신하여 지나를 위해 생각'한다는 중국을 향한 초월적인 시점의 성립11)"(고야스 노부쿠니)의 마지막 지점에 있는 것임은 말할 것도 없다.

알려진 대로, 중국이 근대 국가가 될 수 없고, 중국인에게는 근대국가형성의 능력이 결여되어 있다는 관점은 대륙진출을 향한 1920년대 이후 일본 논단에 공통된 것으로 니시의 경우가 특별했던 것은 아니다. 신해혁명 이후 혼란스러운 중국내부의 정세와 일본을 포함한 열강에 의한 반식민지화 가운데서 열강 측의 대중국 정책의 사상적 근거로서 중국비국가론(中國非國家論)은

---

10) 위의 책, 428쪽.

11) 子安宣邦, 『近代知のアルケオロジー国家と戦争と知識人』, 岩波書店, 1996, 58쪽.

광범하게 유통되고 있었다. 그러한 흐름에서 "국민국가형성에 재빨리 성공한 정치능력을 가진 일본인이 중국인의 국가형성을 지도하는 것은 국가적 사명이라는 논리"12)(야마무로 신이치)도 나오게 되었다. 또한 중일전쟁 전야에 한때 논쟁이 전면화한 '중국통일화문제'는 전쟁 개전에 따라 실효성을 잃어가면서도 전쟁 기간 내내 항상 잠재하였고, "모습이 바뀌어서 부상하고 전시하의 동아의 신질서를 둘러싼 언설공간을 규제하게 되는"13)(요네타니 마사후미)데, 복잡하게 교차한 '중국통일화' 문제를 필자가 지금 상세히 논의할 의도는 없고 더 이상 깊이 들어가지 않겠다. 오히려 관심은 이 장 첫머리에서 말한 하시카와 분조의 문제제기와도 연관된다. 이러한 문제구성이 사회적 생명을 부여받고 학문적 체재를 얻어 나타날 때에 다치바나의 대동사상이나 니시 신이치로의 유교처럼, 왜 중국고전사상이 새삼스럽게 선택되어 중국색을 굳이 탈색한 위에 새로운 '제국'의 언설로서 이용되었는가 하는 점을 새로운 역사적 단계에서의, 내부를 향한 '국민도덕론'의 본질로서 생각하는 것이다. 거기에는 대아시아를 향한 '제국' 진출에서 유래하는 정책적 요청이라는 요인에 더하여 대서양의 '보편적 · 국민사상'의 주장(새로운 국민의 '내부화')이 있고, 그에 상응하는 형태로 자신의 내력=일본유교를 재정의하려는 시도 역시 뒤엉켜 있었던 것이다. 1930년대에 많이 나오는(종종 '동양'이란 명사를 씌운) 국민도덕론, 윤리학의 재편성은 그러한 시점에서 분석함으로써 사상사적 의미가 분명해질 것이다.

그런데 이 책은 앞에서 인용했듯이 고유의 민족성 · 민족정신('국민정신')에서 그 사상의 질이 결정된다는 시각에서 '특수' 중국에 대한 '보편' 일본의 우위를 중국고전에 준거하면서 논한다. 그 우위성의 근거는 일본의 유교 이력(에도기 유교)을 회고하면서 어떻게 이야기되었을까.

---

12) 山室信一, 「民族協和の幻像－満洲帝国の逆説」山内昌之 外編, 『帝国とは何か』, 岩波書店, 1997, 228쪽.

13) 米谷匡史, 「戦時期日本の社会思想－現代化と戦時革命」, 『思想』 第八八二号, 1997년 12월 참조. 또 다치바나의 만주국 건설에 연관된 대동사상의 의미에 대해서는 駒込武, 『植民地帝国日本の文化統合』, 岩波書店, 1996, 제5장을 참조.

> 그리고 이러한(중국에 있어서=필자주) 형식주의의 구현으로 생각되는 예치적 정명사상이 천자의 예악을 행하는 특정한 인격을 필연으로 하지 않고 단지 객관적 예악의 유지만을 주안으로 삼는 것도 당연하며, 그것은 또한 지나의 국체가 그렇게 만드는 것이기도 하다. 지나 정치사상에 있어 정명사상의 의의에 대해서는 후편 예의 구조를 말할 때 생각하기로 하자. 여기서는 다만 공자의 예치의 일면에도 정명사상이 있지만 그러나 그것도 어디까지나 지나적 특질을 띠고, 그 근저에는 형식주의 혹은 문화주의가 존재하며, 송유나 우리나라의 학자가 이해한 것과 같은 국가의식 위에 뿌리내린 것은 아니었음을 주의하는 것에 그치겠다. 우리나라 학자의 해석은 오히려 우리 국민정신의 현현(顯現)으로서 이해되어야 할 것이다.[14]

여기에서 '지나적 특수성'에 규제되는 중국사상의 한계에 대한 지적과, 본래 특수성으로 채색된 학문을 '보편성'으로 고양하는 계기를 '민족적'으로 내재했던 것이 '송유'이며, 그것을 더욱 완전하게 한 것이 "우리나라, 일본의 학자"였다는 굴절된 논의에서 이루어진 유학사상사의 재구성을 볼 수 있다. 니시는 또한 『근사록』을 주해하는 강의 중에 「부자군신은 천하의 정리(定理), 천지간 아닌 것이 없다」 또는 「대군(大君)은 내 부모의 종자(宗子)」의 부분에서 다음과 같이 말하고 있다.

> 지나에서 군신의 도는 실제의 역사가 아니다. 도리에 대해서만은 상술한 대로 정자 등이 말하고 있다. (……) 지나에서는 이렇게 말하고 있지만, 그것을 실행시킬 수 있는 것은 일본뿐이다. 우리들은 이 천하의 정해진 이치에 대해서 확신을 갖고 싶어한다. (……) 송학은 유교가 발전한 것으로 이는 도리상에서 말한 것이지만, 역사의 사실이 되지 못한다. 단지 일본에서만이 실제가 되고 있다.[15]

즉, 유교의 지나적 특수성은 송학의 보편주의로 인해 벗겨지지만 그것은

---

14) 西晋一郎・小糸夏次郎, 앞의 책, 1937, 63쪽.

15) 木南卓一校訂・增補, 『西晋一郎先生講述易・近思録講義』, 渓水社, 1997, 228~33쪽.

중국에서는 완전하지 못하고 일본에서 "역사적 사실"로서 결실되었다는 것이며, 그것이야말로 일본의 '국체'라고 말하는 것이다. 유교를 발생의 기원부터, 본래 하나의 '국민도덕'으로서 일단 그 토착성 · 고유성을 정의한 위에 그것을 '보편화'시킨 송학, 더욱이는 그 송학을 실지의 '국체'로서 뿌리내리게 할 수 있었던 일본이라는 굴절된 '이야기'로 니시는 '국민도덕론'을 전개해 가는 것이다.

3. 윤리학 · 유교 · '국민도덕론'

예전의 '국민도덕론'이 오늘날 논의로서의 생명을 잃은 것은 새삼 말할 것도 없다. 다만 일본에서 윤리학이 '국민도덕'을 이야기하는 언설과 어떻게 유착하여 발생하고 전개되어 왔는가, 그리고 '국민도덕론'적 윤리학의 성립과정에서 과거 유교교양의 재편과 함께 어떠한 논리가 구축되었는가는 근대 일본 지식인에 의한 내부로부터의 자기규정을 생각하는 데 흥미로운 자료를 제공한다.

애당초 근대 일본 윤리학은 처음부터 '국민도덕론'과 연동하였다. 혹은 그러한 것으로서 비로소 성립하였다. 그 경위는 고야스 노부쿠니가 명쾌하게 비평하고 있다.[16](「근대 '윤리' 개념의 성립과 행방」) 고야스는 이노우에 데쓰지로 등 근대 일본의 윤리학자에게 존재한 것은 '윤리 문제'가 아니라 '윤리학 문제'였다는 것을 지적하면서, 특히 유교적 세계의 재구축과정에서 '윤리학' 개념이 새롭게 구축된 것에 주목한다. 그리고 근대 일본에서 이러한 '윤리학'의 태생에 기인하는 "추상성을 관철시키면서, '일본도덕'의 국민적 형성에 대한 주장이 '윤리학'의 성립과 거의 동시에 일어나는 것은 생각건대 당연한 과정"이

16) 子安宣邦, 「近代「倫理」概念の成立とその行方」, 『思想』 弟九一二号, 2000년 6월.

었다고 한다.

> '윤리학'과 '국민도덕론'의 형성은 근대 일본의 강단 윤리학자가 짊어지지 않으면 안 되는 두 가지 과제가 되었다. 제국대학의 윤리학 교수는 같은 어조로 혹은 두 가지로 어조를 달리하여 윤리학 · 도덕적 교설을 말하였다. '윤리학(Ethics)'과 '국민도덕론'의 교설을. 이윽고 '윤리학'과 '국민도덕론'과의 관계나 어떻게라는 것은 윤리학자와 함께 사범교육과정의 학생들도 답하지 않으면 안 되는 윤리학상의 문제가 되었다.

또 고야스는 한발 더 나아가 이러한 근대 일본의 '윤리학'에 병존한 특유의 과제가 "특히 교육학(교원양성학)적 세계"에서 전개된 것을 지적하고 있다. 고등사범학교의 저명한 교수로서 또 가케이 가쓰히코(筧克彦) 등과 함께 '교육쇄신평의회'의 주요멤버로서 활약한 니시 신이치로의 경우는 그야말로 쇼와 초기 장면의 전형으로서 생각할 수 있다. 그가 남긴 『충효론』[17]은 오늘날 바로 그러한 '윤리학'의 양의적 과제, 상호 모순된 과제의 융합물로서 이해할 수 있다.

그의 『충효론』은 제목에서 오늘날 쉽게 상상할 만한 일본적, 혹은 동양철학적인 제개념을 둘러싼 논의가 아니었다. 이 책의 목차에는 극히 서양윤리학적인 테마에 의한 과제가 전개된다. 1장이야말로 '충효론'이라 할 만하고, 제2장 이하는 '악설', '기억과 시간', '물질성', '자연법과 도덕법', '자연적 필연성', '자유의지설'로 이어진다. 예를 들면 '악설'장에서는 첫머리에 칸트의 논의를 제시하여 서양윤리학설을 재검토하면서 고금에 통하는 '충효'개념의 일관성을 논하는데, 오늘날의 시점에서 보면 논의의 전개가 다분히 기묘하다. 여하튼 그는 「서설」에서 다음과 같이 말한다.

> 내가 지금까지 터득한 바는, 사물의 진실상(眞實相)은 법칙과 생명, 2대 방면에서 고찰할 수 있으며, 법칙은 충에 이르러 지극해지고, 생명은 효에서 궁

17) 西晋一郎, 『忠孝論』, 岩波書店, 1931.

극에 도달한다. 더구나 이 둘은 필경 한 가지이므로, 두 가지이기 때문에야말로 그 진실된 리를 추구할 수 있다는 것이다. 이것이 필경 하나임을 나타내는 데 적당한 어휘로 고래로 이용된 것이 허(虛)라는 글자이다. 허는 즉 충효 하나가 되는 바로, 윤리의 언어로는 성(誠)이라고 하는 것이다. 이상이 충효론의 주지이다.[18)]

이하 "철학의 2대 대상은 생명과 법칙이다"라는 정의에서 시작하여, "어떠한 구조도 공허리(空虛裡)가 된다"며 근원적인 '허'의 일관성을 반복하여 서술한 후에, '허'의 결절점(結節点)을 '충효'로 이끌어 내는 그의 논의를 여기서 상세히 추적하지는 않겠다. 논의로서의 정합성을 오늘날의 관점에서 묻는다 해도 그다지 의미 없는 일이다. 그러한 논의는 그야말로 '공허한' 논의일 뿐이다. 단 이러한 공허한 논의가 '윤리학'설로서 행해져야만 했던 상황, 그리고 윤리학과 '국민도덕론'의 유착이 결국 역사적 실체로서의 '일본의 국체'(그것도 유학교양의 재편에 의한)로 결실된 것을 확인하는 의미에서 이 논고는 흥미로운 제재를 제공한다.

동 논고에서 니시는 서양철학의 전개를 개론하면서, 동양에서 통하는 '허'의 논리가 동일한 것이라고 말하고 그러한 '허'의 존재양식이 결국은 '사회적 생활' 자체에 나타나는 것을 꽤나 억지스럽게 논한다. 그리고 "도덕은 심신을 하나로 하는 데서 실현됨은 상술한 대로다. 따라서 도덕적 생활은 객관적 사회생활로 나타난다"[19)]고 하여 '생명'과 '법칙'을 잇는 '공허한' 것의 실현으로서, 매개체 없이 사회체제 자체의 존재양식을 끌어낸다.

인격의 객관적 표현은 즉 사회의 법적조직이며, 양자의 통일은 서로를 반영하고 있다. 사회에서 가장 완결된 법적 조직은 구체적으로는 국가이다. 따라서 도덕은 국가조직 안에서 가장 구체적으로 실현시킬 수 있다. 국가적 조

18) 위의 책, 2쪽.

19) 위의 책, 16쪽.

> 직에서 총괄하고 총괄되는 것의 대립관계를 주관적 인격 활동으로 보자면, 즉 의리이며 객관적으로 보면 법제 또는 예제이다. 국가와 인격이 살아있는 것인 한 의리와 예제 역시 동적인 것이다. 그러나 동적이고 변하는 것임에도 변하지 않는 것은, 총괄하고 총괄되는 것의 대립적 지위이다. 위에서 총괄하는 것, 아래에서 총괄되는 것의 지위가 바뀌지 않는 것이 법제의 근본적 제약이다.[20]

이렇게 논하는 그는 "지위가 바뀌지 않는" 법제적 근본 성격을 "군(君)의 안에 아비가 숨어 있는 것과 같고 아비 안에는 또한 군이 숨어 있다. 생명이 있는 곳에 법칙이 있고 정(情)이 있는 곳에 의가 있다"[21]는 수사적인 서술로 '일본고유의 충효'를 '윤리학'의 본질이라 설명하는 것이다. 그렇게 전개된 그의 윤리학적 '충효론'은 결국 다음과 같이 '철학'을 초월하는 '역사'적 실재를 제시하는 것으로 매듭지어 진다.

> 아비를 존경함으로써 아비의 명에 따르는 것이 되고, 그것이 우주의 진리라는 뜻에서 '생명의 부모'로 돌아온다. 생명이 생명으로 복귀하는 것은 법을 초월하는 경계이며, 바로 공허함이다. 공허한 곳에서 비로소 법이 순수하게 노출된다. 이는 성(性)으로 돌아가는 것이며 새롭게 태어나는 것이다. 따라서 의롭다 하는 것으로 생을 부정하고, 생을 부정하는 바는 의로움조차 넘어서, 의를 넘어선 곳에서 의로 다시 돌아간다. 한 바퀴 돌아 의가 살아오는, 즉 참된 의를 얻는다. 참된 의란 즉 군신의 의이며, 초법(超法)과 법의 하나 되는 바이다. 따라서 충도 필경 효인 것이다. 충효일치는 현실에서 보면 이념이지만, 이 이념이 실현되었는지의 여부는 철학의 문제가 아니라 역사가 말하는 것으로 바로 우리나라의 역사가 이를 보여 준다.[22]

여기에서는 '윤리학'의 파탄만이 분명해진다. 이러한 논의구성 자체가 '윤리학'과 '국민도덕론'의 연결(유착)이 초래한 것이었다. 그리고 이러한 '학문적'

---

20) 위의 책, 30쪽.

21) 위의 책, 42~43쪽.

22) 위의 책, 45~46쪽.

수순을 거쳐 '국민도덕'이 개별적인 채로 '보편'에 통한다고 제시된 것이다. '국민도덕론'이란 원래 개별성을 근거로 하지만, 동시에 그것이 어떤 세계성에 통한다는 것이다.

> 국민도덕이라 말하면 오직 우리나라에만 특수한 도덕이 있고 다른 나라에는 인류 일반의 도덕이 행해진다고 생각될지도 모르겠지만, 인류의 도덕은 모조리 그 각각의 나라의 국민도덕이며 그 밖에 인류에 통용되는 일반도덕이라는 것이 존재하는 것은 아니다(니시 신이치로, 『국민도덕대의』).[23]

> 그렇게 풍속습관이 시간과 장소에 따라 상이한 것은 도덕이 나라마다, 민족마다, 시대마다 상이한 것으로, 이로 미루어 도덕이란 실지로 그 나라의 국민도덕이며 그 밖에 별도로 인류 전반의 도덕이 있는 것이 아님을 알 수 있다. 인류 전반의 도덕이란 나라마다 장소마다 고유한 도덕의 특징을 그대로 하여 스스로 인간 도덕에 다르지 않음이 간취되어 실존하는 것이다(『국민도덕대의』).[24]

물론 그가 이 인간도덕으로서 관통하는 것으로 제시하는 것은 "우리나라의 가미(神)의 가르침"인 '충효'였다. 이 논의에서 '국민도덕'='개별적이고 보편적인 역사적 실존'론에 첫 번째로 대치된 것은 근대 서양철학이었는데, 동시에 그것이 유교에 원래 존재하던 '중국성'을 배제하는 데서 행해진 점은 다시 확인해 두고 싶다. 이 점은 그가 '충효'론의 근거로서 주목하고 현창한 에도기의 유자, 나카에 도주의 '효'사상 평가에서도 분명하였다.[25] 니시 신이치로가 에도기 유교를 '국민도덕론'으로 재생하는 데서, 유교의 중국성이 배제되어야 할 근거로서 전제한 것은 앞에서도 언급한 당시 유행하던 중국=비국가론이었다. 중국이 근대 '국가'가 될 수 없다는, 또 본래의 '유교국가'적 요소가 현실의 중국에는 결여되었다는 시점은 니시뿐 아니라 당시 일반적인 것이었다.

23) 西晋一郎, 『国民道徳大意』, 文部省教学局編纂, 1941, 1쪽.

24) 위의 책, 4쪽.

25) 西晋一郎, 『藤樹学講話』, 目黒書店, 1941 외 참조.

그렇게 논의가 구성됨으로써 일본 내부를 향해 '국민도덕론'은 '보편'을 말하는 언어가 될 수 있었던 것이다. 1930년대 윤리학은 이러한 과제와 함께 존재했다.

이렇게 구상된 일본 유교윤리의 '보편성'은, 더욱이 '동양'이라는 이름이 씌어지면서 보강되어 정치적인 의미도 띠게 되었다. 그러면 '일본화'된 유교라는 주장에 '동양'이라는 이름이 붙여진 것은 당시의 사상적 상황 안에서 어떠한 의미를 갖는가.

4. '동양윤리'라는 사상

니시 신이치로의 『동양윤리』는 와쓰지 데쓰로의 『인간의 학문으로서의 윤리학』(이와나미전서 19)에 이어 같은 해 이와나미전서 20으로 간행되었다. 당시 세간에는 "동양윤리의 내실로서 '정교일치', '경제도덕일치', '제정일치' 등의 본질을 해명하고, 우리나라의 주자학, 진사이학, 소라이학에서 그 주된 뜻을 추구하고 있다. 이 책은 당시 보편적으로 강호의 관심을 끌어 소위 베스트셀러의 하나였다고 한다"[26]는 평가가 있었는데 상세한 내용은 알려지지 않았다. 오히려 앞에서 말했듯이 간명하게 정리될 수 있는 내용, 즉 "유교의 중요 요소가 '지나'의 특수성으로부터 단절되어, '주자학, 진사이학, 소라이학'이 가지런히 차례로 내재화되어, '동양윤리'로 변하는" 까닭을, 당시의 내부로부터의 '국민화' 문제에 즉응한 유교사 재편성의 '이야기'로서 문제 삼고 싶다.

첫머리에 "동양윤리라 말하면 보통 주로 유교를 가리킨다. 불교는 원래부터 윤리를 갖추고 있지만 면목은 종교이다. 그러나 종교와 도덕이 서양만큼 나뉘지 않는 것이 동양의 상황이며, 유교에도 원래 종교의 측면은 있다"[27]고

26) 隈元忠敬, 앞의 책, 1995, 248쪽.

27) 西晋一郎, 『東洋の倫理』, 岩波書店, 1934, 1쪽.

하고, "유불, 특히 유교가 우리 고유의 근본과 그 성질을 같이 하며 서양적인 것에 대하여 널리 동양적이라 말할 만한 일종의 공통성이 있다"[28]고 하는 데서 시작하는 니시의 『동양윤리』는 「서언」 이하 1. 학문의 개념에 대하여, 2. 윤리의 성립, 3. 정교일치, 4. 경제도덕의 일치, 5. 제정일치, 6. 진리와 교학, 7. 의리의 규명, 8. 여론(餘論)으로 구성된다. 후반에는 「주자학 · 진사이학 · 소라이학에 대하여」란 제목의 평론으로 '동양윤리'를 구체적으로 전개한다. 여기서는 '국체'와 유교 개념이 혼합된 일본 이데올로기가 전개되는 3. 정교일치 이하의 내용을 이제와 새삼스레 복습하는 것은 피하고, 유교의 '일본화'=보편화라는 전개에 보이는 흥미로운 2. 윤리의 성립의 '이야기' 양상을 살펴보고자 한다.

「1. 학문의 개념에 대하여」에서 "우리들이 학문이라 함은 배워 익히는 것으로, 가르치는 것과 상대되는 것이다"라 하고, '서양의 윤리학'에 비하여 '동양의 학문'은 수기치인의 '실학'으로 사회 전체를 아우르는 것(좁은 뜻의 윤리학을 뛰어넘은 것)이라는 주장을 한다. 그 위에 니시는, "윤리학의 성립, 이 성립이라는 말은 쉽지 않은 뜻을 품고 있다"[29]며 짐짓 '성립'이란 계기에 중대성을 부여한다. 그리고 그 '성립'을 논하는 '어조'로 '윤리'가 진실로 생명력을 갖기 위해서는 그 민족적 본바탕에 지탱되어야만 한다는 것, 그것이야말로 전체를 결정하는 것임을 말하고자 한다.

> 참된 생명이라는 가장 현실적인 것도, 가장 구체적으로는 바로 나라고 하는 일개 개인이 우리 국사에 연속되는데 조금의 틈도 없는 것이다. 이 연속성을 잃어버리면 만유보통(萬有普通)의 참된 생명이라는 것도 나에게는 단지 추상적인 언어에 지나지 않는다. 천지유형의 밖에 통하는 도(道) 역시 증명할 수 있어야만 도인 것이다. 이의 증명은 바로 교화가 있어야 하고 교화는 이 나라

---

28) 위의 책, 2쪽.
29) 위의 책, 20쪽.

의 역사가 있어야한다. 그 가운데 일관되는 내가 있어야만 대도(大道)도 대도인 것이다. 대도라는 것도 사람이 있어야 성립한다. 사람은 나라의 교화가 있어야 성립한다.[30)]

그리고 이 윤리의 '민족적 성립' 과정은 주자학의 이기론까지 예로 내세우며 다음과 같이 논한다.

윤리의 성립에 대해서 먼저 넓게는 도리도 사람이 있어야 성립된다는 사정을 알아야 한다. 이에 인간의 존귀함과 고상함을 아는 것이다. 사람이 사람인 것은 영(靈)이고 신(神)이기 때문이다. 송학에서는 리(理)는 형태가 없어 변하지 않음이 없으니 신은 만물에 기묘하다고 말한다. 신이란 무형의 리로 변하지 않음이 없고 그대로 리인 것이다. 리에 대하여 기는 형태를 이루는 것인데, 이미 형태를 이루면 리 또한 부여될 수 있다. 그래서 리, 기가 둘이 아님은 게이사이(絅斎)가 "기가 약하면 약한 대로 자연히 리가 생기고 강하면 강한 대로 리가 생긴다. 이것이 즉 사물이 사물되는 이치이다"라고 설명했다.[31)]

여기서 에도 중기 기몬(崎門)파의 유자, 아사미 게이사이(浅見絅斎)의 말이 인용되는 것은 우연이 아니다. 게이사이의 "기 나름의 리"라는 말을 근거로 하는 것으로 니시는 "살아있는 철학은 사유자가 그 안에서 태어나고 자라고 그 안에서 죽는 역사와 구체적으로 이어지"고, "그 형식과 내용의 특수성을 통해서 특수성대로 보편적인 어떤 것을 보는"[32)] 것이라고 말하고 있기 때문이다.

리는 무궁하다. 인생의 리도 무궁하다. 그 가운데 나아가 인생의 강령이 될 만한 것으로서 군신 부자의 리를 취해 윤리를 세운다. 여기에는 인생 일체의

30) 위의 책, 38~39쪽.

31) 위의 책, 40쪽.

32) 위의 책, 47~48쪽.

> 리도, 또한 인생과 서로 이어져 그 사이가 끊어질 수 없는 만유일체의 리도, 모두 군신 부자의 리의 실현이 되는 인충자효의 덕에 의해 각각 그 근간으로 삼아야 할 곳에 근간으로 삼아야 한다. 그래야만 근본형태에 있어서 인생이 성립하며, 그 풍부한 내용도 국가적 형상에 따라 실현된다. 리의 절대성으로 인하여 하나하나의 리도 각각 그 자전적(自全的) 천지를 갖는다.[33)]

이렇게 아사미 게이사이가 말하는 "기 나름의 리"는 "국가적 형상에 따라 실현되는" '국민도덕'의 근거로 전용되고 또한 처음부터 '리일(理一)'인 까닭에 그 "국가적 형상에 따라 실현된" 일본유교의 윤리는 그대로 보편성을 갖는다(리일분수)고까지 말한다. '(윤리의)성립'이라는 말에 대한 니시의 집착은 바로 이와 관련되는 것이다. 이것이 위태로운 수사라는 것은 말할 것도 없지만, 어찌됐든 니시는 이렇게 하여 유교가 "지나적 특수성"을 벗어나 '일본적' 개별성대로 '보편'적 윤리임을 주장할 수 있었던 것이다. 그리고 그러한 '일본적 충효'론으로 결실을 맺는 유교의 필연적인 전개라는 각도에서 에도기 사상사 역시 형성되는 것이다.

> 유교가 한인(漢人)의 국민도덕임을 우선 알아야 한다. 그러나 어느 국민도덕도 그 가운데 도덕 보편의 진리를 갖추지 않고서는 국민도덕일 수 없기 때문에, 유교도 원래 보편성은 갖추고 있었다. 이 보편성 때문에 우리 국민도덕의 재료가 될 수 있었던 것이다. 그리하여 보편을 취하여 특수를 버림을 알았던 것은 삼학파에서는 주자학자 가운데서 나왔기 때문에, 소라이학파는 물론 진사이학도 이런 소식에는 정통하지 않았다고 말해도 좋다. 또 이것이 왕정유신(王政維新)의 대업의 정신방면에 주자학이 관계가 있고 다른 두 학파에는 거의 그런 일이 없었던 이유이다. 이것은 송학에 그런 취사의 활작용(活作用)을 이룰 수 있을 만한 것이 갖추어져 있었기 때문이다.[34)]

---

33) 위의 책, 64쪽.

34) 위의 책, 251쪽.

이렇게 원래 "한인의 국민도덕"인 유교에서 '한(漢)'적 특수성을 버리고 보편화된 것으로서, 주자학을 내세우고, 더욱 완전한 형태로서 기몬파 주자학이 메이지유신을 이룬 '국민도덕'의 원류라는 시각 안에 '국민적 윤리'의 원형으로서 규정되는 것이다. 그리고 그것을 좌표로 하여 역산적으로 소라이학파도 진사이학파도 비평되고 자리매김되는 것이다. 일본의 독자적인 유교의 내력=에도기 유학사의 재구성인 것이다.

> 아사미 게이사이의 『차록(箚錄)』에 사람이란 인륜이라고 말하고 있는데, 주자학에서 나와 한 걸음 더 나아간 깊은 통찰이 보인다. 인륜이란 혹은 군신, 혹은 부자, 부부 등의 대립관계인데, 이 대립관계가 그리 성립하는 것은 대립을 매개로 일체가 실현되기 때문이다. 여기에 추상적 개아(個我), 즉 단순한 인류학적 개체의 부정을 통하여 구체적 인간성이 각기 특수한 인륜으로서 성립하는 것이다. (……) 군신의 인륜이야말로 모든 인륜의 총체이다. 이 이치가 역사적 국가로서 제대로 전개된 것이 우리나라이다. (……) 여기에 선왕을 벗어나, 공맹을 벗어나, 주자를 벗어나, 고금을 뛰어 넘어, 동서를 뛰어 넘어, 완전히 독립한 우리나라의 교리가 성립되는 것이다. 소위 선왕의 예제라고 하는 지나의 역사적 객관적 내용을 그대로 최고의 도라고 여기는 소라이학은 물론, 공자종(孔子宗)이라고도 할 만한 진사이학에 그러한 작용을 기대할 수 없다. 외래의 교리가 일본화하는 데는 그 역사적 내용에서 초탈하고 보편성을 섭취하여 우리의 역사적 정신내용으로 연속시키는 것이 필요하다.[35]

유교의 '일본화'와 그 '보편적' 가치는 이렇게 사상사의 '이야기'에서 실현된다. 송학 · 주자학의 근간은 보편사상 전개상 '지나의 국민도덕을 주장한 것'에 있고, 일본의 고학파는 그 점에 생각이 미치지 못한 것이 결함이라고 여겨진다. 그리고 "우리나라에서 도쿠가와시대에 주자학이 힘을 발휘한 것은 성리의 학이 아니라, 의리의 규명에 무게를 둔 점에 있다. 존왕의 정신을 고취한 것은 송의 의리학에서 얻은 점이 있다"[36]고 간주된다. 송학의 '보편적' 의

---

35) 위의 책, 275~276쪽.

리학은 그것을 '역사적 실체'로서 유지해 온 일본의 '국민정신'과 해후함으로써 진실로 실현되었다는 것이다. 단 이러한 기몬파 주자학에 대한 과잉된 의미부여로 성립하는 에도기 사상사의 구축은 반드시 니시만의 특별한 것은 아니었다. '의리, 충효'를 주축으로 하는 당시의 국민도덕론의 문맥에서 기몬파 주자학은 후기 미토학과 관련해서 특권화되고 그로부터 에도기의 사상도 회고되었던 것이다(예를 들면 미카미 산지[三上参次], 『존황론발달사』). 니시의 특색은 오히려 그러한 국민도덕론의 타당성을 중국철학사의 해석과 중첩시킴으로써 더욱 강고한 것으로서 '보편성' 아래 이야기하려고 한 점일 것이다. 『동양윤리』라는 저서 및 그 호칭은 이런 논리전개에서 성립한 것이었다.

5. 재구성되는 '동양' 개념

니시 자신이 같은 책에서 종종 언급하듯이 '동양'이라는 관사는 오로지 서양에 대한 대항으로서 의식되었던 것이었다.

> 아세아(亞細亞)로 돌아가라는 의미는 무엇인가 말씀드리자면, 60년간 맹목적으로 모방해 온 서양의 물질문명과 결별하여 전통적 일본 정신으로 되돌아가고, 동양 본래의 문명과 이상에 기반하여 우리 아세아를 지키자고 말하는 것이 우리들이 아세아로 돌아가라고 말하는 참 뜻이올시다(모리 쓰토무(森恪)).[37]

이 발언이 상징하듯이 "전통적 일본 정신"으로 되돌아간다는 주장과 "우리 아세아로 돌아간다"는 것은 당시에 서로 연동하여 널리 회자된 것이다. '일본'

---

36) 木南卓一校合增補, 『西晋一郎先生講義 日本儒教の精神』, 渓水社, 1998, 31쪽.

37) 安室信一, 「日本外交とアジア主義の交錯」, 『年報政治学 日本外交におけるアジア主義一九九八年』(日本政治学会), 岩波書店, 1999에서 인용.

으로의 구심적인 회귀와 그것을 경유한 '아시아정신'의 일체가 일련된 것으로 의식되었던 것이다. 물론 서양에 대한 대항적 언설로서의 '동양'론, 아시아주의적 논의는 메이지 초기 이래 근대 일본에 연면히 이어진다. 대표적인 것으로서 오카쿠라 덴신(岡倉天心)이 영문으로 쓴 『동양의 이상』이 바로 떠오를 것이다. 그렇다면 메이지 이후의 '동양'론과 이 시기의 논의는 어떠한 차이가 있었을까.

당시 니시만이 아니라 여러 연구자가 사용하기 시작한 '동양, 동양문화'적 언설의 기만성에 대해서는 동시기의 쓰다 소키치(津田左右吉)가 이미, 오늘날의 관점에서 보아도 명쾌한 비판을 하고 있다(「동양문화란 무엇인가」, 『지나사상과 일본』).

> 동양문화란 무엇인가라는 문제를 생각하기 전에 문화적으로는 무엇을 동양이라 말하는가, 동양의 문화라 말할 만한 것이 대체 있기는 한 것일까라는 문제가 먼저 제기되지 않으면 안 된다. 일본에서 동양문화라든지, 동양정신이라는 말이 여러 가지 의미에서의 선전에 의해 세상에 널리 퍼진 것은 꽤나 이전부터이다. 요즈음은 특히 그것이 심한 듯하여 그러한 선전으로 이 말이 익숙해진 사람들에게는 어째서 이런 것이 문제가 되는지 이상하게 여겨질 지도 모르겠지만, 조금만 주의를 기울이면 그러한 선전 자체로부터 이러한 의문이 생길 것이다.[38]

쓰다는 '동양이라는 호칭' 그 자체에 대한 의문을 제시하면서 어원적 탐색부터, 메이지 이후의 대 서양의식을 비판적으로 회고한다.

> 단 이 경우에는 일본과 지나와 인도를 포함하는 이른 바 동양이, 서양과 같이 하나의 세계이며 하나의 문화를 가지고 있는지 어떤지는 깊이 고찰되지 않고, 비서양이라는 개념을 동양이라는 말로 표현한 것일 뿐임을 알아야 한다. 그리고 그 동양에 일본이 포함된 것은 그러한 사고방식이 서양의 문화에 대립

38) 津田左右吉, 『シナ思想と日本』, 岩波新書, 1938, 105쪽.

하는 것으로서 일본의 문화의 특이성을 주장하는 것과 함께 나타난, 혹은 오히려 거기에서 파생하였기 때문이다.[39]

위와 같이 지적하면서 "일본의 문화를 서양보다 뒤떨어진 것으로 보면서 서양에서 배워 서양과 같은 지위로 나아가자는 사고가 잠재하고 있는 것 같다"[40]라고 당시의 '동양' 사용이 유행하는 이유를 비판적으로 판단한다.

단 이러한 쓰다의 비판의 진의는 별도로 생각하지 않으면 안 된다. 쓰다는 "동양문화라는 것과 같은 호칭을 만든 것은 지나에 대한 사상적 사대주의에서 유래한다"며, "주로 유교라는 것에 대한 일종의 미신적 태도, 자기의 외부에 설정한 어떤 권위에 의뢰한다는 기분, 요컨대 일종의 종파심에서 나온 것으로 동양문화라는 것은 이러한 종파심이 만들어 낸 환영"이라고, '동양문화' 언설을 '지나'에 대한 비굴한 '사대주의'에서 생겨난 것이라고 폄하함으로써 비판한 것이며, 본뜻은 '지나'와 전혀 이질적, 독자적인 '일본문화의 세계화'로서 자기주장을 말하는 데 있다.[41] '지나'를 기축으로 하는 '동양' 개념에 의거한 대 서양언설 자체를 수준 낮은 것으로 여긴 것이다.[42]

여하튼 쓰다가 평가하는 이런 분위기 안에 당시의 '동양'적 언설이 있었고, '동양'이라는 이름이 붙여짐으로써 서양에 대한 자기 확인에 일종의 보편성을 부여하고자 했다는 것은 쓰다가 지적하는 대로일 것이다. 니시 신이치로의 『동양윤리』는 대표적인 한 예였다. 그것들은 대부분의 경우 가치의 연원으로 중국을 경유하면서 그 '지나'성을 더욱 확대된 자의식='동양'에서 소거하고, 서양을 향하여 일본을 '보편'이라 주장하는 장치로써 존재했던 것이다. 강상중이 시라토리 구라키치(白鳥庫吉)의 '동양사학'에 대하여 "이전의 중국을

39) 위의 책, 114쪽.

40) 위의 책, 117쪽.

41) 위의 책, 197~198쪽.

42) 子安宣邦, 「近代日本の「儒教」の表象」, 『江戸の思想』 第七号, 1997 참조.

'지나'로 환치하고 그것을 '동양'이라는 더 넓은 시공간 안에 다시 자리매김함으로써 중국을 상대화시키고 '동양' 안에 일본의 역사적인 이야기의 시작을 발견하고자 하며" 그로써 "서양과의 대등한 대화의 가능성"을 찾아내려고 하였다는 정의는,[43] 여기서도 유효하다.

더욱이 그것들은 쓰다가 '동양사상' 비판의 직접 대상으로 삼은 「근래 대륙에서의 왕도정치론」,[44] 즉 다치바나 시라키에게 현저하듯이 '만주국'이라는 새로운 '국가' 창출체험을 계기로 한, 대 서양의 독자적인 '국민'상을 구축하는 수단으로서의 장치이기도 했던 것이다. 원래 다치바나도 쓰다가 지적하듯이 '서양', '동양'이라는 개념의 공허함에 무관심했던 것은 아니다. 그는 '동양'이라는 개념이 서양 측의 자의적인 구분에 지나지 않는 것을 지적하면서, "그렇다면 소위 동양이란 무엇인가"라고 다시금 묻는 것이다. 다치바나는 서양이 발견한 '동양'을 크게 "몽고에서 중앙아시아와 서남아시아를 포함하면서 수에즈지협(地峽) 및 홍해를 넘어 북아프리카의 후진 제민족이 서식하는 지역에 이르는" 지역과 "동남아시아 대륙을 근간으로 하고 인도네시아 제도를 시작으로 하여 대륙을 둘러싼 크고 작은 도서를 합친"[45] 지역으로 양분하여 다음과 같이 말한다.

> 그러나 이러한 분류는 조잡하고 게다가 애매하여 이를 과학적인 개념으로 볼 수는 없다. 원래 서양이라는 말이 지리적이거나 인종적인 자연적 개념이 아니라 문화적, 특히 정치적 개념인 것처럼, 이와 대립하는 동양이라는 용어의 내용도 그래야 한다. 그렇다면 서양인이 말하는 동양이란 과학적으로 무엇을 의미하는가? 그것은 식민지적 초과이윤의 원천으로서 동쪽으로 아득히 가로지르는 광막한 지방과 엄청난 인류를 가리킨다. 즉 단순한 토지 및 인민자

43) 姜尙中, 『オリエンタリズムの彼方へ－近代文化批評』, 岩波書店, 1996.

44) 津田左右吉, 앞의 책, 1938, 118쪽.

45) 橘樸, 「東洋社会の創造－日華事変に世界的意義を与えよ」, 『大陸』, 昭和十六年三月号, 1941 ; 『著作集』 三, 12~13쪽.

체가 문제가 아니라 경제적 착취의 대상이 되는 토지 및 인민이 문제였던 것이다. 그런데 서양의 제국주의자들이 오랫동안 무시했던 동양 제민족의 인간성이 반세기 이래 일본을 선봉으로 하여 동양의 제민족 측에서 신흥 자본가층을 중핵으로 하는 민족주의운동으로서 제창되었다.

다치바나는 이렇게 '서양'의 식민지주의에서 이루어진 '동양'인식에 이의를 제기하고 거꾸로 이쪽에서 새롭게 문화적 실체로서의 '동양'을 "동양 제민족의 인간성"이라는 지평에서 재파악할 것을 표방한다.

이렇게 보면, 동양에 대한 서양인의 개념은 동양인이 그대로는 용납할 수 없는 것을 포함한다. 게다가 건조지대와 습윤지대의 생활양식 및 문화적 내용의 질적 상이를 생각하면, 적어도 우리들 동양인은 투먼강(圖們江) 입구에서 페르시아만 입구를 긋는 선 이남의 대륙 및 도서와 그곳에서 평화로운 농업사회를 영위하는 제민족을 일괄하여 동양이라 부르고, 이들을 해방시켜 혼연(渾然)한 동양사회를 창조하고 어찌되었던 대등한 관계로 서양사회와 안행(雁行)하면서 평화롭고 광휘로운 세계사회 건설에 종사하기를 염원하는 것이다.[46]

이렇게 '동양'상의 내용을 서술하지만, 정치적 슬로건으로서나 역사적 장면에서 찾았던 실제에 대해서는 지금 다시 말을 꺼낼 필요도 없을 것이다. 다만 확인해 둘 것은 '동양' 개념의 상징성을 오히려 거꾸로 취하여 '실체'로서의 '동양'을 새롭게 제시하려고 했다는 것이다. 다치바나는 이를 강하게 자각하고 있었다. 그는 예전의 오카쿠라 덴신을 인용하면서 다음과 같이 말한다.

우리들은 가까운 장래에 더욱 긴밀한 의미의 동양사회를 가질 수 있고, 또 갖지 않으면 안 된다는 의식 아래 선진자 일본, 지나 및 인도민족이 가진 조건들 가운데, 먼저 각 나라에서 고립적으로 발전한 기본적 사상체계를 검토하고 거기에서 공통의 요소를 추출하여 비교, 통합함으로써 비로소 전체 동양사회

46) 위의 책, 15쪽.

> 의 혼(魂), 살아있는 동양사상을 창조할 수 있지 않을까? 회고해보면 천재적 자질을 가진 오카쿠라 덴신이 1903년 「동양의 이상」에서 "아시아는 하나다" 라고 부르짖은 이래 이미 40년이 되어 간다. 당시 그의 주장은 다음과 같이 현실이 아니라 희망, 이론이 아니라 직감에 지나지 않았다.[47]

'동양사상'이란 이렇게 더 이상 과거의 "아시아는 하나"(오카쿠라 덴신)와 같은 미적·추상적 관념이 아니라 가리키는 대상도 중국·인도·동남아시아 등에 한정된, 실체로서의 지역에 '현실에 존재해야만 하는' 사상적 일관성으로서 다시 파악되었던 것이다. 그리고 그것이 '동양'의 내부인 일본의 사상세계를 재정립하는데 어떻게 부연될 수 있는가, 그 시도로써 유교사상과 '왕도'가, 에도사상사가 재구성되면서 새롭게 말해지게 된 것이다. 거기에는 한편에 의식으로서, 또 실제로도 확대된 '국민'상의 근거로서 대 서양적 '동양도덕'론이 자리잡고 있었으며, 내부를 향해서는 '동양도덕'의 발신지로서의 '국민도덕론'이 보강되었던 것이다. 니시의 『동양윤리』가 유교표상에 가탁하면서 '지나의 특수성'=비국가성을 부정함으로써 본래의 중국성을 탈색하고, '동양'의 이야기 안에서 '일본화'가 그대로 보편적 가치로 이어진다는 논의를 전개했던 것도 그러한 새로운 '국민'형상화의 원망(願望)하의 '아시아론'의 하나로 파악할 수 있을 것이다. 그 배경에는 앞서 말한 대로 당시 유통된 중국비국가론이 있었다.

다른 한편 그런 일반론에 대해서 중국에는 중국 나름의 '국가'관이 현실에 존재하고 있고, 그로부터 다시 파악해야 한다고 했던 것이 다치바나이다. 그는 니시와 마찬가지로 중국사상에 깊게 정통했고 또 뒷날 '만주국' 경영에도 참여한 저널리스트이자 사상가였다. 다치바나의 사상, 특히 그의 「왕도론」이 걸어 온 과정은, 당시의 정치세계에 의해 규정된 유교이해와 중국파악의 또 다른 모습을 선명하게 하였다. 그리고 다치바나의 「왕도론」이 이해한 중

---

47) 위의 책, 97~99쪽.

국 역시, 그 출발점은 니시 등의 경우와 반대였으나 마찬가지로 당시의 제국화하는 '국민'상 형상화의 욕동(欲動)에 의해 지탱되었던 것이었다.

6. 다치바나 시라키의 '중국'

다치바나 시라키(橘樸, 1881~1945)는 일생동안 중국과 관련한 인물로 1945년 10월 펑텐(奉天, 지금의 선양[瀋陽])에서 객사하였다. 사상가, 저널리스트로서 활약하는 동시에 중국고전학부터 현대 중국사회 연구까지 폭넓은 시야에서 논설을 전개하고, '만주국' 경영에도 깊게 관여하는 등 오로지 내지를 향해 '국체론'의 이데올로그로서 활약한 니시와는 지향을 달리하면서도 마찬가지로 중국문제에 관여함으로써 사회에 발언한 인물이었다. 다치바나의 인물상에 대해서는 야마모토 히데오(山本秀夫) 등의 상세한 선행연구가 있다.[48] 그 가운데서도 노무라 고이치(野村浩一)는 그의 사상을 변형적 아시아주의로서 일정한 가능성을 인정하지만, 결국은 현실적 기반을 전적으로 결여한 "방황하는 아시아주의"였다고 서술하며, '다치바나 시라키론'이 입각해야할 지점으로서 다음과 같은 경청할 만한 비평을 하고 있다.

> (……) 근대 일본에서 중국은, 거의 모든 사람들을 한결같이 뒤덮어 씌웠던 운명적인 문제였다. 되풀이할 것도 없이 거기에서 '탈아입구'론이 생기고 또한 '아시아주의'가 태어났다. 중국문제는 근대 일본의 현실과 이념, 인터레스트(interest)와 이데(ide)가 음으로 양으로 교착하며 싸우는 공간이었고, 동시에 그 갈등이 곧바로 일본으로 반사되어 돌아오는 공간이기도 했다. 정치에서 경

48) 山本秀夫, 『橘樸』, 中央公論社, 1977 ; 野村浩一, 「橘樸－アジア主義の彷徨」, 『近代日本の中国認識－アジアの軌跡』, 研文出版, 1981 ; 山室信一, 『キメラ－満州国の肖像』, 中央公論社, 1993 ; 駒込武, 『植民地帝国日本の文化統合』, 岩波書店, 1996. 다치바나의 저술은 현재 『橘樸著作集』 1~3, 勁草書房, 1966에 대부분 수록되어 있다(이하 『著作集』으로 약칭).

> 제, 사회, 문화, 사상에 이르기까지 근대일본은 이 충박(衝迫)을 결코 피할 수 없었었다.
>
> 다치바나 시라키는 특히 쇼와기에 중국으로부터의 충격을 가장 자각적으로 흡수하고 승화시키려고 시도한 인물이다. 아니, 러일전쟁 다음해부터 일본 패전일까지의 시기를 들면, 그의 사상과 행동의 변천에는 메이지, 다이쇼, 쇼와에 걸친 중국문제의 **존재양상**이 그의 일신에 응축되면서 드러나고 있었다고 해도 좋을 것이다. 다치바나가 그린 궤적은 아마도 이러한 사정을 포함하는 중국문제라는 시점에서 조명함으로써 더욱 깊게 자리매김할 수 있다(강조 원문).[49)]

여기서 언급하듯이 그야말로 근대 일본의 학술에서 '중국문제'란 현실과 이념뿐 아니라 모든 과제가 교착하고 다투는 공간이었다. 유교의 재해석을 동반하는 '윤리학'의 성립이나, '국체'의 주장이나 모두 '중국'을 어떻게 이야기할지, 자신의 학술이력 안의 '중국성'을 어떻게 말할지가 문제구성의 질을 규정했다고 해도 좋다. 그리고 이 '중국문제'는 다치바나나 니시가 활약한 쇼와 10년대 즉 1930년대에 정점을 맞이하게 된다. 그것은 물론 '만주국' 건국, 중일전쟁 돌입이라는 역사적 장면에 상응하는 새로운 '국민'형상화에 대한 욕구에 의한 것이기도 했지만, '중국문제'를 통해서 서구세계를 향해 새롭게 '동양' 개념을 제창한다는 요소도 더해졌다. 뒤에 다치바나 시라키의 키워드가 되는 '왕도론'이나 '동양적 정신'도 그러한 극히 시대적인 과제를 등에 업은 '국민'형상화의 핵심개념으로서 출현한 것이었다.

다치바나 시라키와 중국(지나)과의 관계에 대해서는 많은 논술에도 불구하고, 또한 그 지적기반이 서양근대의 학문에 있었음에도 불구하고, '왜 그토록 중국(지나)에 집착하였나'라는 질문이 나오기도 한다.[50)] 생애의 대부분을 중국에서 보내며 중국사상을 논하면서도 한학의 소양에 의구심을 품기도 하고,

---

49) 野村浩一, 앞의 책, 1981, 208쪽.

50) 山田伸吾, 「内藤湖南と満洲帝国－橘樸の思想との比較を中心として」, 内藤湖南研究会編, 『内藤湖南の世界－アジア再生の思想』, 河合文化教育研究所, 2001 수록.

스스로 "나의 본령은 시종일관 지나사회를 대상으로 하는 평론가"[51]라고 한 것도, 그의 중국학을 규정하기 어려웠다는 점을 짐작하게 하는 사례이다. 그러나 바로 구래의 한학적 중국연구가 아닌 저널리스틱한 관점, 정치학적 관심과 함께 '중국이란 무엇인가'라고 집요하게 언급되는 점이 이 시기의 사상적 특징이었다. 다치바나가 '지나'문제에 몰입한 것을 이해하기 위해서는 1930년대 일본에서 절실했던 사상적 과제가 무엇이었는가를 염두에 두어야 한다. 그의 중국문제에 대한 강력한 관여는, 이 시기 일본 국내에서 사회주의 사조가 어떤 식으로 방향을 바꾸고, 어떠한 비전을 품게 되었는가, 또 제국일본이 중국 내부에 영향력을 확장시켜가는 과정에서 직면한 중국 내셔널리즘을 어떤 문맥에서 파악하려고 했는가 등 일련의 문제군에 존재한다. 이 문제에 대해서는 히라노 유키카즈(平野敬和)가 정치학자 로야마 마사미치(蠟山政道)의 발언에 입각하여 '동아협동체론'을 명쾌하게 해명하고 있다.

> "서양에 대해서 동양이 동양으로서 세계적으로 각성하기" 위해서는 중국 내셔널리즘이란 장애의 극복과 서구제국주의체제와의 충돌이라는 두 개의 과제가 동시에 진행되어야 한다고 말한다. 그 주된 동력은 일본의 대륙발전과정에 내재하고 있으며, 그 이념은 "방위 또는 개발을 위한 지역주의"라 정의되어 있다. 여기서 말하는 '지역주의'를 체현한 것이 '동아협동체'에 다름 아니다. "이미 일본의 대륙발전의 현실적 생성과정이 시사한 지역적 운명협동체의 이론이야말로, 동양이 동양으로서 세계사적 사명을 각성하고 동양의 통일을 실현해야 하는 지도 원리이며, 그릇된 민족주의에 의해 배양되는 동양의 비극을 초극해 가는 사상적 무기임을 확신한다."[52]

---

51) 橘樸, 『職域奉公論』 序說, 日本評論社, 1942 ; 『著作集』 3, 1쪽. 여기에서 다치바나는 자신의 학문에 대해, "간혹 '지나학자'라고 오해받지만, 나의 본령은 시종일관, 지나사회를 대상으로 하는 평론가이다. 그리고 나의 지나평론의 동기는 호기심이나 지적욕구에 있는 것이 아니라 주로 정치목적, 즉 일화양민족의 올바른 관계의 이론 및 방법을 탐색하는 것에 있다. 이는 진실로 광범한 문제이며, 적어도 당시는 학자로서 즉 깊고 좁게 들어가는 것보다, 평론가로서 얕고 넓게 나아가는 쪽이 훨씬 합당했다고 생각한다"고 하였다.

히라노의 말을 빌리자면 "제국일본의 팽창이 중국 측의 저항을 맞는 지점에서, 지구전으로 돌입하는 시기에 중국 내셔널리즘의 초극을 목적으로 아시아의 개조를 시도함과 동시에, 총력전에 견딜 수 있는 '국민협동체의 형성' 또한 주제화하는 관심의 양상"[53]이 마찬가지로 다치바나 시라키가 중국문제에 관여해 간 배경에 존재했다고 할 수 있을 것이다.

알려진 대로 그의 중국이해의 특색은 많은 일본 지식인과 달리 유교중심주의가 아니라는 점에 있다. 그는 끊임없이 독자 · 청중에게 '중국은 유교의 나라인가'라는 물음을 던진다. 그는 종래 일본인의 중국이해는 중국을 동등한 유교의 나라로 간주하는 것이 결점이라고 보았다. 그는 "시부사와 에이치(澁澤榮一) 씨 등이 포켓논어 한 권만 있으면 간단히 '일화친선(日華親善)'을 실현시킬 수 있다고 공상하는 것은 애교로 봐줄 수 있지만, 도쿄제국대학의 지나학자마저도 그와 동일한 오류에 빠져 있는"[54] 것은 한심스럽다고 비난한다. 그러면서 중국의 전통적 사유양식이나 생활습관, 그리고 더욱 중요한 요소로서 중국적 공동체의 기반을 도교, 그것도 자신이 말하는 '통속도교'에서 찾는 것이다. 한편 "일본인은 이웃 나라이며 특히 국민경제 생활의 최대 요소임에 틀림없는 중국에 관하여 완전히 몰상식하다"며, 그 "몰상식이 가장 현저한 실례 3개조"를 다음과 같이 제시한다.

> 一, 일본인은 대체로 중국보다 선진자(先進者)라는 것에 자만하고 있다.
> 二, 일본인은 중국을 유교의 나라라고 믿고 있다.
> 三, 위의 잘못된 믿음은 일견 모순되는 것 같지만, 일본인은 중국인을 도덕적 정조가 거의 결여된 민족인 것처럼 생각하고 있다(「중국을 아는 길」).[55]

---

52) 平野敬和, 「総力戦体制下の政治思想」, 『日本思想史学』 第三二号, 2000, 89쪽.
53) 위의 책, 89쪽.
54) 橘樸, 「中国を認るの道」, 『月刊支那研究』 第一巻第一号, 1924 ; 『著作集』 一, 8~9쪽.
55) 위의 책, 6~7쪽.

이렇게 그는 유교와 도교라는 중국 고래의 2대 조류 가운데, 도교야말로 중국에 일관되게 흐르고 있는 사상기반이라 여겨 '통속도교' 연구에 몰두한 것이다. 단 부언하자면, 그의 입장이 단지 양자택일로 도교를 고른 것이 아니라, 유교의 교의 역시 중국의 사상세계 · 생활세계 본래의 구성요소로서 자리매김하고자 했다는 것이다. 그는 유교일존주의적으로 중국을 규정해도 충분하다는 풍조, 또 그로부터 유교의 오래된 폐단을 중국적 특색으로 끄집어내 중국이 영원히 '국가'가 될 수 없는 근거라고 여기는, 현실에 입각하지 않은 피상적인 견해를 통렬히 공격한 것이다. 그는 자신이 관찰하고 역사적으로 분석한 '통속도교'에 기반하는 전통사회의 모습에, '중국적 공동체'의 이상적인 모습을 중첩시키려고 했던 것이다.

(……) 예전의 일본 한학자들은 중국의 역사를 피상적으로 관찰하여, 유교가 꽃을 피운 것은 중국의 민족성에 부합하기 때문이라고 주장하는데, 중국사회에 꽃을 피우고 있는 것은 도교이지 결코 유교가 아니다. (……) 그렇다고 해서 나는 노자가 정치를 인정하지 않는 것에 동의하여 맹자의 데모크래틱한 정치론을 배척하는 사람이 결코 아니다. 도리어 정치 현상에 관한 한 노자의 부인설(否認說)보다 오히려 맹자의 정치학설 쪽이 중국민족의 자연스런 요구에 적합하며, 오늘날이라 해도 이 사상을 토대로 하여 나아가는 것 외에 방법은 없다고 믿는다.

불행하게도 한 무제가 동중서의 건책(建策)을 받아들여 유교를 국교로 인정하였으나 단지 그 형식만을 채용해서 유교의 근본정신인 '상제(上帝)의 섭리'에 관한 신앙을 방척해 버린 탓에, 모처럼의 유교도 그 개교자들의 의지에 반하여 절대전제주의를 옹호하는 도구로써 이용되었다. 알기 쉽게 말하자면, 한대 이후 중국에서 행해지고 있는 유교는 가짜 유교이거나 혹은 유교의 해골에 지나지 않는 것이다(「중국민족의 정치사상」).[56]

그는 이렇게 후대의 '가짜 유교' 이해에서 비롯된 천박한 논의를 부정하고,

---

56) 橘樸, 「中国民族の政治思想」, 『満蒙』第五年第四二册, 1924 ; 『著作集』一, 38~39쪽.

당시 유통된 "유교를 매개로 하는 '일지(日支)친선'론"[57](야마모토 히데오)의 안이함에 강하게 반발한 것이다. 그리고 세간에 유행하는 중국=비국가설에 이의를 제기하고, 중국에도 독자적인 '국가관념'이 성립한다는 것을 강조한 것이었다. "일반 인민은 단지 가족과 종족(宗族)만 알고, 국가의 존재는 알지 못한다"는 쑨원(孫文)의 개탄에 깊은 공감을 표시하면서 그는 중국에서 근년의 '국가에 대한 무관심'은 후대의 '관료계급통제시대'의 산물이며, 원래 중국민족사상의 근저에는 자발적 '국가' 구성의 기반이 있다고 보는 것이다. 그리고 실패로 끝난 쑨원의 시도, 5·4운동 이후 학생들의 애국운동, 중국공산당이 그리는 이상적인 국가상, 중국국민당의 이상적인 국가상 등을 하나하나 검토한 결과, "중국민중의 중견적 권력이라고도 말할 만한 중산자, 특히 농촌거주자의 국가사상이 누구에 의해 어떻게 하여 부여되었는가"가 남겨진 과제라고 말한다(「중국인의 국가관념」).[58] 그가 말하는 이 중국민중, 중산자의 민족성이 그에게는 맹자에서 유래하는 "데모크래틱한 정치형식"과 노자의 소사회주의(小社會主義)로 해석되는 것이었다. 그리고 이 양자가 이어지는 마디가 '왕도'론이며, 이후 그의 중국이해, 정치론, 그리고 '만주국' 경영에 대한 건책의 기축이 되어간 것이다.

7. 다치바나 시라키의 '왕도론'

그러면 다치바나 시라키가 말하는 '왕도론'이란 대체 어떤 것이었을까. 그가 말하는 '왕도론'이란 중국민중의 '발재(發財)정신', '종족(宗族)의식'에 적합한 것이며, 무엇보다 경제정책을 중심에 두고, 게다가 중국인의 작은 농촌공동체에 보이는 자치정신을 발전시킨 것이었다. 그 사상적 원류로서 앞에서도

57) 山本秀夫, 앞의 책, 1977, 95쪽.

58) 橘樸, 「中国人の国家観念」, 『支那研究論叢』 第一輯, 1927 ; 『著作集』 一, 477~510쪽.

언급했듯이 맹자와 노자를 특필한다.

중국의 민족사상 및 민족성의 순진한 모습에서 나로서는 맹자의 정치론이 가장 그들에게 적합하다고 믿고 있다. 무엇인가하면 천명설, 하늘과 민중과의 관계, 하늘이 제왕을 선정하는 방법에 관한 태고로부터의 신앙은 바로 맹자로 인해 이론적으로 전환을 할 수 있었기 때문이다. 맹자의 정치론은, 지금 한 걸음을 내딛기만 하면 구라파인이 낳은 정치적 데모크라시를 실현하는 것이다. (……) 또 노자의 주장을 그대로 구현한 오늘날 시골의 작은 사회나 도회의 상인 및 노동자의 길드에서 행해지는 지배의 상태를 관찰하면, 거기서조차 맹자의 정치론과 암합(暗合)하는 점이 다소 있는 것 같다.[59]

이렇게 서술되는 그의 '왕도'의 기반에는 중국인의 자치능력, 자치의 가능성에 대한 높은 평가가 있었다. 다치바나는 '자치능력'을 논하여 "중국은 근대적 법치국가는 아니지만 자치는 비교적 일찍 매우 넓은 범위에서 행해져 왔다"며, 그러한 잠재적 '자치능력'은 일본인보다 뛰어나다고 한다.

(……) 내 생각에 중국민족은 자치를 즐긴다. 또한 상당한 자치제 운용능력을 갖추고 있다. 만주는 말할 것도 없이 전형적인 농촌 사회이다. 그곳에 탄생하는 국가는 농업국가일 것이다. 농업국가는 분권(分權)으로 기운다. 우리들의 새 국가는 중국민족을 주요성분으로 하는 농업국가이기에, 그것은 당연히 분권적 자치국가여야 한다. 적어도 나는 그렇게 생각한다. (……)

왕도는 왕이 인민의 생활을 보장한다. 자치는 인민이 스스로 조직한 단체의 힘으로 자기의 생활을 보장한다.

맹자의 왕도가 경제정책을 주체로 한 것과 같이, 우리들의 자치도 경제적 시설을 주로 하지 않으면 안 된다.

사회 및 행정부문은 경제정책을 완성하기 위해서만 의미가 있고 가치도 있다(「왕도의 실천으로서의 자치」).[60]

---

59) 橘樸, 「中国民族の政治思想」, 앞의 책, 1924, 40~41쪽.

60) 橘樸, 「王道の実践としての自治」, 『満洲評論』 第一巻第十五号, 1931 ; 『著作集』

이는 '만주국' 경영의 시책에 입각한 발언인데 그에게 '왕도'적 자치란 결코 고대의 환상과 비슷한 목가적인 것이 아니라 역사적 검증을 거쳐 확인되는 '가능성'이며, 그것은 또한 지금 눈에 띄게 파탄해 가는 서양적 '자본주의 사회의 피안'에 전망될 것임에 틀림없는 것이었다.

「왕도사개설」(1935)이라 제목한 논고에서는 '왕도'를 "오늘날까지 많은 사람들이 생각해온 것처럼 초시대적인 고정관념이 아니다. 오히려 정반대로 역사적인, 그래서 무한의 유동성을 띠는 사회적 사업의 한 계열이다"라고 하여 "망망 삼천 년을 뛰어넘는 왕도의 역사"를 개관한다.[61] 거기서 그는 고전적 왕도사상이 급속하게 사회적 생명을 잃은 까닭을 계급적 시점·사회경제사적 시점에서 논하고, 그 자체로 끊임없는 변용을 거듭해 온 '왕도'사상이 오늘날에도 유효하게 생각할 수 있는 조건을 상세하게 검토하고 있다. 그에 따르면 그것은 전한시대에 일찍이 분열한 '왕도'사상 안에 "아래의 흐름"을 형성한 것, "대동사회"의 이념을 구성해 간 사상조류에 기반을 두고, 근세 주자를 비롯한 유가들에 의한 유교의 '합리화'를 거쳐 "사회경제적 기초를 얻은 농촌공동체의 자치적 통제"로부터 '향약'운동에 이른 것을 기축으로 해야 하는 것이기도 했다. 그리고 그는 실제로 '만주국' 경영에 이 이념을 '실현'하고자 시도했던 것이다. 그것이 어떻게 좌절해 가는가, 또 같은 논고에서 그 자신도 언급한 "만주국에 있어서 고전적 왕도사상의 권위자 정샤오쉬(鄭孝胥) 씨"와의 의견차이가 사상전개상 의미하는바 등에 대해서는 고마고메 다케시(駒込武)에 의한 상세하고 훌륭한 분석[62]이 있기에 새삼 언급하지는 않겠다. 여기서는 다치바나 시라키의 '왕도'론이 그 나름의 사회경제사 분석에 기초하는 극히 시무적 정책제언으로서 존재했다는 것을 확인한 위에, '왕도'사상 형성의

二, 60~65쪽.

61) 橘樸, 「王道史概說」, 『滿洲評論』 第九卷第十五~二三号, 1935 ; 『著作集』 二, 22~59쪽.

62) 駒込武, 앞의 책 제5장, 1996 참조.

경위를 그의 일본 유교사 파악과 관련시켜 되돌아보기로 한다.

8. '왕도론'과 에도기 유교

이 시기 '왕도'란 다치바나 시라키만이 제창한 말이 아니라 일종의 유행어이기도 했다. 쑨원(孫文)부터 일본의 식민지 담당자까지, 폭넓게 그리고 서로 다른 입장에서 유통되었다. 앞서 말한 니시 신이치로 역시 "오히려 유교의 본질은 우리나라에 와서야 비로소 실행되었다고 믿는다"는 입장이나, 중국에서의 '왕도유학'보다도 "오늘날 조선에서 크게 진흥시켜야할 유교문화는 그러한 미적지근한 유교의 가르침이 아니라 일본의 국수(國粹)에 충분히 동화한 국민정신, 국민도덕을 계배함양(啓培涵養)해 온 황도(皇道)적 유교가 아니면 안 된다"(다카하시 도루[高橋亨], 「왕도유학에서 황도유학으로」, 1939)라는 국수적 입장에서 행해지는 '왕도유학' 비판도 있다.[63] 그런가 하면 다른 한편 당시 피식민지국가인 조선 내부에서 '항일'의 뜻을 포함하여 "민중의술화(民衆醫術化)"를 목적으로 한 '패도'에 대항하는 '왕도' 의학의 제창(조헌영[趙憲泳])도 있었다.[64] 그처럼 1930년대 유통한 '왕도' 개념은 개개의 문맥에서 위상을 상당히 달리하지만, 확대되는 일본의 식민지 제국화, '만주국'의 수립에 즈음하여, 중국에 대하여 그리고 서양을 향한 대항개념으로서 제기되었던 것은 확실하다. 쑨원의 사상을 자기류로 해석하면서 '왕도'를 드높이 제창한 다치바나 역시 그러한 시대환경 안에서 '동양적 전통'으로서 '왕도'를, 중국 내부에서 그리고 에도기 유교의 전통 가운데서 발굴한 것이다.

---

63) 高橋亨, 「王道儒学より皇道儒学へ」, 『朝鮮』 第二九五号, 1939. 이 자료의 소재는 荻生茂博 씨의 교시에 의함.

64) 愼蒼健, 「覇道に抗する王道としての医学－一九三〇年代朝鮮における東西医学論争から」, 『思想』 第九〇五号, 1999년 11월.

다치바나 시라키가 처음으로 자신의 '왕도'론의 입장을 분명히 밝힌 것은 "대체로 1923년 후반", 니시카와 하쿠센(西川白川)의 「왕도론」을 비판한 문장에서 비롯한다고 여겨진다.65) 다치바나는 "지나의 유학을 살리는 것은 우리 국체의 주해(注解)를 살리는 것으로 내가 이루고자 바라면 우선 사람을 이루라는 말과도 다르지 않다"는 논조로 '군주, 천자'를 '왕도'의 근간으로 파악하는 니시카와의 견해에 반론한 것인데, 2년 후 자신의 입장을 「일본의 왕도사상」이라는 논문에서 전개한다.66) 이것은 에도 후기 분고(豊後)의 유자 미우라 바이엔(三浦梅園)을 논한 것으로, 그는 미우라 바이엔이야말로 '왕도'사상의 영원성을 나타내는 적절한 예라 하였다.

논문에서 그는 우선 '왕도'사상을 "그 본질은 일종의 정치 이상(理想)", "소위 왕도는 정치의 이상이며 결코 정치의 현실이 아니었다"며 '왕도'가 일종의 도달해야할 이념으로서 존재함을 강조한다. 이어서 '왕도'의 기초적 요건으로서 ① "종교적 신념의 기초 위에서만 행해지는 제도"일 것, ② "정치제도로서 봉건제도"를 갖출 것, ③ "위정자 자신의 도덕적 의범(儀範) 및 도덕적 관심을 정치의 필수조건으로서 요구"할 것 등을 열거한 뒤 일본에서 검증하는 의의를 다음과 같이 말한다.

> 왕도사상의 다른 점보다, 천자의 지위 특히 소위 혁명 및 방벌(放伐) 주장은 일본의 국체와 양립하지 않는다고 말하는 데서부터 일본의 학자들은 그들의 왕도사상을 구성함에 있어 서로 다른 입장을 취하게끔 요구되었다. 나는 본편에서 일본의 학자들이 중국의 왕도사상을 어떻게 이해하는지, 동시에 국체문제와 관련하여 어떻게 달라졌는가를 조사하고자 한다.67)

---

65) 山本秀夫, 앞의 책, 1977, 78~84쪽.

66) 橘樸, 「日本における王道思想－三浦梅園の政治思想及経済学説」, 『満蒙』, 大正一四年九月号・第六年第六五册, 1925 ; 『著作集』 三, 505~543쪽.

67) 위의 책, 510쪽.

여기서 문제시되는 것은 '왕도'의 근거가 되는 '하늘'의 완전성, 그를 전제로 인정되는 맹자의 혁명설과 일본 '국체'의 정합성 문제이다. 그는 그 점에서 근대 역사가의 학설과 바이엔의 학설에 모순이 없음을 말한다. 즉 "쇼군도 또한 왕관(王官)에 지나지 않고 그의 직능은 재상 혹은 패자(覇者)"라고 하여, '하늘'을 '천황'에, '왕'을 '쇼군'에 비정함으로써 바이엔은 "도쿠가와기의 정치조직을 중국의 왕도사상에 맞출 수 있었다"고 한다. 이렇듯 맹자 혁명설과 도쿠가와기 정치체제의 부정합을 애매하게 둔 채로 그는, "중국에서 이미 2천년 전에 단절되고 이후 재현의 기회를 가질 수 없었던" 왕도사상이 봉건제 및 그에 기반하는 경제제도의 상황, 도쿠가와가의 시정(施政)방침 등에서 오히려 에도기 사회에 합당했음을 주장한다. 또 "도쿠가와기의 일본은 왕도사상의 발원지인 주대의 중국보다도 오히려 크게 현실성을 띠고 있었다"[68]는 것, 그리고 실제로 미우라 바이엔이라는 독창적 사상가로 인해 기쓰키번(杵築藩)이라는 일개의 작은 번내에서 왕도사상이 실현되었다고 말하는 것이다.

이하 미우라 바이엔의 주장과 치세의 업적이 어떻게 '왕도'사상의 구현이 되었는지를, 다치바나는 바이엔의 국부론, 『가원(價原)』 등의 가치론, 구체적 경제정책 등에서 상술한다. 개략해서 말하자면, 다치바나는 바이엔이 '왕도사상'을 독창성과 변역성(變易性)을 겸비한 형태로 구체적인 시책으로 실천하여, 보편적 가치를 현실적으로 전개한 점에서 '성공'하였다고 인정하려는 것이다. 그리고 바이엔에 의한 '왕도' 실현을 확인하고 이후의 '왕도' 정치를 전개하는 현실성을 확인하고자 했다.

> 이처럼 창조되고 개수(改修)된 법률이 치자, 피치자를 통해 존수되었다면, 왕도는 때와 장소를 가리지 않고 쉽게 실현되는 것이 된다. 즉 바이엔의 독창적인 견해로 꿈같은 왕도사상이 갑자기 농후한 현실성을 띠게 된 것이다.[69]

---

68) 위의 책, 520쪽.

69) 위의 책, 539쪽.

그런데 이러한 '실현'이 가능했던 것은 미우라 바이엔이 기쓰키번이라는 '작은 번'에서 행했기 때문이라는 점에도 그는 주목한다. 이것은 그의 '왕도론'이 애당초 무엇을 목적으로 한 것인가를 자연스레 이야기하는 것이기도 하다. 다치바나는 '바이엔의 윤리학설'을 말하면서 다음과 같이 선언한다.

> 처음부터 만몽은 일본 및 중국의 문화 내지 경제적 조류의 접촉점이며, 우리들의 눈으로 본 만몽의 문화적 의의는 주로 이를 앞서 기록한 것과 마찬가지의 입장에서 찾아야할 것이다. 지금 왕도사상은 중국에서 발생한 문화현상 가운데 일대사실이다. 이 사상이 어떻게 일본의 학자에게 받아들여지고, 동시에 어떻게 변형되었는지를 관찰하는 것은 단적으로 말해서 양국 문화의 접촉 및 교류상태를 관찰하는 것이다.[70]

또한 같은 논문에서 일본의 조선식민지배상의 실책을 언급한다.

> 다만 선정(善政)주의는 지방분권의 정치조직상에서만 만족스럽게 행해지는 것으로, 진한 이래의 중국이나 메이지기 이래의 일본과 같은 중앙집권주의 국가에서 소위 선정주의는 필경 공염불에 지나지 않는다. 가까운 예가 데라우치(寺内) 백작의 조선통치 같은 것이다. 그는 성실한 선정주의자였음은 틀림없으나 그의 의지를 하급 관리나 헌병의 머리로는 이해할 수가 없었다. 따라서 정치의 실제—행정조직과 민중의 접촉면에서는 조선인이 두려워할 만한 악정이라고 평가하게 했던 것이다.[71]

즉 그의 논의는 처음부터, 그야말로 '소국'으로서 새롭게 '동양적' 전통을 다시 일으키고자 구상되는 '만주국'에서 '왕도'가 어떻게 실현가능한지를 확인하기 위한 것이었으며, 미우라 바이엔은 그런 그의 의도에 완전히 적합하게 재해석되었던 것이다("바이엔의 독창적인 견해로 꿈같은 왕도사상이 갑자기 농후한 현실성

---

70) 위의 책, 510쪽.

71) 위의 책, 531쪽.

을 띠게 된 것이다"). 노무라 고이치는 다음과 같은 언급을 한다. 첫째, 중국 '국민혁명'의 좌절을 경험하면서 다치바나 시라키의 내부에서 '중국문제'가 '일본문제'로 전화한 것. 둘째, 그가 희구하는 '중국문제의 해결'을 일본과 뒤엉키는 가운데 생각하려고 했다는 의미에서, '중국문제'에서 '일본문제'로 전철(轉轍)'이 있었다는 것. 셋째, 관동군이라는 현실의 패도와 '왕도' 자치정신의 두 바퀴에 의한 '만주국' 건국이라는 모순을 포함하고 있던 점이 뒷날의 파탄을 가져왔다는 것이다.

> (……) 다치바나에게 '국민혁명의 좌절'은, '만주사변'을 계기로 복잡한 굴절을 거치면서 그야말로 '분권적 자치국가·만주국'의 건국으로서, '동양' 고유의 가치, 말하자면 '아시아주의'적 원리를 기축으로 재차 결정(結晶)을 이루어 가고 있었던 것은 아니었을까. (……) 사실 다치바나 자신조차 그 시점에서 '왕도정치' 혹은 '분권적 자치국가' 성립의 이론적 근거를 충분히 구체적으로 해명하지 못했다. 아니 오히려 이후 그의 사상적 영위는 진행되는 현실에 눌리면서 바로 그 근거를 필사적으로 모색하는 데 있었다고까지 말해도 좋다.[72]

다치바나 시라키는 눈앞의 중국사회의 현실을 깊게 관찰하고 또 중국 내부의 혼란한 '국가' 창출운동을 체험적으로 이해하려고 했다. 그 결과 중국의 자발적 '자치능력', '국가' 창조력을 전통적 농촌공동체의 존재양식에서 추출하여 거기에서 '가능성'으로서의 이념을 구축하고자 했다. 그런 입장은 분명히 동시대, '중국'과 관련된 사상가, 정치평론가 중에서 특이했다고 말할 수 있을 것이다. 또한 구래의 한학적 중국이해를 뛰어 넘어 소위 사회학적인 시점에서 구상했던 것이다. 그러나 동시에 그가 현실의 중국사회에서 보려고 한 '가능성'의 근거로서 발굴한 것은, 진한 이후 이미 '관료계급제도' 안에 침잠해버린 민족적 '가능성'이었다. 그것을 대 서양, 대 자본주의사회로의 발언으로서 '동양정신'과 함께 이야기하기 위해서는 한 걸음 더 나아가 그 실현체를 제시

---

72) 野村浩一, 앞의 책, 1981, 270쪽.

하지 않으면 안 되었던 것이다. 여기에는 다이쇼기 사회주의가 내부의 문제를 극복하기 위하여 그 논리적 해결을 외부에 품게 된 몽상이 존재했다.[73] 그 몽상은 동시에, 지금 그야말로 신 '국가'를, '외지'에서 '동양적 전통' 아래 구축하려고 하는 '일본'의 내부에서 재차 회귀하여 확인되어야 할 것이었다. 다치바나의 '아시아론'은 결코 메이지기 아시아론의 재생이 아니었다. 그 일본중심주의적 발상도 단순한 내셔널리즘은 결코 아니다. 그것은 "다이쇼 사회주의의 내셔널리즘 비판을 거친 중층적인 구조를 가진" 것이며, "네이션의 초출(超出)이라는 주제"를 아시아에서 일본제국의 팽창 안에서 해소하려고 했던 것으로서 파악해야 한다.[74](사카이 데쓰야(酒井哲也)) 그의 '왕도론'은 이러한 굴절된 내셔널리즘극복의 언설로서 존재했다는 것을 파악해야 한다. 거기에는 1930년대 새로운 제국주의화의 단계를 맞이하여 팽창해가는 일본으로부터 '동양'임을 굳이 발신하고자 한 언설의 성격이 분명해진다. 그것은 한번은 부정해야할 대상으로서의 '동양(중국)'을 기점으로 하면서, '비서양'적 국가의 실현자로서의 '일본'에 있어서 '동양정신'의 결실을 경유하고(언설화 하고), 거기에서 다시금 서양근대를 초극하는 '국민' 창조의 내레이션 안에 발화되어야 했던 것이다. 이런 점에서 니시 신이치로의 윤리학, '국민도덕론'과 다치바나 시라키의 '왕도론'은 '내지'를 향한 '국민'화와 '외지'를 새롭게 내부화하는 '국민'화라는 방향의 차이는 있다 해도, 모두 1930년대 일본의 사상적·정치적 배경 아래 서양=근대자본주의사회 비판을 계기로 '국민'화가 유교표상을 동원하면서 어떻게 이야기될 수 있었는가를 분명하게 보여준다.

---

73) 사카이 데쓰야는 이에 대해 "다치바나는 고난(湖南)과 동일한 대상을 다루면서도, 아나키즘적인 다이쇼사회주의의 국민국가 비평의 논리에 의거하는 것으로, 중국의 국가와 사회에 대한 평가를 역전시켰다고 말할 수 있을 것이다. 이리하여 '사회로서의 중국'이라는 표상은, 이른바 아나키즘적 상상력을 해방하는 장치로 전화했던 것이다(「アナキズム的想像力と国際秩序－橘樸の場合」, 『ライブラリ相関社社会科学』 7, 新世社, 2001, 55쪽)"라고 평하고 있다.

74) 위의 책, 63쪽.

저자 후기

이 책은 '국민국가'론의 시좌에서 근대 일본의 '지'의 형성과정을 유교적 교양의 관여를 축으로 정리한 것이다. 근래 '국민국가'론이 때에 따라서 비판의 표적이 될 때도 있다. 그것이 단순히 근대의 사상(事象)이 '픽션'이며, '창조된' 것임을 말하는 것에 그치는 것은 아닌가라는 것이다. 이런 비판에 대해 일면 타당성은 인정하지만, 여전히 '국민국가'론의 의의는 줄어들지 않았다고 생각한다. 그리고 '국민국가'론 비판은 '국민국가'론이 문제를 제시한 시각을 뒤엎는 정도의 핵심적 비판으로서는 아직 존재하지 않았다고도 생각한다. 서문에서도 말했지만 자신의 시야, 자신의 '지'의 내력을 근대 '국민'으로서의 자기확인, 자기상 형성에 동반하는 문제로서 반성적으로 묻는 '국민국가'론의 방법적 과제는 지금도 퇴색하지 않았기 때문이다.

오규 소라이의 '고문사학' 등 근세사상의 개별상을 논했던 내가 근대의 '지'의 문제에 깊게 파고들게 된 계기는, 진부하지만 1989년의 사건을 계기로 한 역사적 대변혁과의 만남이다. 냉전체제의 붕괴 이래로 그리도 강고하게 생각되었던 '국민 · 국가'와 지배적 이데올로기가 싱겁게 용해현상을 일으키는 가운데, 그 흔들림과 함께 우리들 자신의 자기확인이 절실한 내성적(内省的) 과제의 대상으로서 시야에 들어온 것이다. 그것은 바로 '사상사'라는 학문의 성립과 그 형성과정에서 배태된 '근대' 다시묻기로서 내가 직면한 것이었다.

풋내나는 이야기 같지만 '사상사'란 도대체 무엇인가라는 물음은 오사카대학 대학원 일본학전공과 입학 이래 머릿속에 맴돌던 문제이다. 학부 그리고 대학원과 중국고전문학을 전공하고 전통적 분위기 속에서 문헌고증학의 일단에 접하는 기회를 얻은 내가, 일본사상사 연구에 뜻을 품고 갓 개설된 오사카대학 대학원 일본학전공과에 재입학하여, 유아사 야스오(湯浅泰雄) 선생님, 고야스 노부쿠니(子安宣邦) 선생님 밑에서 배울 수 있었던 것은 정말로 행운이었다. 고야스 선생님은 사상사가로서의 연구 자세를 항상 몸소 가르쳐 주셨다. 취직 후 근세사상에 관하여 시종일관 소논문을 쓰고 그 축적으로 무엇인가 이야기했다고 여겼던 내가, 다시금 통격을 받은 것은 선생님의 『'사건'으로서의 소라이학』(아오키샤(青土社), 지쿠마학예문고(ちくま学芸文庫) 재간)을 접하고였다. 그 책에는 분명 오규 소라이의 이런저런 사상에 대한 서술은 없다. 그러나 '오규 소라이를 논하는 것은 무엇을 논하는 것인가'라는 강렬한 메시지가 사상사 다시읽기의 제창과 함께, 사상사가 고야스 노부쿠니의 육성으로 전해왔다. 그로 인해 이제까지의 연구 자세를 되돌아보게 되었다.

그 후 어느 정도의 성과를 얻었는지 돌이켜 보건데 부끄러운 생각뿐이지만, 여하튼 개인의 이정표로서도 여기에서 일단락짓기로 했다. 이를 지렛대 삼아 어떻게 다시 에도사상 자체에 마주 설지, 이후의 커다란 과제가 될 것 같다.

이 책의 논의 성립에 선배나 연구 동료들의 비판과 조언은 불가결한 것이었다. 일일이 성함을 드는 것은 삼가겠지만 지금까지 진심어린 비판과 격려에 다시금 감사드리고, 이후에도 비판과 조언을 절실히 부탁드리고 싶다.

마지막으로 이처럼 출판 환경이 어려운 가운데, 출판을 수락해주신 페리칸사 미야타 겐지(宮田研二) 씨와 편집을 담당해 주시고 시종 친절한 배려를 해 주신 후지타 게이스케(藤田啓介) 씨에게 깊이 감사드린다.

2002년 9월 20일 나카무라 슌사쿠(中村春作)

역자 후기

오래 전부터 시작한 번역작업이 이제야 결실을 보게 되었다. 처음 번역제안을 받고나서부터 번역원고를 썼다 지우기를 무수히 반복하였다. 그동안 여러 권의 역서에 관여하면서도 정작 역자 자신에게 가장 중요한 의미를 지닌 작업은 진척시키지 못하고 있었다. 그러는 가운데 출판사가 바뀌는 등 우여곡절이 있었고, 이제야 한국의 독자에게 선보이게 되었다. 다만 역자가 번역을 시작했을 당시엔 생소했던 '근대지'와 같은 용어가 지금은 우리 학계에서 활발한 논의의 대상이 되었으니, 역자의 게으름(?)이 나쁘기만 했던 것은 아닌 것 같다.

개별적인 사상사를 논해왔던 나카무라 선생님이 국민국가론의 틀에서 사상사를 논하게 된 경위나, 본서의 문제의식 및 방법론은 서문과, 한국의 독자를 위한 별도의 서문에 충분히 설명되어 있기에, 조금은 다른 각도에서 본서를 소개하고자 한다.

역자는 한문교육학과를 졸업하고 잠시 고교교사 생활을 하다가 일본으로 유학을 가게 되었다. 학위를 받겠다는 생각이나, 미래에 대한 어떠한 보상을 위해서가 아닌, 그저 20대에 다른 세상을 만나야만 이후 무엇을 하던 살아갈 수 있을 것 같았기에 선택한 길이었다. "아무 생각 말고 10년 간 그 사회에 침잠하라"는 은사님의 말씀대로, 그 자체를 목적으로 삼고 공부하던 나날이었다. 나카무라 선생님을 만나 사상사를 전공하게 된 것도, 지금까지 역자를 괴롭히는 고질적인 목과 어깨의 통증을 만난 것도 그 때였다.

나카무라 선생님을 첫 대면했던 기억은 아직도 선명하다. 티셔츠에 청바지, 스니커즈 차림으로 강의실 문을 들어서면서 "오하요!(안녕하세요)"하고 인사를 건네시던 모습은, 한문교육과라는 학과의 특성이겠으나 서당의 훈장님처럼 교수님들을 대하던 분위기에서 학부를 마친 역자로서는 상상하기 어려웠던 만큼 매우 강렬한 인상을 남겼다. 그것이 재미있어서 방학 중 잠시 귀국했을 때 은사님을 만나 이야기를 하니, "미국의 천박한 문화를 받아들인 일본의 모습"이라고 말씀하셨다(그러나 일본을 비하하는 문맥에서 나온 이야기는 아니었으며, 은사님이 형식적인 예의만을 중요시하는 분은 결코 아니다). 요즘도 이 일화는 선생님들 사이에 재미있게 회자되는데, 내게 이것이 의미심장하게 여겨지는 것은 바로 옷차림=유학에 대한 한일 지식인의 자못 다른 수용양상을 연상시키기 때문이다.

우리나라에서 유학사상사 등의 이름으로 유학을 논할 때, 유학에 대한 비판론이든 긍정론이든 여전히 '예론'이 중시되고 정통성을 추구하는데 그 특징이 있다면, 일본의 유학은 그 옷을 어떤 형태로 입을까(코디네이션)에 초점이 맞춰졌던 것이 아닐까. 에도기 가장 '정통적인' 주자학파로 인식되던 기몬파(崎門派)에서 "공자를 대장으로, 맹자를 부장으로 해서 중국이 일본을 공격해 오면, 그에 분전해서 공자와 맹자를 포로로 만드는 것이 바로 공자와 맹자의 도"라는 발언이 나온 것으로도 일본의 유학수용의 특징을 단적으로 파악할 수 있다. 이후 에도기에는 고학파나 고문사학파, 절충학파 등 유학을 다양하게 해석한 사조가 풍미하였고, 본서는 그러한 에도 유학이 근대의 지적 기제에 어떻게 변용되고 수용되었는지, 그 단절과 연속의 양상을, 다양한 사상가의 언행을 통하여 밀도 있게 고찰하고 있다.

동아시아 공동체론이 등장하기 훨씬 이전부터 '유교문화권', '한자문화권'은 동아시아를 구성하는 실체화된 개념으로서 사용되고 소비되어 왔다. 그러나 각국에서 회자되는 '유학'은 조금만 관찰하면 그 디자인이나 재질이 제각각인 옷임을, 우리는 금방 알아챌 수 있을 것이다. 어깨 통증을 치료해주던 일본인 의사가 '유학(儒學)'을 공부하고 있다는 내게 '한국이야 말로 유학의 나라가 아닌가?' 하고 의아한 듯이 되물었던 적이 있다. 그 후로도 비슷한 경험은 여러 차례 계속되었는데, 일본에서 '일반적으로' 이해되는 '유학'은 한국=
'동방예의지국'의 풍속(이라는 이미지)이 하나의 기준이 되고 있었다. 또 친하게 지내던 한족(漢族) 친구는 내게 공자기념패를 선물로 주며 중국은 여전히 공자의 나라라고 했다. 지식인뿐만 아니라 일반 시민들에게도 유학에 대한 인식의 간극은 엄연히 존재하고 있는 것이다. 그럼에도 불구하고 국민국가론과 더불어 유학사상이 매 장면마다 달라진 모습으로 등장하고 있다는 사실이 중요하다. 중국을 '지나'이게 만든 유학사상, 구태로서 폐기처분되어야 할 유교든, 신자유주의의 대안으로서의 유교든 끊임없이 재생산되는 '유학' 또는 '유교' 언설의 생명력은 과연 어디에서 기인하는 것일까.

내가 이제까지 세상을 보던 방식에 커다란 균열이 가게 된 것은 나카무라 선생님을 만나면서였다. 선생님을 만나면서 본격적으로 사상사 연구를 하게 되었는데, 학생을 뽑는데 까다롭기로 소문난 선생님 밑에서 공부할 수 있었던 것은 나에게는 큰 행운이었다. 한없이 엄하셨던 선생님은 학생에게 아무것도 말씀하지 않는 것(결론내리지 않는 것)이 가르침의 방식이었는데, 그 당시 나는 그것이 매우 불만이었다. 그러나 내게 남겨진 스무 권이 넘는 수업노트를 보면서, 끊임없이 말을 걸어 주셨던 한없이 자상하신 선생님이셨다는 것을, 근래에서야 뒤늦게 깨닫게 되었다.

몇 해 전 나카무라 선생님의 지도교수이신 고야스 노부쿠니 선생님을 뵈었을 때, 첫마디가 "나카무라군의 제자라니……"였다. 나카무라 선생님은 이 이야기를 듣고 무척 재미있어 하셨다. 내 자신의 시각 외에는 학맥이든 무엇이든 내세우지 말라고 하셨던 나카무라 선생님이셨지만, 사상사 연구자로서의 고민과 연구에 대한 열정, 세상을 향한 따뜻한 시선이 그대로 이어지고 있음에, 지금 이 고단하고 야만적인 시대를 살아가는 힘을 얻게 된다.

본서를 번역, 출간하기까지 도움을 주신 분들이 많다. 출간되기까지 관심을 갖고 항상 따뜻하게 격려해 주셨던 최재목 선생님, 박홍규 선생님, 그리고 아낌없는 가르침을 주셨던 은사이신 지산 선생님께 감사말씀을 올린다. 또 가까운 가나즈 히데미 선생님께는 메이지기 사상가의 난해한 이야기를 번역하는 데 큰 도움을 받았다. 번역과정의 또 다른 조언자는 본서의 원 출판사인 페리칸사의 편집장 후지타 게이스케 씨였다. 모두 감사하다.

처음부터 마지막 교열작업까지 모든 작업과정에서 함께 해 주신 백창기 선생님께는 어떻게 고마운 마음을 전해야 좋을지 모르겠다. 한국사 전공자로서의 시각에서 더 없이 세심하게 조언해 주셨으며, 용어와 개념, 내용에 대한 선생님과의 열띤 토론은 동학이 없는 내게 그 자체가 큰 공부가 되었다.

출판을 허락해 주신 선인출판사 사장님과 꼼꼼하게 교열을 해 주신 편집부의 여러 분들께도 감사인사를 드린다.

오랜 기간의 번역과정을 통해서, 이 책을 기다려 주신 많은 분들께는 죄송한 이야기지만, '번역행위'의 의미에 대한 고민과 공부는 정말로 새로운 경험이었다. 그럼에도 불구하고, 일본에서는 꽤 잘 팔린(!) 이 책이 우리나라에서 화제가 되지 못한다면 그것은 모두 역자의 부족함 탓이다. 동아시아에서 가장 먼저, 가장 성공적으로 '근대화'를 이뤘다는 일본의 개화기 지식인들이 유학이라는 '전통의상'을 어떻게 입었는지, 그 모습에서 우리가 시사점을 찾을 수 있다면 역자로서 더 없는 보람이겠다.

마지막으로, 구름 위의 존재이신 나카무라 선생님 앞에서 한없이 작아지는, 부족하고 부끄러운 제자에게 넘치도록 '각별한' 애정을 주시는 선생님께, 감사인사를 드리는 것으로 역자후기를 마치고자 한다.

선생님. 오래된 약속을 이제야 지키게 되었습니다. 부끄럽습니다만, 조금이나마 마음의 빚을 덜어 내었습니다. 이 책으로 이어진 인연들이 모여 향기로운 술잔과 선생님의 샤미센 연주를 나눌 수 있기를 즐거운 마음으로 기다려 봅니다. 좌충우돌 망아지 같던 제가 선생님의 가르침을 받을 수 있었던 것은 연구자로서 인간으로서 큰 행운이었습니다. 정말로, 정말로 고맙습니다, 선생님.

바다를 향하는 강물처럼
2010년 7월 폭염의 어느 날, 숯내의 작은 공부방에서 역자 김선희 씀

저 자 나카무라 슌사쿠(中村春作)

1953년 출생. 히로시마대학 대학원 문학연구과 박사과정 수료, 문학박사
현재 히로시마대학 대학원 교육학 연구과 교수
전공: 사상사
주요 저서: 『皆川淇園・大田錦城』(共著, 明德出版社),
『近代日本の成立』(共著, ナカニシヤ書店),
『「訓讀」論』(編著, 勉誠出版),
『經典解釋の思想史』(共著, ぺりかん社) 등.

역 자 김선희(金仙熙)

1972년 출생. 히로시마대학 대학원 교육학연구과 박사과정 졸업, 학술박사
현재 고려대학교 일본연구센터 HK연구교수
전공: 일본사상사
주요 논저: 「한국에서의 역사서술의 문제-하야시 다이스케의 『조선사』를 중심으로」,
「일본 주자학 연구의 일고찰-강항연구를 중심으로」,
「일본 유자(儒者)의 자국인식과 조선」,
『조선통신사 사행록 연구총서 11 사상・의식・경제・무역・민속』(공저, 학고방) 등.